普通高等教育经管类专业系列教材

Excel
在会计中的应用
（微课版）

崔 婕 主 编

占文雯 孔令军 副主编

U0331714

清华大学出版社

北 京

内 容 简 介

在信息化的时代，Excel 是财会工作者必须掌握的工具之一。本书结合最新的财会法则，从 Excel 2019 的基础操作入手，由浅入深地运用大量实例对 Excel 在会计工作中多场景的应用进行了详细介绍。本书主要包括 Excel 五个方面的内容：Excel 的基础操作；Excel 在会计核算中的应用；Excel 在资产管理中的应用；Excel 在日常经营中的应用；Excel 在投资分析中的应用。本书内容翔实、结构清晰、图文并茂、通俗易懂，既突出基础性内容，又重视实践性应用，具有很强的实用性和可操作性，易学易懂。本书中的每个任务都穿插了大量极富实用价值的示例，并配上重难点内容的教学视频，从而保障读者的学习效果。每个任务讲解结束后都安排了有针对性的思考练习，以便读者巩固所学的基本概念和知识，培养实际应用能力。

本书可用作高等院校会计学专业、财务管理专业、信息管理与信息系统专业及相关专业的教材，还可用作 Excel 在会计中应用的培训教材，也是适合广大 Excel 使用者的一本参考书。

本书配套的电子课件、实例源文件、习题答案可以到 http://www.tupwk.com.cn/downpage 网站下载，也可以扫描前言中的二维码获取。扫描前言中的视频二维码可以直接观看教学视频。

图书在版编目(CIP)数据

Excel在会计中的应用：微课版 / 崔婕主编. —北京：清华大学出版社，2023.1
普通高等教育经管类专业系列教材
ISBN 978-7-302-62060-0

Ⅰ.①E… Ⅱ.①崔… Ⅲ.①表处理软件—应用—会计—高等学校—教材 Ⅳ.①F232

中国版本图书馆 CIP 数据核字(2022) 第 192694 号

责任编辑：胡辰浩
封面设计：周晓亮
版式设计：孔祥峰
责任校对：马遥遥
责任印制：曹婉颖

出版发行：清华大学出版社
   网 址：http://www.tup.com.cn，http://www.wqbook.com
   地 址：北京清华大学学研大厦 A 座   邮 编：100084
   社 总 机：010-83470000   邮 购：010-62786544
   投稿与读者服务：010-62776969，c-service@tup.tsinghua.edu.cn
   质 量 反 馈：010-62772015，zhiliang@tup.tsinghua.edu.cn
印 装 者：三河市铭诚印务有限公司
经 销：全国新华书店
开 本：185mm×260mm   印 张：16.75   字 数：398 千字
版 次：2023 年 2 月第 1 版   印 次：2023 年 2 月第 1 次印刷
定 价：76.00 元

产品编号：098047-01

　　Excel是Office系列软件中用于创建和维护电子表格的应用软件，它不仅具有强大的制表和绘图功能，而且内置了数学、财务、统计和工程等多种函数，同时还提供数据管理与分析等多种方法和工具。用户利用Excel可以进行各种数据处理、统计分析和辅助决策操作，因此其被广泛地运用于财会工作。

　　Excel至今已经更新迭代多个版本，本书以Excel 2019版本为基础进行讲解，以Excel基本操作为引导和铺垫，结合大量实例和翔实的操作步骤，图文并茂地向读者介绍Excel在会计工作中的运用。本书将Excel在会计中的应用分解成13个任务，以任务驱动模式引领读者完成Excel在会计中应用的学习。全书共分为5部分：第1部分介绍Excel的基础知识与操作；第2部分介绍Excel在会计核算中的应用，包括如何利用Excel进行会计凭证、账簿、会计报表的编制；第3部分介绍Excel在资产管理中的应用，包括如何利用Excel对存货、固定资产进行管理；第4部分介绍Excel在日常经营中的应用，包括如何利用Excel进行销售管理、成本费用管理、利润管理与工资管理；第5部分介绍Excel在投资分析中的应用，包括Excel在资金时间价值和投资决策中的应用。

　　本书内容翔实、实例丰富、结构清晰、通俗易懂，重视实践性应用，强调案例式教学，行业针对性强，配有重难点内容的视频讲解，每个任务末尾都安排了有针对性的实操演练，以此培养读者的实际应用能力。本书是一本立体化教材，为读者提供电子课件、实例源文件、习题答案和微课视频，全方位帮助读者强化学习效果。本书可用作高等院校会计学专业、财务管理专业、信息管理与信息系统专业及相关专业的教材，还可用作Excel在会计中应用的培训教材，也可作为广大Excel使用者的一本参考书。

　　本书是多人智慧的结晶，作者都是从事多年教学工作并有丰富实践经验的老师。本书由崔婕担任主编，占文雯、孔令军担任副主编，具体编写分工如下：崔婕编写任务1、2；占文雯编写任务3、4、5、12、13；孔令军编写任务6、7、8、9、10、11；除以上作者外，参与本书编写的人员还有穆乐福、高光辉、董帅、付强、毕鹏翾、宋丽、范新安、何保国、宁震霖、游雅娟和李永利等，在此特向他们表示感谢。

　　本书在编写过程中还参考了相关文献，在此向这些文献的作者深表感谢。由于时间较紧，书中难免有错误与不足之处，恳请专家和广大读者批评指正。我们的电话是010-62796045，信箱是992116@qq.com。

本书配套的电子课件、实例源文件、习题答案可以到http://www.tupwk.com.cn/downpage网站下载，也可以扫描下方的"配套资源"二维码获取。扫描下方的"教学视频"二维码可以直接观看教学视频。

配套资源　　　　　　　教学视频

作　者
2022年9月

目录

项目一

Excel的基础操作

　　Excel是微软公司Office办公系列软件中的电子表格处理软件，它是目前市场上最强大的电子表格制作软件之一。Excel不仅具有直观的界面，以及强大的数据组织、计算、分析和统计功能，而且可以通过图表、图形等多种形式将处理结果形象地显示出来，还能够方便地与Office其他软件互相调用数据，因此Excel被广泛地运用于多个行业。对于财会工作者而言，Excel是其必须掌握的工具之一，在学习Excel在财务中的具体应用之前，先来认识一下Excel，了解Excel的基本操作。

Excel 初认识

学习目标:

1. 掌握Excel的启动与退出;

2. 认识Excel的工作界面;

3. 了解Excel的基本操作对象;

4. 掌握鼠标指针的意义;

5. 掌握Excel数据的输入。

对于Excel初学者来说,要使用Excel进行各种电子表格处理的工作,首先应该学会如何启动和退出Excel。

1.1　Excel的启动

1.1.1　使用"开始"菜单

在键盘上按"Win"键或者单击显示屏左下方的"开始"按钮▦,打开"开始"界面,点击"所有应用",在所有程序中找到Excel程序图标,单击即可启动,如图1-1所示。如果频繁使用Excel,也可在开始菜单右击"Excel",如图1-2所示,在弹出的菜单中选择"固定到'开始'屏幕",这样Excel图标便被固定到"开始"界面,如图1-3所示。在今后的使用过程中,只需在键盘上按"Win"键或者单击 "开始"按钮,便可在"开始"界面直接选择Excel图标进行启动。

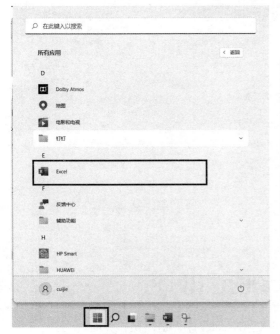

图1-1　使用"开始"菜单启动Excel

图1-2　选择"固定到'开始'屏幕"命令

图1-3　Excel图标固定到"开始"界面

1.1.2　使用任务栏

在桌面单击"开始"按钮，在"开始"界面找到Excel程序图标(已将Excel图标固定到开始屏幕)并右击，在弹出的快捷菜单中选择"固定到任务栏"命令，如图1-4所示，即可将Excel固定到任务栏中。单击任务栏中的Excel快捷方式图标，即可启动Excel，如图1-5所示。

图1-4　Excel固定到任务栏

图1-5　单击任务栏中的Excel

1.2　Excel的退出

使用Excel将文档处理完毕后保存后，即可关闭Excel程序，退出操作界面。

1.2.1　通过"关闭"按钮

单击Excel标题右侧的"关闭"按钮，即可退出Excel程序，如图1-6所示。

图1-6　Excel标题右侧的"关闭"按钮

1.2.2　通过"关闭"命令

右击Excel标题栏，在弹出的快捷菜单中单击"关闭"命令，即可退出Excel程序，如图1-7所示。

图1-7　弹出的快捷菜单中的"关闭"命令

1.3　Excel的工作界面

对于Excel初学者来说，只有熟悉Excel的工作界面后，才便于进行各项操作。在Excel中，用户将在工作簿文件中执行各种操作，可以根据需要创建很多工作簿，让每个工作簿显示在自己的窗口中。每个工作簿包含一个或多个工作表，每个工作表由一些单元格组成，每个单元格可包含值、公式或文本。图1-8为Excel的工作界面，显示了Excel中比较重要的元素和部分。Excel的工作界面主要由"文件"按钮、快速访问工具栏、标题栏、名称框、功能区、编辑栏、工作表编辑区、工作表标签、状态栏和滚动条等部分组成。

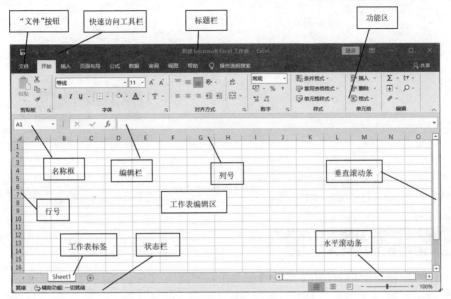

图1-8　Excel的工作界面

1.3.1　标题栏

标题栏用于显示当前工作簿和窗口名称，位于Excel窗口界面的最上方，由控制菜单图标、快速访问工具栏、工作簿名称和控制按钮等组成，如图1-9所示。标题栏的最左端是快速访问工具栏。标题栏的最右端是对Excel窗口进行操作的4个按钮，分别为"功能区显示选项"按钮■、"最小化"按钮■、"最大化/还原"按钮■和"关闭"按钮■，单击相应按钮即可对窗口进行相关操作。其中，"功能区显示选项"按钮用于显示或隐藏功能区，用户可以选择是否显示选项卡及命令。

图1-9　标题栏

1.3.2　快速访问工具栏

快速访问工具栏是Excel窗口界面左上角的一个工具栏，如图1-10所示。快速访问工具栏包含"保存"按钮■、"撤销"按钮■、"恢复"按钮■和"自定义快速访问工具栏"按钮■。

图1-10　快速访问工具栏

单击"自定义快速访问工具栏"按钮，将弹出"自定义快速访问工具栏"菜单，如图1-11所示，用户可在该菜单中进行勾选，实现快速访问工具栏的个性设置。例如，在

"自定义快速访问工具栏"菜单中勾选"在功能区下方显示"命令，即可将快速访问工具栏放置在功能区的下方，效果如图1-12所示。

图1-11　"自定义快速访问工具栏"菜单　　　　图1-12　快速访问工具栏移动到功能区的下方

1.3.3　"文件"按钮

　　"文件"按钮位于Excel窗口界面的左上角，单击"文件"按钮会显示"文件"菜单。"文件"菜单中包含多个命令按钮，如新建、打开、信息、保存、另存为、打印、共享、导出、发布、关闭、账户、选项等。用户只需通过单击这些按钮，即可执行与工作簿相关的各项操作，如图1-13所示。如要退出"文件"菜单，单击左上角的返回箭头按钮即可。

图1-13　"文件"菜单

1.3.4　功能区

　　功能区位于Excel窗口界面标题栏的下方，是由一排选项卡组成的较宽的带形区域，其中包含各种按钮和命令，如图1-14所示。默认情况下，功能区由开始、插入、页面布局、公式、数据、审阅、视图等选项卡组成。

图1-14　功能区

功能区中各选项卡的含义如下。

选项卡：每个选项卡代表在Excel中执行的一组核心任务，如图1-15所示。

组：每个选项卡包含一些功能类似的组，并将组中的相关项显示在一起，如图1-15所示。

命令：选项卡的各种按钮或者菜单项，如图1-15所示。

图1-15　选项卡、组、命令

功能区中的各选项卡提供了不同的命令，并将相关命令进行了分组。以下是对Excel各选项卡的简介。

(1) 开始：在此选项卡中，可以找到复制、粘贴、字体字号设置等工作表编辑常见命令。具体包含剪贴板命令组、字体命令组、对齐方式命令组、数字命令组、样式命令组、单元格命令组、编辑命令组。

(2) 插入：选择此选项卡可在工作表中插入需要的任意内容，如表格、插图、加载项、图表、筛选器、文本、符号等。

(3) 页面布局：页面布局选项卡的命令会影响工作表的整体外观，此选项卡包含主题命令组、页面设置命令组、工作表选项命令组、排列命令组等。

(4) 公式：此选项卡包含函数库命令组、定义的名称命令组、公式审核命令组、计算命令组等。使用公式选项卡可插入公式、进行公式的审核，以及控制Excel执行计算的方式。

(5) 数据：此选项卡包含获取和转换命令组、排列和筛选命令组、预测命令组、分级显示命令组等。

(6) 审阅：此选项卡包含校对命令组、中文简繁转换命令组、批注命令组、保护命令组等，使用审阅选项卡可进行检查拼写、翻译单词、添加注释，以及工作表的保护等。

(7) 视图：此选项卡包含工作簿视图命令组、显示命令组、缩放命令组、窗口命令组。视图选项卡用于控制有关工作表的显示的各个方面，此选项卡上的一些命令也可以在状态栏中获取。

以上所列内容包含标准的功能区选项卡。Excel可能会显示其他一些通过加载项或宏而引入的功能区选项卡。

使用功能区的方法很简单，只需单击需要使用的功能按钮即可。鼠标指向某个功能按钮并在其上停留片刻，将会出现该按钮的功能说明。

有些功能按钮含有下拉箭头，单击该箭头可以打开下拉库，从中可以选择该功能的子功能，如图1-16所示。下拉库在很大程度上将复杂的对话框设置简化。

图1-16 下拉库

如果需要将功能区最小化，以便为工作区留出更多的空间，则可将鼠标移至功能区，单击"折叠功能区"按钮 ∧，如图1-17所示，此时功能区便会隐藏起来。如果要恢复功能区最大化，则点击任意一个选项卡，在出现的功能区右下角点击"固定功能区"按钮 即可。

图1-17 功能区最小化

1.3.5 "启动器"按钮

"启动器"按钮 位于选项卡中某个组的右下方，单击如图1-18所示的字体的"启动器"按钮，即可打开如图1-18所示的对应组的对话框或者任务窗格。

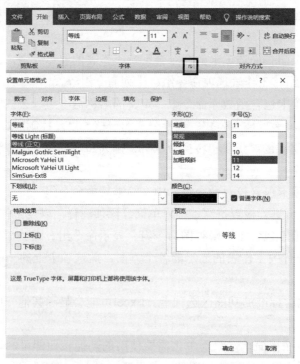

图1-18 "启动器"按钮

1.3.6　名称框与编辑栏

名称框和编辑栏位于功能区的下方，如图1-19所示。名称框用于显示所选单元格或单元格区域的名称，如果单元格还未命名，则名称框显示该单元格的坐标。编辑栏用于显示活动单元格中的数据或公式。

图1-19　名称框和编辑栏

1.3.7　工作表编辑区

工作表编辑区是Excel的主要工作区，是由行线和列线组成的表格区域，用于显示或者编辑工作表中的数据。它是占据界面最多位置且用于记录数据的区域，所有的信息都将存放在这张表中，如图1-20所示。

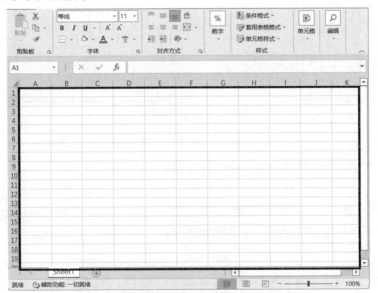

图1-20　工作表编辑区

1.3.8　"工作表"标签

"工作表"标签位于工作表区域的左下方，如图1-21所示。"工作表"标签用于显示工作表的名称，可以通过单击新建工作表按钮⊕来增加新的工作表。要想切换工作表，只需单击"工作表"标签即可激活相应的工作表。

图1-21　"工作表"标签

1.3.9　状态栏

状态栏位于工作表区域的下方，如图1-22所示。状态栏中不仅可以显示当前命令或操作的相关信息，而且可以根据当前的操作显示相应的提示信息。

就绪　　辅助功能：一切就绪　　　　　　　　　　　　　　　　　　　　　　100%

图1-22　状态栏

默认情况下，状态栏的右侧会显示"视图"工具栏。"视图"工具栏包括视图切换控制区  和比例缩放控制区 ── + 100%。单击视图切换控制区的按钮，可以快速选择合适的视图方式。通过调整"比例缩放区"可以快速设置工作表编辑区的显示比例。

1.3.10　水平、垂直滚动条

水平、垂直滚动条分别位于工作表区域的右下方和右侧，如图1-23所示。水平、垂直滚动条用于在水平、垂直方向改变工作表的可见区域，滚动条的使用方法有以下3种。

图1-23　水平、垂直滚动条

(1) 单击滚动条两端的方向键，单击一次则工作表区域向指定方向滚动一个单元格；如果按住鼠标，则工作表区域将一格一格地持续滚动。

(2) 单击滚动条内的空白区，工作表区域将以一次一屏的频率向指定方向滚动。

(3) 拖动滚动条中的小方块，在拖动的过程中，屏幕将显示所移动到的行号或者列号；释放鼠标后，工作表区域将显示所移动到的区域。

1.4　Excel的操作对象

Excel的基本操作对象包括单元格、工作表、工作簿和工作范围。

1.4.1　单元格

单元格是Excel核心的基本操作对象，也是组成Excel工作簿的最小单位。如图1-24所示为单元格示例，图中的白色长方格就是单元格。单元格可以记录字符或者数据。在Excel的操作中，一个单元格内记录信息的长短并不重要，关键是以单元格作为整体进行操作。单元格的长度、宽度及单元格内字符串的类型可以根据需要进行改变。

单元格有位置标识，每一个单元格均有对应的列号(列标)和行号(行标)。如图1-24所示的B2、C4、D6等就是相应单元格的位置，可以向上找到列号字母，再向左找到行号数字，将它们结合在一起即可作为该单元格的标识。

图1-24　单元格示例

1.4.2　工作表

Excel的工作表是显示在工作簿窗口中的表格，一个工作表由行和列构成。使用工作表可以对数据进行组织和分析，可以同时在多张工作表上输入并编辑数据，并且可以对来自不同工作表的数据进行汇总计算。在创建图表之后，既可以将其置于源数据所在的工作表上，也可以将其放置在单独的图表工作表上。如图1-25所示为工作表，工作表由单元格组成，纵向为列，分别以字母命名(A、B、C……)；横向为行，分别以数字命名(1、2、3、……)。

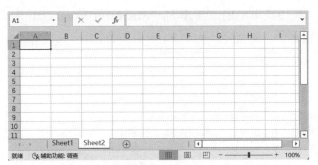

图1-25　工作表

工作表的名称显示在工作簿窗口底部的工作表标签上。要从一个工作表切换到另一工作表进行编辑，可以单击"工作表"标签。活动工作表的名称以下划线显示，可以在同一工作簿内或两个工作簿之间对工作表进行改名、添加、删除、移动或复制等操作。如图1-25所示的工作表，当前的名称为Sheet2。每张工作表均有一个标签与之对应，标签上的内容就是工作表的名称。一张工作表最多可以有1048576行、16384列数据。将鼠标移动到工作表中的某一单元格上单击，该单元格的边框将变为粗黑线，这就表示该单元格已被选中。在图1-25中，选中的单元格是A1，即A列第1行。在工作表中选中单元格后，即可在该单元格中输入字符串、数字、公式和图表等信息。

1.4.3　工作簿

Excel工作簿是计算和储存数据的文件，每一个工作簿都可以包含多张工作表，因此，可在单个文件中管理各种类型的相关信息。如图1-25所示的工作簿就有2个工作表，分别是Sheet1和Sheet2，当前显示的工作表是Sheet2。

1. 创建工作簿

1) 自动创建

启动Excel，将出现如图1-26所示的选择界面。选择空白工作簿，Excel则自动创建一个名为"工作簿1"的空白工作簿。

图1-26　启动Excel的选择界面

2) 使用"新建"按钮

右击桌面，选择快捷菜单中的"新建"|"Microsoft Excel 工作表"命令，如图1-27所示，Excel将自动创建一个"新建Microsoft Excel工作表"。

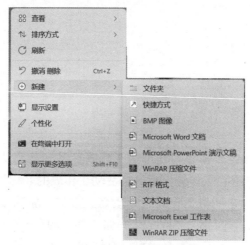

图1-27　快捷菜单中的"新建"|"Microsoft Excel工作表"命令

除以上两种方式外，如果在已经打开Excel工作簿的情况下，想再新建工作簿，则可以单击快速访问工具栏中的"新建"按钮，或者单击"文件"按钮，打开"文件"选项卡，在菜单中选择"新建"命令，选择"空白工作簿"选项，即可创建一个空白工作簿。

2. 保存工作簿

用户可以通过以下方式完成保存工作簿的操作。

1) 使用"保存"按钮

单击快速访问工具栏上的"保存"按钮，即可完成工作簿的保存。

2) 使用"文件"选项卡

打开"文件"选项卡，在菜单中选择"保存"命令，或者选择"另存为"命令，点击"浏览"按钮，如图1-28所示，将弹出"另存为"对话框。在"文件名"组合框中输入Excel文件名，单击"保存"按钮，完成操作。如保存采用了默认工作路径，这个工作表则自动被存放在Office所在驱动器的My Documents目录下。若要选择保存工作簿的位置，也可以根据需要选择工作路径。

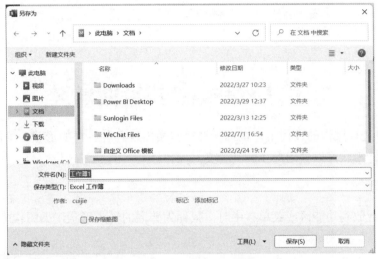

图1-28 "另存为"对话框

1.4.4 工作范围

Excel中的工作范围是指一组选定的单元格，它们可以是连续的，也可以是离散的，如图1-29所示。如果选定一个范围后再进行操作，则这些操作将作用于该范围内的所有单元格。例如，可以对一个工作范围内的单元格同时设置大小、边框和注释。当然，工作范围由用户选定，它可以是一个单元格，也可以是许多单元格，还可以是整个工作表或整个工作簿。

工作范围如果是一个单元格，操作将很简单，只要单击该单元格就可以选中这个工作范围。不过，在实际应用中，工作范围一般都是若干个单元格，这又分为以下几种情况。

(1) 如果要选中工作表中的一片连续区域，可以在要选区域一角的单元格上单击并按住鼠标左键，然后拖动鼠标。这时界面内会出现一片黑色区域，当这片黑色区域刚好覆盖要选中的区域时，释放鼠标左键，此区域就被选中为工作范围。

(2) 如果要选择几片不相连的区域或单元格，可以按住Ctrl键，再选择单个或多个单元格即可选定所需的工作范围。

(3) 如果要选中一行或一列单元格，可以单击列号区的字母或者行号区的数字，则该列或者该行就被选中为工作范围。

(4) 如果单击行号区和列号区的交界处，将选中左上角的单元格。

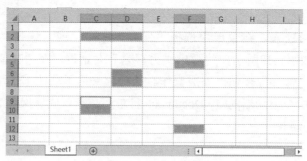

图1-29　离散的工作范围

1.5　Excel鼠标指针的意义

在Excel内进行操作的过程中，鼠标指针经常会出现各种各样的形状，下面将列出一些常用的鼠标指针形状，以便用户了解其含义与操作。

1. 箭头形状

当鼠标指针放到功能区或菜单栏中时，鼠标为普通的箭头形状，如图1-30所示。

2. I 形状

双击单元格时，鼠标指针在单元格内，成I形光标，如图1-31所示。此时可在单元格内输入内容。

图1-30　箭头形状鼠标

图1-31　I形状鼠标

3. 空十字形状

当鼠标指针处于单元格之上或选择单元格时，鼠标为空白色十字形状，如图1-32所示。

4. 十字形状

当鼠标指针移动到被选中单元格的右下角处时，鼠标的形状会变成黑色十字形，如图1-33所示。此时可以对单元格进行填充操作，例如，向外拖动鼠标用于填充公式、填充序列等，向内拖动鼠标用于清除填充内容。

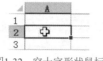

图1-32　空十字形状鼠标

图1-33　十字形状鼠标

5. 箭头形状

当鼠标指针在行标题上单击选择行，或者列标题上单击选择列时，鼠标的形状会变成箭头形状，如图1-34、图1-35所示。

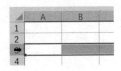

图1-34 箭头形状鼠标(行)

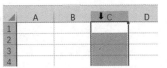

图1-35 箭头形状鼠标(列)

6. 双向箭头形状

当鼠标指针移动到列标题之间或行标题之间时，鼠标的形状会变成双向箭头形状，如图1-36和图1-37所示，用于调整列宽或行高。

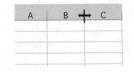

图1-36 双向箭头形状鼠标(列)

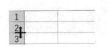

图1-37 双向箭头形状鼠标(行)

7. 十字箭头形状

当鼠标指针放在已选择的单元格或区域边框上时，鼠标的形状会变成十字箭头形状，如图1-38所示，此时可以对光标进行移动操作，拖动单元格或区域。

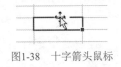

图1-38 十字箭头鼠标

1.6 数据的输入

数据的输入，是指在Excel单元格中输入数据。当启动所需的输入法并选中目标单元格后，即可开始输入数据。在工作表的单元格中，可以使用常数和公式这两种基本数据格式。常数指文本、数字、日期和时间等数据，公式则指包含等号"="的函数、宏命令等。

在向单元格中输入数据时，需要掌握以下3种基本输入方法。

(1) 单击目标单元格，然后直接输入数据。

(2) 双击目标单元格，单元格中会出现插入光标，将光标移到所需的位置后，即可输入数据(这种方法多用于修改单元格中的数据)。

(3) 单击目标单元格，再单击编辑栏，然后在编辑栏中编辑或修改数据。

1.6.1 输入文本

文本包括汉字、英文字母、特殊符号、数字、空格，以及其他能够通过键盘输入的符号。在向单元格中输入文本时，如果相邻单元格中没有数据，那么Excel允许长文本覆盖到其右边相邻的单元格中；如果相邻单元格中有数据，则当前单元格只显示该文本的开头部分。要想查看并编辑单元格中的所有内容，可以单击该单元格，此时编辑栏可以将该单元格的内容显示出来，如图1-39所示。

图1-39　显示单元格中的所有内容

在输入文本的过程中，文本会同时出现在活动单元格和编辑栏中，按Backspace键可以删除光标左边的字符；如果要取消输入，单击编辑栏中的"取消"按钮，或按Esc键即可。在单元格中输入文本后，如果要激活当前单元格右侧相邻的单元格，按Tab键即可；如果要激活当前单元格下方相邻的单元格，按Enter键即可。

1.6.2　输入数字

数字也是一种文本，和输入其他文本一样，在工作表中输入数字也很简单。要在一个单元格中输入一个数字，首先选中该单元格，然后输入数字，最后按Enter键。在Excel中，可作为数字使用的字符包括：0、1、2、3、4、5、6、7、8、9、−、( )、.、e、E、,、/、$、￥、%。

在单元格中输入数字时，有一点与其他文本不同，即单元格中的数字和其他文本的对齐方式不同。默认情况下，单元格中文本的对齐方式为左对齐，而数字是右对齐。如果要改变对齐方式，可以在"单元格格式"对话框中进行设置(将在后面的章节中进行介绍)。

在向单元格中输入某些数字时，其格式不同，输入方法也不相同。下面着重介绍分数和负数的输入方法。

1. 输入分数

在工作表中，分式常以斜杠"/"来分界分子和分母，其格式为"分子/分母"。但日期的输入方法也是以斜杠来分隔年月日，如"2022年7月8日"可以表示为"2022/7/8"，这就有可能造成在输入分数时系统会将分数当成日期处理的错误。

为了避免发生这种情况，Excel规定：在输入分数时，须在分数前输入0作为区别，并且0和分子之间要用一个空格隔开。例如，要输入分数7/8，需输入"0 7/8"，如图1-40所示。如果没有输入0和一个空格，Excel会将该数据作为日期处理，认为输入的内容是"7月8日"，如图1-41所示。

图1-40　输入分数过程及显示结果

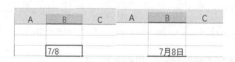

图1-41　没有输入"0"和空格的分数过程及显示结果

2. 输入负数

在输入负数时，可以在负数前输入减号 "–" 作为标识，也可以将数字置于括号 "( )" 中。例如，在选定的单元格中输入 "(1)"，然后按 Enter 键，即可显示为 -1。

1.6.3　输入日期

用户可以使用多种格式来输入一个日期，斜杠 "/" 或 "-" 可以用来分隔日期的年、月和日。如 2022 年 8 月 28 日，可以表示为 2022/8/28 或 2022-8-28。

> **❖ 提示：**
>
> 需要注意的是，默认情况下，当用户输入 00~29 之间以两位数字表示的年份时，Excel 将解释为 2000 至 2029 年；当用户输入 30~99 之间以两位数字表示的年份时，Excel 将解释为 1930 至 1999 年。为了尽可能地避免出错，建议用户在输入日期时不要输入以两位数字表示的年份，而应输入以 4 位数字表示的年份。

1.6.4　输入时间

在单元格中输入时间的方式有按 12 小时制输入和按 24 小时制输入两种，二者的输入方法不同。如果按 12 小时制输入时间，则要在时间数字后加一个空格，然后输入 a(AM) 或 p(PM)(字母 a 表示上午，p 表示下午)。例如，下午 4 时 30 分 20 秒的输入格式为 4:30:20 p。而如果按 24 小时制输入时间，则只需输入 16:30:20 即可。如果用户在按 12 小时制输入时间时只输入时间数字，而不输入 a 或 p，则 Excel 将默认为上午的时间。

> **❖ 提示：**
>
> 在同一单元格中输入日期和时间时，需用空格分隔，否则 Excel 将把输入的日期和时间当作文本。在默认状态下，日期和时间在单元格中的对齐方式为右对齐。如果 Excel 无法识别输入的日期和时间，则会把它们当作文本，并在单元格中左对齐。此外，要输入当前日期，可使用 Ctrl+; 快捷键，而要输入当前时间，则可使用 Ctrl+Shift+; 快捷键。

1.6.5　输入公式

公式指的是一个等式，利用它可以通过已有的值计算出一个新值。公式中可以包含数值、算术运算符、单元格引用和内置等式(即函数)等。

Excel 最强大的功能之一是计算。用户可以在单元格中输入公式，以便对工作表中的数据进行计算。只要输入正确的计算公式，经过简单操作，计算结果将显示在相应的单元格中。如果工作表内的数据有变动，系统会自动将变动后的答案计算出来。

在 Excel 中，所有的公式都以等号开始。等号标志着数学计算的开始，它也提示 Excel 将其后的等式作为一个公式来存储。公式中可以包含工作表中的单元格引用，这样，单元格中的内容即可参与公式中的计算。单元格引用可与数值、算术运算符及函数一起使用。

输入公式的具体操作步骤如下。

(1) 选中要输入公式的单元格。

(2) 在单元格中输入一个等号"="。

(3) 输入公式的内容，如3+5、A2+A3或B3+5等。

(4) 按Enter键，完成操作。

1.6.6　输入符号或特殊字符

如要输入键盘上没有的符号或特殊字符，可通过以下步骤实现，具体操作步骤如下。

(1) 选中目标单元格。

(2) 选择"插入"|"符号"命令，打开"符号"选项卡，如图1-42所示。

(3) 在该选项卡的列表框中选择所需的符号或特殊字符，然后单击"插入"按钮。

(4) 此时"取消"按钮将变为"关闭"按钮，单击该按钮，即可在单元格中输入所需的符号或特殊字符。

图1-42　"符号"选项卡

1.6.7　输入多行数据

需要在一个单元格中输入两行数据时，只需同时按Enter键和Alt键即可在第二行开始输入，如图1-43所示。

图1-43　输入多行数据

选择"开始"|"单元格"|"格式"|"设置单元格"命令，打开"设置单元格格式"对话框中的"对齐"选项卡，在"文本控制"选项组中选中"自动换行"复选框，如图1-44所示，Excel会自动将超出单元格宽度的内容转到第二行显示。

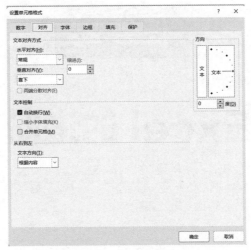

图1-44 "对齐"选项卡

1.7 思考练习

1. 填空题

(1) _____用于显示工作表的名称，还可以进行工作表切换，只需要单击_____就能够激活相应的工作表。

(2) 快速访问工具栏是Excel左上角的一个工具栏，包含_____。

(3) Excel的工作界面主要由_____、_____、_____、_____、_____、_____、_____、_____、_____、_____等部分组成。

(4) _____是Excel核心的基本操作对象，也是组成Excel工作簿的最小单位。

(5) 编辑栏可以用来_____。

(6) Excel的基本操作对象包括_____、_____、_____和_____。

(7) 当鼠标指针放在已选择的单元格或区域边框上时，鼠标的形状会变成_____，此时可以对光标进行移动操作，拖动单元格或区域。

(8) 用户输入日期时，用_____或_____可以用来分隔日期的年、月和日。

(9) 用户在一个单元格中输入两行数据时，需要同时按_____和_____进行输入。

2. 实操演练

(1) 将Excel固定到任务栏中。

(2) 在Excel单元格中输入：2/3、-20、2026年3月1日。

Excel 的进阶

学习目标:

1. 掌握Excel工作表的编辑与修饰;
2. 掌握Excel的公式与函数的应用;
3. 掌握运用Excel进行数据管理和分析;
4. 掌握Excel的图表功能。

2.1 编辑与修饰工作表

2.1.1 工作表的基本操作

1. 激活工作表

用户只需单击工作簿底部所需激活的"工作表"标签即可。当在工作簿中显示不了过多的工作表标签时,可以单击"标签滚动"按钮对"工作表"标签进行翻页。"标签滚动"按钮在工作簿的左下方,如图2-1所示。

图2-1 "标签滚动"按钮

2. 插入工作表

在编辑工作表的过程中,经常需要在一个已有的工作簿中插入新的工作表,可以使用以下方法进行操作。

方法一:选择"开始"|"单元格"|"插入"|"插入工作表"命令,如图2-2所示。

方法二:单击工作表下方的"新建工作表"按钮⊕。

图2-2　"开始"|"单元格"|"插入"|"插入工作表"命令

3. 删除工作表

删除某个工作表，可以选择"开始"|"单元格"|"删除"|"删除工作表"命令，也可以在需要删除的工作表标签上右击，从弹出的快捷菜单中选择"删除"命令。

4. 移动和复制工作表

Excel工作表可以在一个或者多个工作簿中移动。如果要将一个工作表移动或者复制到不同的工作簿中，那么两个工作簿必须都是打开的。

方式一：使用菜单。

使用菜单移动或复制工作表的具体步骤如下。

01 右击要移动的工作表。

02 选择"移动或复制"命令，打开"移动或复制工作表"对话框，如图2-3所示。

03 在"移动或复制工作表"对话框的"工作簿"下拉列表框中选择需要移动的工作簿，然后在"下列选定工作表之前"列表框中选择要移至位置之后的工作表。如果是移动，则要取消"建立副本"复选框的选中状态；如果是复制，则应选中"建立副本"复选框，最后单击"确定"按钮。

图2-3　"移动或复制工作表"对话框

方式二：使用鼠标。

单击需要移动的工作表标签，将它拖动到指定位置，然后释放鼠标。在拖动的过程中，鼠标将变成一个小表和一个小箭头。如果是复制操作，则需要在拖动鼠标时按住Ctrl键。

5. 重命名工作表

为工作表起一个有意义的名称，可以方便辨认、查找和使用工作表。为工作表命名有以下3种方法。

方法一：单击工作表标签(如Sheet 1)，然后选择"开始"|"单元格"|"格式"|"重命名工作表"命令，此时工作表标签Sheet 1的颜色变灰，如图2-4所示。然后输入新的工作表名称，效果如图2-5所示。

图2-4　重命名工作表　　　　　　　图2-5　重命名工作表后

方法二：在工作表标签上右击，从弹出的快捷菜单中选择"重命名"命令，工作表标签颜色变灰后，输入新的工作表名称即可。

方法三：双击工作表标签，工作表标签的颜色变灰后，输入新的工作表名称即可。

6. 隐藏与取消隐藏工作表

如果不希望被他人查看某些工作表，可以使用Excel的隐藏工作表功能将工作表隐藏起来。隐藏工作表还可以减少屏幕上显示的窗口和工作表，从而避免不经意的改动。当一个工作表被隐藏后，它的标签也会被隐藏起来。隐藏的工作表仍处于打开状态，其他文档仍可以利用其中的信息。右击需要隐藏的工作表标签，在弹出的快捷菜单中选择"隐藏"命令，选定的工作表将被隐藏。

如需取消隐藏，恢复隐藏工作表的显示，可右击任一工作表的标签，在弹出的快捷菜单中选择"取消隐藏"命令，打开如图2-6所示的"取消隐藏"对话框。在"取消隐藏"对话框中选择需要取消隐藏的工作表，然后单击"确定"按钮即可。

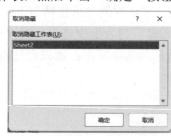

图2-6　"取消隐藏"对话框

2.1.2　拆分和冻结工作表

Excel提供了拆分和冻结工作表窗口的功能，利用这些功能可以更加有效地利用屏幕空间。拆分和冻结工作表窗口功能是两个非常相似的功能。

1. 拆分工作表

拆分工作表窗口是把工作表当前活动的窗口拆分成若干窗格，并且每个被拆分的窗格中都可以通过滚动条来显示工作表的每一个部分。所以，使用拆分窗口功能可以在一个文档窗口中查看工作表不同部分的内容。拆分工作表的操作步骤如下。

01 选定拆分分隔处的单元格，该单元格的左上角就是拆分的分隔点。

02 选择"视图"|"窗口"|"拆分"命令，如图2-7所示。工作表窗口将拆分为上下左右4个部分，如图2-8所示。

图2-7 "视图"|"窗口"|"拆分"命令   图2-8 拆分工作表窗口

若需取消拆分，则单击拆分窗口的任一单元格，选择"视图"|"窗口"|"拆分"命令，或者在分割条的交点处双击。如果只是要删除一条分割条，则在该分割条上方双击。

2. 冻结工作表

对于比较大的工作表，屏幕无法在一页里同时显示标题和数据，冻结工作表窗口功能也能将当前工作表活动窗口拆分成窗格。所不同的是，在冻结工作表窗口时，活动工作表的上方和左边窗格将被冻结，即当垂直滚动时，冻结点上方的全部单元格不参与滚动；当水平滚动时，冻结点左边的全部单元格不参与滚动。通常情况下，冻结行标题和列标题，然后通过滚动条来查看工作表的内容。使用冻结工作表窗口功能不影响打印，冻结工作表的操作步骤如下。

01 选择一个单元格作为冻结点，冻结点上方和左边的所有单元格都将被冻结，并保留在屏幕上。

02 点击"视图"|"窗口"|"冻结窗格"命令的下拉箭头，选择"冻结窗格"命令，如图2-9所示。

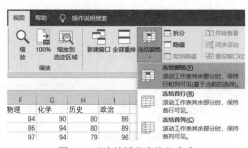

图2-9 "冻结拆分窗格"命令

03 冻结拆分窗口后，工作表将如图2-10所示。拖动垂直/水平滚动条，可保持显示冻结区域中行/列的数据。

	A	B	C	D	E	F	G	H	I	J
1	学号	姓名	语文	数学	英语	物理	化学	历史	政治	
2	20260101	赵氢	84	88	65	84	90	80	86	
3	20260102	钱氮	82	89	71	86	94	80	89	
4	20260103	孙锂	80	87	72	97	94	79	96	
5	20260104	李铍	99	97	97	99	98	98	99	
6	20260105	周硼	97	74	95	96	69	92	87	
7	20260106	吴碳	97	75	98	95	96	93	95	
8	20260107	郑氮	90	82	97	90	07	00	92	
9	20260108	王氧	91	81	94	93	81	90	89	
10	20260109	冯氟	94	78	94	92	95	91	93	
11	20260110	陈氖	82	88	80	82	86	83	83	
12										
13										

图2-10 冻结工作表窗口

若需取消拆分，选择"视图"|"窗口"|"冻结窗格"|"取消冻结窗格"命令，即可撤销被冻结的窗口。

2.1.3　保护工作表

如果用户需要放下手中的工作，但又不想退出Excel，此时则可以为工作表和工作簿建立保护，这样能防止错误操作对工作表数据造成的损害。保护工作表功能可以防止修改工作表中的单元格、图表项、对话框编辑表项和图形对象等。保护工作表的具体操作步骤如下。

01 激活需要保护的工作表。

02 选择"审阅"|"保护"|"保护工作表"命令，打开如图2-11所示的"保护工作表"对话框。

03 在该对话框中选择保护的选项并输入密码(可选)，然后单击"确定"按钮。输入密码可以防止未授权用户取消对工作表的保护。密码可以为字母、数字和符号，且字母要区分大小写，密码的长度不能超过255个字符。

04 如果选择输入密码，则会弹出"确认密码"对话框，如图2-12所示，然后再次输入密码，单击"确定"按钮。

图2-11　"保护工作表"对话框

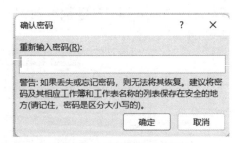

图2-12　"确认密码"对话框

05 若有人试图修改受保护的工作表，则会弹出如图2-13所示的警告对话框。

图2-13　警告对话框

如果要取消工作表的保护状态，可以选择"审阅"|"保护"|"撤销工作表保护"命令。如果原来没有设置密码，选择所需命令即可取消保护；如果原来设置了密码，选择所需要的命令后将打开"撤销工作表保护"对话框输入正确的密码，然后单击"确定"按钮，即可取消保护。

2.1.4 修饰工作表

一个专业的电子表格不仅需要有翔实的数据内容和公式分析、统计功能，而且应配有较好的外观。用户可以通过设置表格外观参数(文字大小、字体、颜色、对齐方式、单元格的边框线、底纹，以及表格的行高和列宽等)来美化工作表，从而更有效地显示数据内容。

1. 设置单元格格式

用户可以对Excel中的单元格设置各种格式。用户不仅可以对单个单元格和单元格区域进行设置，还可以同时对一个或多个工作表进行格式设置。设置单元格格式的操作步骤如下。

01 选择需要进行格式设置的单元格或者单元格区域。

02 选择"开始"|"单元格"|"格式"|"设置单元格格式"命令，或者在选中的单元格上右击，在弹出的快捷菜单中选择"设置单元格格式"命令，打开"设置单元格格式"对话框，如图2-14所示。

03 在"设置单元格格式"对话框中点击"数字""对齐""字体""边框""填充""保护"等标签，可以设置单元格中数字的类型、文本的对齐方式、字体、单元格的边框、单元格颜色填充与图案，以及单元格保护。完成设置选项的选择后，单击"确定"按钮即可。

图2-14 "设置单元格格式"对话框

2. 调整工作表的列宽和行高

为了使工作表更加美观，需要适当地调整工作表的列宽和行高。要改变Excel默认的行高和列宽，可以使用鼠标直接在工作表中进行修改，也可以利用菜单进行修改，方法如下。

方法一：将鼠标移到行号区数字的上、下边框上或列号区字母的左、右边框上，鼠标会变成双向箭头形状，按住鼠标左键并拖动调整行高或列宽至所需位置后释放鼠标即可。

方法二：选中需要调整的列或行，右击鼠标，在出现的快捷菜单中选择"行高"或"列宽"命令，弹出"行高"对话框(如图2-15所示)或"列宽"对话框(如图2-16所示)，在对话框中输入所需的行高或列宽数值，单击"确定"按钮即可。

图2-15　"行高"对话框　　　　　　　　　　　　　　图2-16　"列宽"对话框

方法三：选择"开始"|"单元格"|"格式"|"行高"或者"列宽"命令，弹出"行高"对话框或"列宽"对话框，在对话框中输入所需的行高或列宽数值，然后单击"确定"按钮即可。

3. 自动套用格式

Excel为用户提供了多种工作表格式，用户可以使用"自动套用格式功能"为自己的工作表穿上一件Excel自带的"修饰外套"。即使是第一次使用Excel的新手，也可以不使用任何复杂的格式化操作创建出各种漂亮的表格和报告。这样既可以美化工作表，又能节省用户大量的时间。自动套用格式的具体操作步骤如下。

01 打开需要套用格式的工作表。

02 点击"开始"|"式样"|"套用表格格式"命令的下拉箭头，如图2-17所示，其中提供了多种可供选择的式样。

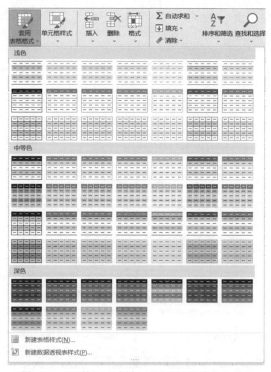

图2-17　"开始"|"式样"|"套用表格格式"命令

03 单击需要选择套用的格式，如"绿色表式样中等深浅7"，弹出如图2-18所示的"创建表"对话框。

04 选择需要套用的区域，单击"确定"按钮返回工作表，套用表格式后的效果如图2-19所示。

图2-18 "创建表"对话框

	A	B	C	D	E	F	G	H	I
1	列1	列2	列3	列4	列5	列6	列7	列8	列9
2	学号	姓名	语文	数学	英语	物理	化学	历史	政治
3	20260101	赵氢	84	88	65	84	90	80	86
4	20260102	钱氦	82	89	71	86	94	80	89
5	20260103	孙锂	80	87	72	97	94	79	96
6	20260104	李铍	99	97	97	99	98	98	99
7	20260105	周硼	97	74	95	96	69	92	87
8	20260106	吴碳	97	75	98	95	96	93	95
9	20260107	郑氮	90	82	97	90	97	90	92
10	20260108	王氧	91	81	94	93	81	90	89
11	20260109	冯氟	94	78	94	92	95	91	93
12	20260110	陈氖	82	88	80	82	86	83	83

图2-19 套用表格式后的效果

2.2 公式

公式主要用于计算，可以说，没有公式的Excel就没有使用价值。使用公式可以进行简单的计算，如加、减、乘、除等计算；也可以完成很复杂的计算，如财务、统计和科学计算等；还可以使用公式进行比较或者操作文本和字符串。工作表中需要计算结果时，使用公式是最好的选择。

简单来说，公式就是一个等式，或者说是连续的一组数据和运算符组成的序列。在Excel中，公式有其本身的特点，并且有自己的规定，或者叫作语法。在工作表单元格中输入公式后，使用公式所产生的结果就会显示在工作表中。要查看产生结果的公式，只需选中该单元格即可，此时公式会出现在公式栏中，如图2-20所示。若要在单元格中编辑公式，双击该单元格即可。

图2-20 公式结果查看

2.2.1 建立公式

1. 手动输入公式

用键盘手动输入公式的操作步骤如下。

01 打开文件，选择要输入公式的单元格E4。

02 输入等号"="，然后输入计算表达式，如图2-21所示，输入"=B4+C4-D4"。如果使用的是函数向导向单元格输入公式，Excel则会自动在公式前面插入等号。

03 按Enter键完成公式的输入，如图2-22所示，输入公式的E4单元格中会显示计算结果"1500"。

图2-21 输入公式

图2-22 显示公式计算结果

2. 单击输入公式

单击输入公式更简单快捷，也不容易出错。仍然沿用上例数据进行示范。

01 打开文件，选择要输入公式的单元格E4。

02 输入等号"="，然后单击单元格B4，单元格B4周围会显示一个活动虚框，同时单元格引用会出现在单元格E4和编辑栏中，如图2-23所示。

图2-23 单击单元格B4

03 输入"+"，单击单元格C4，单元格C4周围会显示一个活动虚框，而单元格B4的虚线框变为实线框。

04 输入"−"，单击单元格D4，单元格D4周围会显示一个活动虚框，而单元格C4的虚线框变为实线框。

05 按Enter键完成公式的输入，会得到与图2-22相同的计算结果。

3. 公式选项板

如果创建含有函数的公式，则可以使用公式选项板来输入公式。公式选项板有助于输入工作表函数和公式，其具体应用在2.3函数中讲解。

2.2.2 公式引用

每个单元格都有自己的行、列坐标位置，Excel中将单元格行、列坐标位置称为单元格引用。在公式中可以通过引用来代替单元格中的实际数值。公式中不但可以引用本工作簿内任何一个工作表中任何单元格或单元格组的数据，而且可以引用其他工作簿中任何单元格或者单元格组的数据。

引用单元格数据以后，公式的运算值将随着被引用的单元格数据变化而变化。当被引用的单元格数据被修改后，公式的运算值将自动修改。

1. 绝对引用

绝对引用是指被引用的单元格与引用的单元格的位置关系是绝对的，无论将这个公式粘贴到哪个单元格，公式所引用的还是原来单元格的数据。绝对引用会在引用的单元格名称的行和列前都有符号"$"，如A3单元格的绝对引用形式为$A$3。

如图2-24所示，E4单元格输入的公式"=$B$4+$C$4-$D$4"为绝对引用。纵向向单元格E5自动填充，E5单元格的公式仍然为"=$B$4+$C$4-$D$4"，还是原来单元格E4的数据，如图2-25所示。

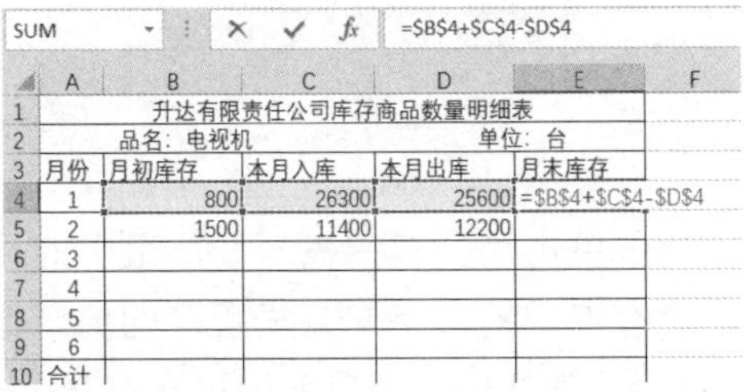

图2-24　E4输入绝对引用公式

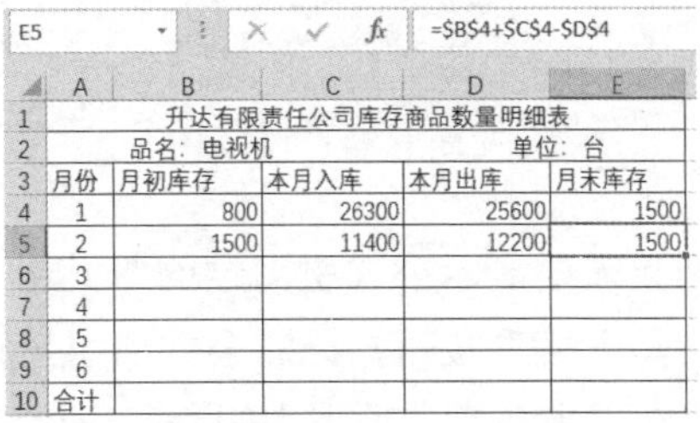

图2-25　E5公式与E4公式相同

2. 相对引用

相对引用是指当把公式复制到其他单元格中时，行或列应用会发生改变。相对引用的格式是直接用单元格或者单元格区域名，而不加符号"$"，如A3单元格的相对引用形式为A3。使用相对引用后，系统会记住建立公式的单元格和被引用的单元格的相对位置关系，在粘贴这个公式时，新的公式单元格和被引用的单元格仍保持这种相对位置。

如图2-26所示，E4单元格输入的公式"=B4+C4-D4"为相对引用。纵向向单元格E5自动填充，E5单元格的公式变为"=B5+C5-D5"，公式中保持着与E4相对应的位置关系，如图2-27所示。

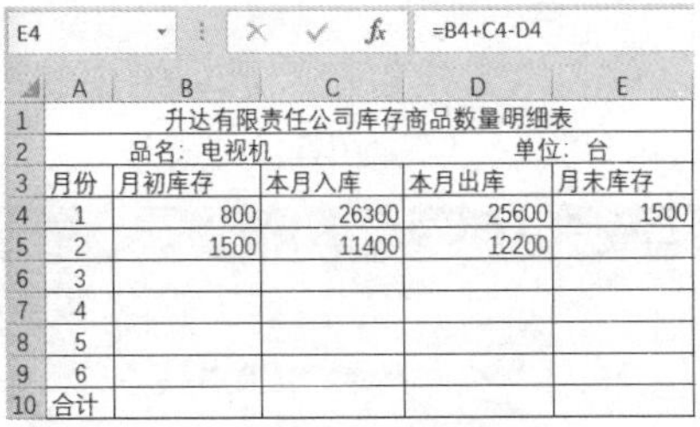

图2-26　E4输入相对引用公式

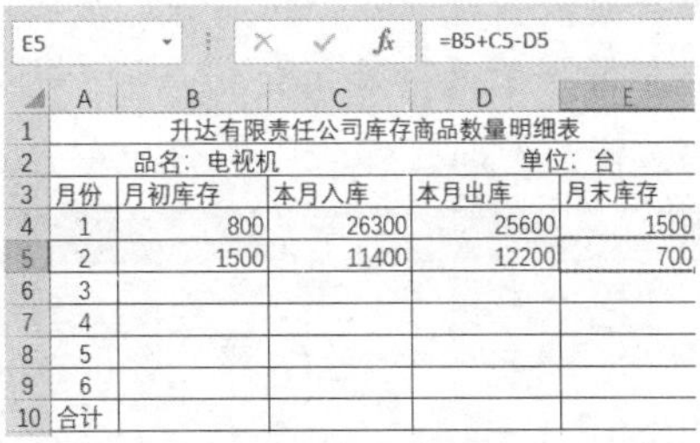

图2-27　E5单元格公式的相对引用

3. 混合引用

混合引用是指行或列中有一个是相对引用，另一个是绝对引用。如果符号$在数字之前，而字母前没有$，那么被应用的单元格的行位置是绝对的，列位置是相对的；反之，则行的位置是相对的，而列的位置是绝对的。混合引用的地址中，只有一个组成部分是绝对的，如$E3或E$3。

2.2.3 公式的审核与检查

Excel提供了公式审核功能，用户可以使用该功能跟踪选定范围中公式的引用或者从属单元格，也可以追踪错误。使用这些功能的操作方法如下：选中需要审核的公式所在的单元格，然后选择"公式"选项卡的"公式审核"选项组，如图2-28所示，该选项组包含了审核公式功能的各种命令。

图2-28　"公式审核"选项组

如果需要显示公式引用过的单元格，可在图2-28中单击"公式审核"选项组中的"追踪引用单元格"按钮，此时公式所引用过的单元格会有追踪箭头指向公式所在的单元格。单击"公式审核"选项组中的"移去追踪引用单元格箭头"按钮，即可取消该追踪箭头。

如果需要显示某单元格被哪些单元格的公式引用，可在图2-28中单击"公式审核"选项组中的"追踪从属单元格"按钮，此时该单元格会产生指向引用它的公式所在单元格的追踪箭头。在删除单元格之前，最好使用这种方法来检查该单元格是否已被其他公式所引用。单击"公式审核"选项组中的"移去追踪从属单元格箭头"按钮，即可取消该追踪箭头。

当单元格显示错误值时，选择"公式审核"选项组中"错误检查"命令的下拉箭头，然后在下拉菜单中选择"追踪错误"命令，如图2-29所示，即可追踪出产生错误的单元格。

图2-29　"追踪错误"命令

要取消上述的所有追踪箭头，可以在"公式审核"选项组中选择"删除箭头"命令的下拉箭头，然后选择下拉菜单中合适的命令。

要在每个单元格显示公式，而不是结果值，可以单击"公式审核"选项组中的"显示公式"按钮，此时工作表中所有设置公式的单元格均将显示公式，如图2-30所示。

	A	B	C	D	E	F
1			升达有限责任公司库存商品数量明细表			
2			品名：电视机	单位：台		
3	月份	月初库存	本月入库	本月出库	月末库存	
4	1	800	26300	25600	=B4+C4-D4	
5	2	=E4	11400	12200	=B5+C5-D5	
6	3	=E5	26100	26600	=B6+C6-D6	
7	4	=E6	32000	29800	=B7+C7-D7	
8	5	=E7	28000	29100	=B8+C8-D8	
9	6	=E8	18900	19400	=B9+C9-D9	
10	合计		=SUM(C4:C9)			

图2-30　单元格显示公式

2.3 函数

函数是Excel的重要组成部分，有着非常强大的计算功能。函数其实是一些预定义的公式，函数的语法以函数的名称开始，后面是左括号、逗号隔开的参数和右括号。如果函数要以公式的形式出现，则要在函数名前输入等号"="，按语法的特定顺序进行计算。

例如，SUM函数，其语法为SUM(number1, number2, …)。该函数用于计算一系列数字之和。SUM即为函数名，number1、number2为参数，中间以逗号隔开。

Excel提供了大量的函数，这些函数按功能可以分为以下几种类型：①财务函数，用于一般的财务计算；②日期与时间函数，用于在公式中分析和处理日期和时间值；③数字和三角函数，用于处理简单和复杂的数学计算；④统计函数，用于对选定区域的数据进行统计分析；⑤查找和引用函数，用于在数据清单或者表格中查找特定数据，或者查找某一单元格的引用；⑥数据库函数，用于分析数据清单中的数值是否符合特定条件；⑦文本函数，用于在公式中处理字符串；⑧逻辑函数，用于真假值判断，或者进行符号检验；⑨信息函数，用于确定储存在单元格中数据的类型；⑩工程函数，用于工程分析；⑪多维数据集函数，用于从多维数据库中提取数据集和数值；⑫WEB函数，通过网页链接直接用公式获取数据。有关Excel函数参数含义、应用等内容将在后面章节中予以讲解。

输入函数的方法有手动输入和使用函数导向输入两种方式。手动输入和输入公式的方法一样，这里不再介绍。使用函数导向输入函数的具体操作步骤如下。

01 打开Excel文件，选中需要输入函数的单元格C10，如图2-31所示。

02 选择"公式"|"函数库"|"插入函数"命令，或者单击编辑栏中的 f_x 按钮，打开如图2-32所示的"插入函数"对话框。

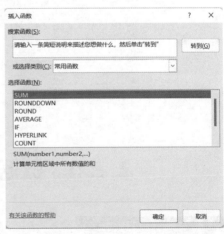

图2-31 选中需要输入函数的单元格   图2-32 "插入函数"对话框

03 在"或选择类别"下拉列表框中选择所需的函数类型，则该函数类型的所有函数将显示在"选择函数"列表框中。在该列表框中可选择需要使用的函数，如选择SUM函数。

04 单击"确定"按钮，弹出所选择函数相应的"函数参数"对话框。

05 在"函数参数"对话框中，完成各项参数的设置，如图2-33所示，在"Number1"中输入"C4:C9"，单击"确定"按钮。

图2-33　在"函数参数"对话框中完成参数的设置

06 函数输入完成，单元格B7显示函数计算结果，如图2-34所示。

▲	A	B	C	D	E
3	月份	月初库存	本月入库	本月出库	月末库存
4	1	800	26300	25600	1500
5	2	1500	11400	12200	700
6	3	700	26100	26600	200
7	4	200	32000	29800	2400
8	5	2400	28000	29100	1300
9	6	1300	18900	19400	800
10	合计		142700		

图2-34　显示函数计算结果

此外，步骤(5)函数参数的设置，也可以采用单击"Number1"参数输入框旁的折叠按钮，在工作表中选定区域后点击框伸展按钮的方法，如图2-35所示。

图2-35　工作表中选定参数

2.4　数据的管理与分析

2.4.1　数据排序

在工作表或者数据清单中输入数据后，一般需要进行排序操作，以便更加直观地比较各个记录。在对数据进行排序时，Excel有默认的排序顺序。按升序排序时，Excel的排序规则如下：①数字，从最小的负数到最大的正数排序；②文本及包含数字的文本，首先是数字0~9，然后是字符' -(空格)! # $ % & ( ) * , ./: ; ? @\ ^ - { | } ~ + < = >，最后是字母A~Z；③逻辑值，FALSE排在TRUE之前；④所有错误值的优先级等效；⑤空格。若按降序

排序，除了空格总是在最后，其他的排序顺序反转。

1. 简单排序

简单排序是指对数据列表中的单列数据进行排序，具体操作步骤如下。

01 单击待排序数据列表中任一单元格，如图2-36所示。目前该工作表是按照"学号"一列升序排列的。

	A	B	C	D	E	F	G	H	I
1	学号	姓名	语文	数学	英语	物理	化学	历史	政治
2	20260101	赵氢	84	88	65	84	90	80	86
3	20260102	钱氦	82	89	71	86	94	80	89
4	20260103	孙锂	80	87	72	97	94	79	96
5	20260104	李铍	99	97	97	99	98	98	99
6	20260105	周硼	97	74	95	96	69	92	87
7	20260106	吴碳	97	75	98	95	96	93	95
8	20260107	郑氮	90	82	97	90	97	90	92
9	20260108	王氧	91	81	94	93	81	90	89
10	20260109	冯氟	94	78	94	92	95	91	93
11	20260110	陈氖	82	88	80	82	86	83	83

图2-36　单击待排序数据列表中任一单元格

02 选择"数据"|"排序"命令，如图2-37所示。

03 弹出"排序"对话框。在该对话框中，选择"主要关键字""排序依据"和"次序"选项的内容，如图2-38所示。

图2-37　"数据"|"排序"命令

图2-38　"排序"对话框

04 单击"确定"按钮，工作表将按照"数学"一列的数字从小到大排列，如图2-39所示。

	A	B	C	D	E	F	G	H	I
1	学号	姓名	语文	数学	英语	物理	化学	历史	政治
2	20260105	周硼	97	74	95	96	69	92	87
3	20260106	吴碳	97	75	98	95	96	93	95
4	20260109	冯氟	94	78	94	92	95	91	93
5	20260108	王氧	91	81	94	93	81	90	89
6	20260107	郑氮	90	82	97	90	97	90	92
7	20260103	孙锂	80	87	72	97	94	79	96
8	20260101	赵氢	84	88	65	84	90	80	86
9	20260110	陈氖	82	88	80	82	86	83	83
10	20260102	钱氦	82	89	71	86	94	80	89
11	20260104	李铍	99	97	97	99	98	98	99

图2-39　排序后的数据

如果是通过建立工作列表的方式进行数据管理，则直接单击需要排序的标题右侧的下拉菜单，选择准备应用的排序方式即可，如图2-40所示。

图2-40　列标题右侧的排序下拉菜单

2. 多列排序

在根据单列数据对工作表中的数据进行排序时，如果该列的某些数据完全相同，则这些行的内容就按原来的顺序进行排列，这会给数据排序带来一定的麻烦。选择多列排序方式可以解决这个问题，而且在实际操作中也经常会遇到按照多行的结果进行排序的情况。例如，足球比赛按总积分来排列名次，当有些球队总积分相同时，就要通过净胜球来分出名次。

多列排序的具体操作步骤如下。

01 单击需要排序的数据列表中的任意一个单元格。

02 选择"数据"|"排序"命令，弹出"排序"对话框。

03 在"排序"对话框中，选择"数学"作为主要关键字，升序排列。

04 单击"添加条件"按钮，选择"语文"作为次要关键字，如图2-41所示。

图2-41　选择次要关键字

05 单击"确定"按钮，工作表将进行多列排序，效果如图2-42所示。

	A	B	C	D	E	F	G	H	I
1	学号	姓名	语文	数学	英语	物理	化学	历史	政治
2	20260105	周珊	97	74	95	96	69	92	87
3	20260106	吴碳	97	75	98	95	96	93	95
4	20260109	冯氟	94	78	94	92	95	91	93
5	20260108	王氧	91	81	94	93	81	90	89
6	20260107	郑氮	90	82	97	90	97	90	92
7	20260103	孙锂	80	87	72	97	94	79	96
8	20260110	陈氖	82	88	80	82	86	83	83
9	20260101	赵氢	84	88	65	84	90	80	86
10	20260102	钱氦	82	89	71	86	94	80	89
11	20260104	李铍	99	97	97	99	98	98	99

图2-42　多列排序后的工作表

2.4.2　数据筛选

数据筛选是指从数据中找出符合指定条件的数据。筛选与排序不同，它并不重排数据列表，只是暂时隐藏不必显示的行。下面介绍各种筛选方法。

1. 自动筛选

自动筛选的功能比较简单，可以很快地显示出符合条件的数据。自动筛选的具体操作步骤如下。

01 单击需要筛选的数据列表中的任意一个单元格。

02 选择"数据"|"筛选"命令，如图2-43所示。

图2-43　"数据"|"筛选"命令

03 工作表变成如图2-44所示的格式，每个字段的右边都出现了一个下拉箭头按钮。如果是已经建立好的数据列表，则不需要步骤1至步骤3的操作。

04 单击列标题右侧的下拉箭头，弹出如图2-45所示的下拉菜单。

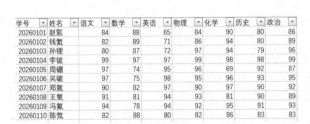

学号	姓名	语文	数学	英语	物理	化学	历史	政治
20260101	赵氢	84	88	65	84	90	80	86
20260102	钱氦	82	89	71	86	94	80	89
20260103	孙锂	80	87	72	97	94	79	96
20260104	李铍	99	97	97	99	98	98	99
20260105	周硼	97	74	95	96	69	92	87
20260106	吴碳	97	75	98	95	96	93	95
20260107	郑氮	90	82	97	90	97	90	92
20260108	王氧	91	81	94	93	81	90	89
20260109	冯氟	94	78	94	92	95	91	93
20260110	陈氖	82	88	80	82	86	83	83

图2-44　带箭头的工作表

图2-45　下拉菜单

05 取消选中"全选"复选框，选中"74""75""78"复选框。

06 单击"确定"按钮，工作表变成如图2-46所示的格式，仅显示符合筛选条件的数据。

学号	姓名	语文	数学	英语	物理	化学	历史	政治
20260105	周硼	97	74	95	96	69	92	87
20260106	吴碳	97	75	98	95	96	93	95
20260109	冯氟	94	78	94	92	95	91	93

图2-46　工作表仅显示符合筛选条件的数据

2. 高级筛选

使用高级筛选可以对工作表和数据清单进行更复杂的筛选。对于简单的工作表和数据清单来说，使用高级筛选比较麻烦，但是，对于大型的工作表和数据清单是非常有用的。高级筛选的具体操作步骤如下。

01 单击需要筛选的工作表中的任意一个单元格。需要注意的是，进行高级筛选前，应在筛选区域以外的单元格区域中输入高级筛选的条件，条件中包括筛选条件和其所在列的列标题，如图2-47下部所示。

02 打开"数据"选项卡，单击"高级"按钮，如图2-47所示。

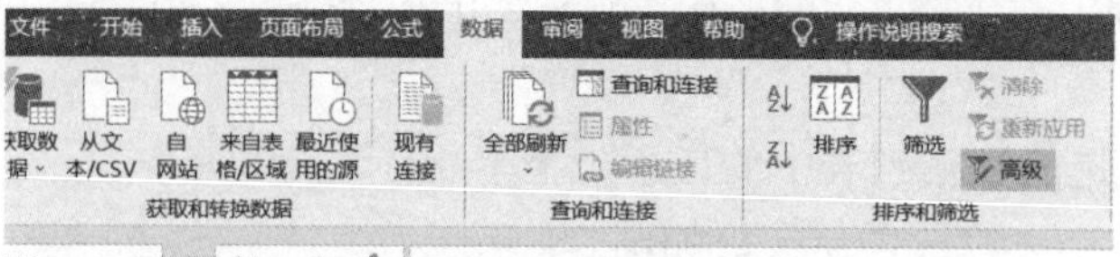

图2-47　"高级"按钮

03 弹出如图2-48所示的"高级筛选"对话框。选中"在原有区域显示筛选结果"选项，在数据区域和条件区域中输入相应内容；也可以通过单击折叠按钮，在工作表中选定区域，然后单击"框伸展"按钮来选定数据区域和条件区域。

图2-48　"高级筛选"对话框

04 单击"确定"按钮，筛选结果如图2-49所示。

学号	姓名	语文	数学	英语	物理	化学	历史	政治
20260104	李铍	99	97	97	99	98	98	99
20260107	郑氮	90	82	97	90	97	90	92
20260108	王氧	91	81	94	93	81	90	89

图2-49　筛选结果

3. 取消筛选

对工作表的数据进行筛选后，工作表中将只显示符合筛选条件的数据，需要查看其他数据时可以取消筛选。如果要取消自动筛选，则打开"数据"选项卡，单击"排序和筛选"选项组中的"清除"按钮即可，如图2-50所示。

图2-50　取消筛选

2.4.3　数据的分类汇总

分类汇总是将数据按照某一字段进行分类并计算汇总(个数、和、平均值等)，通过分类汇总可以方便地分析出各类数据在总数据中所占的位置。例如，有一个销售数据清单，其中包含了日期、产品、单位、价格及销售额等项目，可以按日期来查看分类汇总，也可以按产品来查看分类汇总。Excel可以自动创建公式、插入分类汇总与总和的行，并且自动分级显示数据。数据结果可以方便地用来进行格式化、创建图表或者打印。

1. 建立分类汇总

建立分类汇总的具体操作步骤如下。

01 在需要分类汇总的工作表中单击任意一个单元格。

02 选中"数据"选项卡中的"分级显示"选项组，单击该选项组中的"分类汇总"按钮，如图2-51所示。

图2-51　单击"分类汇总"按钮

03 弹出如图2-52所示的"分类汇总"对话框。单击该对话框中的"分类字段"下拉列表框，从中选择需要分类汇总的数据列，所选的数据列应已经排序。

图2-52　"分类汇总"对话框

04 单击"汇总方式"下拉列表框，在下拉列表中选择所需的用于计算分类汇总的函数。

05 在"选定汇总项"列表框中，选中与需要对其汇总计算的数值列对应的复选框。

06 设置"分类汇总"对话框中的其他选项。

如果想要替换任何现存的分类汇总，选中"替换当前分类汇总"复选框。如果想要在每组之前插入分页，选中"每组数据分页"复选框。如果想在数据组末段显示分类汇总及总和，选中"汇总结果显示在数据下方"复选框。

07 单击"确定"按钮，完成分类汇总操作，分类汇总后的结果如图2-53所示。

对数据进行分类汇总后，如果要查看数据清单中的明细数据或者单独查看汇总总计，则要用到分级显示的内容。

在图2-53和图2-54中，工作表左上方是分级显示的级别符号，如果要分级显示包括某个级别，则单击该级别的数字。如图2-54显示的是2级明细。

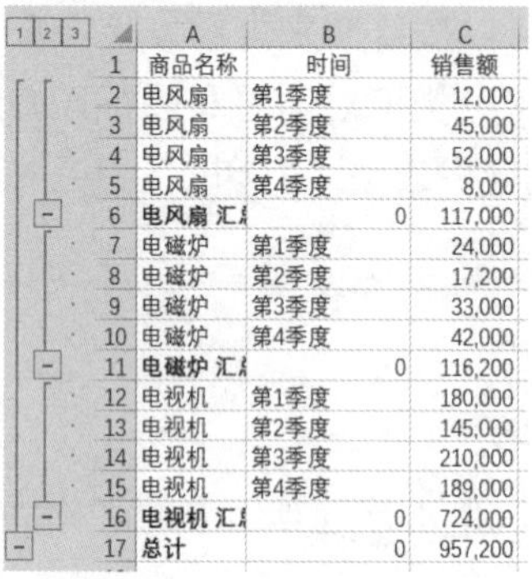

图2-53 "分类汇总"结果

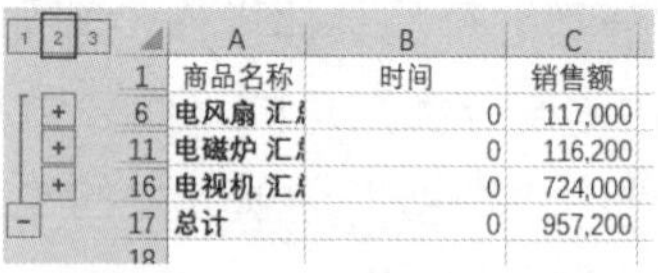

图2-54 分级显示

分级显示级别符号下方有显示明细数据符号 +，单击它可以在数据清单中显示数据清单中的明细数据，如图2-55所示。分级显示级别符号下方还有隐藏明细数据符号 −，单击它可以在数据清单中隐藏数据清单中的明细数据，如图2-55所示。

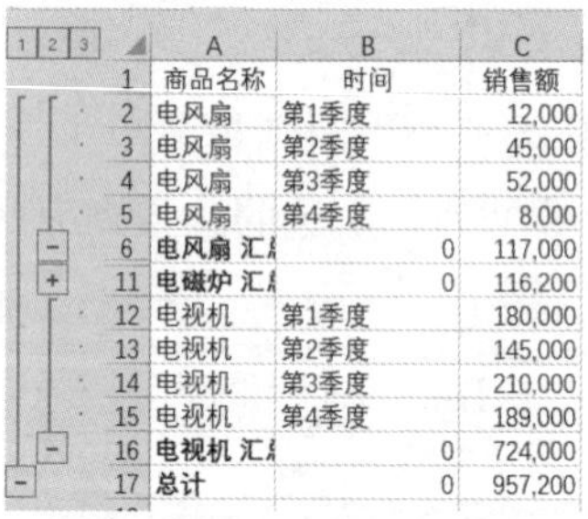

图2-55 显示/隐藏明细数据符号

2. 删除分类汇总

对工作表中的数据进行分类汇总后，如果需要将工作表还原到分类汇总前的状态，则可以删除工作表的分类汇总。删除分类汇总的具体操作步骤如下。

01 在需要删除分类汇总的工作表中单击任意一个单元格。

02 选中"数据"选项卡中的"分级显示"选项组，单击该选项组中的"分类汇总"按钮，打开"分类汇总"对话框。

03 在该对话框中单击"全部删除"按钮，工作表中的分类汇总结果将被清除。

2.4.4 数据透视表

阅读一个具有大量数据的工作表很不方便，用户可以根据需要，将这个工作表生成能够显示分类概要信息的数据透视表。数据透视表能够迅速、方便地从数据源中提取并计算需要的信息。

1. 数据透视表简介

数据透视表是一种对大量数据进行快速汇总和建立交叉列表的交互式表格。它可以用于转换行和列，以便查看源数据的不同汇总结果，也可以显示不同页面的筛选数据，还可以根据需要显示区域中的明细数据。数据透视表由筛选、列、行和值4个部分组成，其中，筛选用于基于筛选区域的选定项来筛选整个报表；行用于将字段显示为报表侧面的行；列用于将字段显示为报表顶部的列；值用于显示透视表数值数据。

在Excel中，可以利用多种数据源来创建数据透视表。可以利用的数据源如下：Excel的数据清单或者数据库；外部数据源中包括数据库、文本文件的数据源或者除Excel工作簿外的其他数据源，也可以是Internet上的数据源；经过合并计算的多个数据区域，以及另外一个数据透视表。

2. 建立数据透视表

使用数据透视表不仅可以帮助用户对大量数据进行快速汇总，而且可以查看数据源的汇总结果。假设有如图2-56所示的一张数据清单，现在要以这张数据清单作为数据透视表的数据源来建立数据透视表，具体操作步骤如下。

01 打开准备创建数据透视表的工作簿。

02 打开"插入"选项卡，在"表格"组中单击"数据透视表"的下拉箭头，在菜单中选择"表格和区域"命令，如图2-57所示。

商品名称	时间	销售额
电风扇	第1季度	12,000
电风扇	第2季度	45,000
电风扇	第3季度	52,000
电风扇	第4季度	8,000
电磁炉	第1季度	24,000
电磁炉	第2季度	17,200
电磁炉	第3季度	33,000
电磁炉	第4季度	42,000
电视机	第1季度	180,000
电视机	第2季度	145,000
电视机	第3季度	210,000
电视机	第4季度	189,000

图2-56 企业销售统计表

图2-57 "数据透视表"按钮

03 弹出"来自表格或区域的数据透视表"对话框，单击"表/区域"文本框右侧的"压缩对话框"按钮 ⬆，如图2-58所示。

04 选择准备创建数据透视表的数据区域，如图2-59所示。

05 单击"来自表格或区域的数据透视表"文本框右侧的框伸展按钮 ▣，返回"来自表格或区域的数据透视表"对话框，在"选择放置数据透视表的位置"区域中选中"新工作表"选项(用户也可根据需要选择在现有工作表中创建数据透视表)，如图2-60所示。

06 单击"确定"按钮，打开"数据透视表字段"任务窗格，如图2-61所示。

图2-58　"压缩对话框"按钮

图2-59　选择准备创建数据透视表的数据区域

图2-60　"来自表格区域的数据透视表"对话框

图2-61　"数据透视表字段"任务窗格

07 在该任务窗格中"选择要添加到报表的字段"区域选择准备设置为"列"的字段，单击并拖动选择的字段到相应的区域中；在该任务窗格中"选择要添加到报表的字段"区域选择准备设置为"行"的字段，单击并拖动选择的字段到相应的区域中，如图2-62所示。

图2-62　设置"列"与"行"

08 在该任务窗格中"选择要添加到报表的字段"区域选择准备设置为"值"的字段，单击并拖动选择的字段到相应的区域中，如图2-63所示，完成数据透视表的创建。

图2-63　设置"值"，完成数据透视表的创建

3. 刷新数据

如果数据透视表数据源中的数据发生变化，可以通过刷新数据透视表中的数据进行修改，具体操作步骤如下。

01 打开已经完成数据修改的工作表，如图2-64所示。

	A	B	C
1	商品名称	时间	销售额
2	电风扇	第1季度	12,000
3	电风扇	第2季度	45,000
4	电风扇	第3季度	52,000
5	电风扇	第4季度修改的数据	8,000
6	电磁炉	第1季度	24,000
7	电磁炉	第2季度	30,000
8	电磁炉	第3季度	33,000
9	电磁炉	第4季度	42,000
10	电视机	第1季度	180,000
11	电视机	第2季度	145,000
12	电视机	第3季度	210,000
13	电视机	第4季度	189,000
14			

图2-64　完成数据修改的工作表

02 打开数据透视表所在的工作表，选中数据透视表。

03 打开"数据透视表工具"|"数据透视表分析"选项卡，在"数据"选项组中单击如图2-65所示的"刷新"按钮。

04 通过上述操作，数据透视表中的数据完成更新，刷新结果如图2-66所示。

图2-65　"刷新"按钮

求和项:销售额	列标签			
行标签	电磁炉	电风扇	电视机	总计
第1季度	24000	12000	180000	216000
第2季度	30000	45000	145000	220000
第3季度	33000	52000	210000	295000
第4季度	42000	8000	189000	239000
总计	129000	117000	724000	970000

图2-66　刷新数据后的数据透视表

4. 删除数据透视表

对于不需要的数据透视表可以将其删除。删除数据透视表的具体操作步骤如下。

01 打开需要删除的数据透视表。

02 打开"数据透视表工具"|"数据透视表分析"选项卡。

03 在"操作"组中单击"选择"选项的下拉菜单，在该下拉菜单中选择"整个数据透视表"选项，如图2-67所示，选中整个数据透视表。

图2-67　"整个数据透视表"选项

04 单击Delete键，删除整个工作表。

5. 设置汇总方式

数据透视表"值"字段在默认情况下，汇总使用的是与相关数据字段相同的汇总函数，用户若是需要使用与相关字段不同的汇总函数，可改变值的计算类型。打开的"数据透视表字段"任务窗格，单击"求和项：销售额"旁的下拉箭头，在快捷菜单中选择"值字段设置"命令，如图2-68所示。此时会弹出如图2-69所示的"值字段设置"对话框，用户可在此对话中选择所需的汇总字段数据的计算类型。单击"确定"按钮，完成设置汇总方式。

图2-68　"值字段设置"命令

图2-69　"值字段设置"对话框

2.5　图表

图表具有很好的视觉效果，创建图表后，可以清晰地看到数据之间的差异。应用图表不仅可以形象地表示数据，而且可以对图表中的数据进行预测分析，得到一系列数据的变化趋势。使用Excel的图表功能可以将工作表中枯燥的数据转化为简洁的图表形式。设计完美的图表与处于大量网格线中的数据相比,可以更迅速有力地传递信息。Excel提供了柱形图、条形图、折线图、圆环图、雷达图、曲面图、气泡图、股价图等多种图表类型,每种图表类型还包含几种不同的子类型,子类型是在图表类型基础上变化而来的。用户在创建图表前可根据需求决定采用哪一种图表类型。

2.5.1　创建图表

创建图表需要以工作表中的数据为基础。创建图表的具体操作步骤如下。

01 打开准备创建图表的工作簿,选择用来创建图表的数据区域,如图2-70所示。

图2-70　选择用来创建图表的数据区域

02 打开"插入"选项卡,单击"图表"选项组右下角的 按钮,弹出"插入图表"对话框,如图2-71所示。

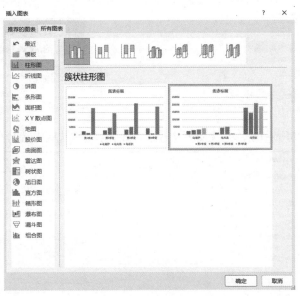

图2-71　"插入图表"对话框

03 点击"推荐的图表"或"所有图表选项卡",选择所需要的图表类型选,单击"确定"按钮,图2-72所示为簇状柱形图创建完成的效果。

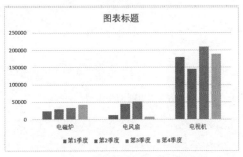

图2-72　创建完成的簇状柱形图

一些常用的图表，已经列示在功能区，用户可以打开"插入"选项卡，单击"图表"选项组中的各种图表图标，如图2-73所示，创建图表。

图2-73　"图表"选项组中的各种图表图标

2.5.2　改变图表类型

在创建图表时，用户不一定清楚为数据选择哪一种图表类型更合适，通常在创建了图表之后，才发现选择另一种图表类型更适合当前的数据，这便涉及如何改变图表类型的问题。改变图表类型的具体操作步骤如下。

01 打开需要修改图表的工作簿，激活需要改变的图表。

02 右击图表，在快捷菜单中选择"更改图表类型"命令，如图2-74所示；或者打开"图表工具"|"图表设计"选项卡，单击如图2-75所示的"更改图表类型"按钮。

图2-74　"更改图表类型"命令

图2-75　"更改图表类型"按钮

03 弹出如图2-76所示的"更改图表类型"对话框，可以从中选择所需的图表类型。

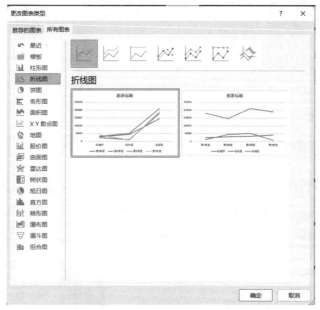

图2-76　"更改图表类型"对话框

04 单击"确定"按钮，新类型的图表将出现在工作表中，如图2-77所示。

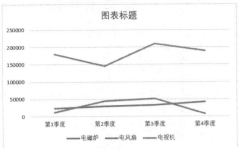

图2-77 改变后的图表类型

2.6 思考练习

1. 填空题

(1) 用户可以使用＿＿＿＿＿＿为自己的工作表穿上一件Excel自带的"修饰外套"。该功能通过点击＿＿＿＿＿＿＿＿＿＿命令的下拉箭头实现。

(2) Excel提供的＿＿＿＿＿＿功能可以将工作表中选定的单元格的上窗格和左窗格冻结在屏幕上，从而使得在滚动工作表时屏幕上一直显示行标题和列标题，使用户能够将表格标题和数据对应着看清楚，而且使用冻结工作表窗口不影响打印。

(3) Excel提供了3种不同的引用类型：＿＿＿＿＿＿、＿＿＿＿＿＿和＿＿＿＿＿＿。

(4) 数据透视表由4个部分组成，分别是＿＿＿＿＿＿、＿＿＿＿＿＿、＿＿＿＿＿＿和＿＿＿＿＿＿。

2. 实操演练

(1) 利用Excel设计升达有限责任公司分地区分产品销售业绩表并输入数据，对其中的数据进行相关操作。销售业绩表可参考图2-78。

	A	B	C	D	E
1	升达有限责任公司产品销售业绩表				
2		产品A	产品B	产品C	产品D
3	地区1				
4	地区2				
5	地区3				
6	地区4				

图2-78 升达有限责任公司分地区分产品销售业绩表

① 用SUM函数求某地区销售额、某产品销售额、所有地区所有产品销售额。

② 按照地区总销售额从大到小进行排序。

(2) 根据图2-79升达有限责任公司20×2年3月份员工工资数据，建立以"月份"为"筛选"，"姓名"为"行"，"项目"为"列"，"金额"为"值"的数据透视表，并以数据透视表插入折线图。

姓名	月份	项目	金额
甲	3	基本工资	5000
乙	3	基本工资	4000
丙	3	基本工资	4700
丁	3	基本工资	6900
甲	3	奖金	2000
乙	3	奖金	1000
丙	3	奖金	4900
丁	3	奖金	2400
甲	3	加班费	200
乙	3	加班费	0
丙	3	加班费	150
丁	3	加班费	50
甲	3	社会保险	600
乙	3	社会保险	550
丙	3	社会保险	580
丁	3	社会保险	710

图2-79　升达有限责任公司20×2年3月份员工工资

项目二
Excel在会计核算中的应用

　　手工账务处理程序一般包括：建账、取得或填制原始凭证、审核原始凭证、填制记账凭证、审核记账凭证、登记会计账簿、试算平衡、对账、结账和编制财务报表。Excel环境下的会计核算程序与手工会计核算类似，但有所不同。基于Excel的电算化账务处理流程为：创建会计凭证表——生成末级科目汇总表和总账科目汇总表——编制末级科目余额表和总账科目余额表——编制财务报表。

　　会计核算是指以货币为主要计量单位，通过确认、计量、记录和报告等环节，对特定主体的经济活动进行记账、算账和报账，为相关会计信息使用者提供决策所需的会计信息。会计核算贯穿于会计主体经济活动的整个过程，Excel在会计核算中的应用以升达有限责任公司为会计主体，以其20×2年1月初的期初科目余额表为基础财务数据，通过建账、填制记账凭证、生成科目汇总表、登记会计账簿和编制财务报表，为相关会计信息使用者提供决策所需的会计信息。升达有限责任公司有关资料如下。

　　资料一：升达有限责任公司 20×2 年 1 月初的会计科目及期初科。

　　升达有限责任公司20×2年1月初的会计科目及期初科目余额资料如表3-1所示。

表3-1　期初科目余额表

科目编码	总账科目	明细科目	期初借方余额	期初贷方余额
1001	库存现金		3,200.00	
1002	银行存款		740,000.00	
100201	银行存款	工行	280,000.00	
100202	银行存款	建行	460,000.00	
1012	其他货币资金			
1121	应收票据			
1122	应收账款		150,000.00	
112201	应收账款	红叶公司	62,000.00	
112202	应收账款	世纪百货	53,000.00	
112203	应收账款	联合百货	35,000.00	
1123	预付账款		13,200.00	
112301	预付账款	维达公司	13,200.00	
1221	其他应收款		1,200.00	
122101	其他应收款	王明	1,200.00	
122102	其他应收款	李华		
122103	其他应收款	张兴		
1403	原材料		41,000.00	
140301	原材料	甲材料	18,000.00	
140302	原材料	乙材料	15,000.00	
140303	原材料	丙材料	6,000.00	
140305	原材料	包装箱	2,000.00	
1405	库存商品		739,974.00	
140501	库存商品	A产品	539,974.00	
140502	库存商品	B产品	200,000.00	
1601	固定资产		3,054,700.00	
1602	累计折旧			183,379.75
1604	在建工程			
1701	无形资产		1,680,000.00	
170101	无形资产	专利权	600,000.00	
170102	无形资产	土地使用权	1,080,000.00	

(续表)

科目编码	总账科目	明细科目	期初借方余额	期初贷方余额
1702	累计摊销			86,600.00
1911	待处理财产损溢			100,000.00
191101	待处理财产损溢	待处理流动资产损溢		80,000.00
191102	待处理财产损溢	待处理非流动资产损溢		20,000.00
2101	短期借款			
2202	应付账款			
220201	应付账款	维达公司		
220202	应付账款	蓝地公司		
220203	应付账款	乐天公司		
2203	预收账款			
220301	预收账款	世纪百货		
2211	应付职工薪酬			
221101	应付职工薪酬	工资		
221102	应付职工薪酬	福利费		
221103	应付职工薪酬	社保		
2221	应交税费			126,863.21
222101	应交税费	未交增值税		90,950.00
222102	应交税费	应交增值税		
22210201	应交税费	应交增值税(进项税额)		
22210202	应交税费	应交增值税(销项税额)		
22210203	应交税费	应交增值税(转出未交增值税)		
222103	应交税费	应交企业所得税		12,000.00
222104	应交税费	应交城建税		6,366.50
222105	应交税费	应交教育费附加		2,728.50
222106	应交税费	应交地方教育费附加		1,819.00
222107	应交税费	应交水利建设基金		909.50
222108	应交税费	应交土地使用税		12,000.00
222109	应交税费	应交个人所得税		89.71
2241	其他应付款			14,975.79
224101	其他应付款	代扣个人社保金		14,975.79
2501	长期借款			200,000.00
4001	实收资本			5,000,000.00
400101	实收资本	王晨		3,000,000.00
400102	实收资本	李晴		2,000,000.00
4101	盈余公积			239,431.33
410101	盈余公积	法定盈余公积		239,431.33
4103	本年利润			
4104	利润分配			472,023.92
410401	利润分配	提取法定盈余公积		
410402	利润分配	未分配利润		472,023.92

(续表)

科目编码	总账科目	明细科目	期初借方余额	期初贷方余额
5001	生产成本			
500101	生产成本	A产品		
500102	生产成本	B产品		
5101	制造费用			
510101	制造费用	修理费用		
510102	制造费用	工资		
510103	制造费用	折旧费		
6001	主营业务收入			
600101	主营业务收入	A产品		
600102	主营业务收入	B产品		
6401	主营业务成本			
640101	主营业务成本	A产品		
640102	主营业务成本	B产品		
6403	税金及附加			
6601	销售费用			
660101	销售费用	职工薪酬		
660102	销售费用	广告费		
660103	销售费用	包装费		
660105	销售费用	其他		
6602	管理费用			
660201	管理费用	办公费		
660202	管理费用	差旅费		
660203	管理费用	水费		
660204	管理费用	电费		
660205	管理费用	电话费		
660206	管理费用	工资		
660207	管理费用	折旧		
660208	管理费用	修理费		
660209	管理费用	其他		
6603	财务费用			
660301	财务费用	利息支出		
660302	财务费用	现金折扣		
660303	财务费用	手续费		
6701	资产减值损失			
6711	营业外支出			
6801	所得税费用			
合计			6,423,274.00	6,423,274.00

资料二：升达有限责任公司 20×2 年 1 月发生的全部经济业务。

说明：本企业为一般纳税人，所适用的增值税税率为13%。

(1) 1日，企业的所有者王晨投入新机器设备一辆，价值10万元(不考虑增值税)。

借：固定资产	100 000
贷：实收资本——王晨	100 000

(2) 1日，采购员王明欲借差旅费500元，以现金支付。

借：其他应收款——王明	500
贷：库存现金	500

(3) 2日，向维达公司购入甲材料1 000千克，不含增值税价款10万元，可抵扣应缴增值税13 000元，应付价款及增值税113 000元。以银行存款支付维达公司采购材料运杂费2 000元材料全部入库。

借：原材料——甲材料	102 000
应交税费——应交增值税(进项税额)	13 000
贷：应付账款——维达公司	115 000

(4) 3日，以银行存款工行户支付上述向维达公司采购材料价款及增值税，共计115 000元。

借：应付账款——维达公司	115 000
贷：银行存款——工行	115 000

(5) 6日，以银行存款工行户支付上月向蓝地公司购入甲材料货款3万元。

借：应付账款——蓝地公司	30 000
贷：银行存款——工行	30 000

(6) 8日，银行存款建行户上交上月税款，其中增值税90 950元，企业所得税12 000元，城建税6 366.5元，教育费附加2 728.5元，地方教育费附加1 819元，水利建设基金909.5元，地方使用税12 000元，个人所得税89.71元。

借：应交税费——未交增值税	90 950
应交税费——应交企业所得税	12 000
应交税费——应交城建税	6 366.50
应交税费——应交教育费附加	2 728.50
应交税费——应交地方教育费附加	1 819
应交税费——应交水利建设基金	909.50
应交税费——应交土地使用税	12 000
应交税费——应交个人所得税	89.71
贷：银行存款——建行	126 863.21

(7) 9日，以银行存款支付广告费2万元。

借：销售费用——广告费	20 000
贷：银行存款——建行	20 000

(8) 11日，向红叶公司出售A产品2 000件，应收取不含税价款234 000元，增值税30 420元。对方已用转账支票支付价款及增值税的50%，另外50%暂欠。

借：银行存款——工行		132 210
应收账款——红叶公司		132 210
贷：主营业务收入		234 000
应交税费——应交增值税(销项税额)		30 420

(9) 12日，仓库发出甲材料10万元。其中，A产品耗用2万元，B产品耗用4万元；车间修理耗用3万元；厂部修理耗用1万元。

借：生产成本——A产品		20 000
生产成本——B产品		40 000
制造费用——修理费		30 000
管理费用——修理费		10 000
贷：原材料——甲材料		100 000

(10) 15日，用现金购买办公用品300元，已领用。

借：管理费用——办公费		300
贷：库存现金		300

(11) 18日，采购员王明报销差旅费400元，归还剩余现金100元，结清预借款。

借：库存现金		100
管理费用——差旅费		400
贷：其他应收款——王明		500

(12) 20日，用银行存款建行户支付本月公司水费3 000元，电费3 000元，电话费6 000元。

借：管理费用——水费		3 000
管理费用——电费		3 000
管理费用——电话费		6 000
贷：银行存款——建行		12 000

(13) 30日，结算本月A产品生产工人工资18 000元，B产品生产工人工资12 000元；车间管理人员工资13 000元；厂部管理人员工资17 000元。

借：生产成本——A产品		18 000
生产成本——B产品		12 000
制造费用——工资		13 000
管理费用——工资		17 000
贷：应付职工薪酬		60 000

(14) 30日，从工商银行提取现金6万元，发放工资。

借：应付职工薪酬		60 000
贷：银行存款——工行		60 000

(15) 31日，计提本月应由生产车间负担的折旧费22 000元，由厂部负担的折旧费14 300元。

借：制造费用——折旧费 22 000

管理费用——折旧费 14 300

贷：累计折旧 36 300

(16) 31日，分摊本月制造费65 000元，按A、B两种产品生产工人工资比例分配，A产品负担39 000元，B产品负担26 000元。

借：生产成本——A产品 39 000

生产成本——B产品 26 000

贷：制造费用——修理费 30 000

制造费用——工资 13 000

制造费用——折旧费 22 000

(17) 31日，A产品全部完工，共计1000件，已验收入库，并结转实际生产成本(77元/件)。B产品全部完工，共计2000件，已验收入库，并结转实际生产成本(39元/件)。

借：库存商品——A产品 77 000

库存商品——B产品 78 000

贷：生产成本——A产品 77 000

生产成本——B产品 78 000

(18) 31日，结转主营业务成本。本月销售A产品2000件，每件平均生产成本77元，共计154 000元。

借：主营业务成本——A产品 154 000

贷：库存商品——A产品 154 000

(19) 31日，将本月主营业务收入(234 000元，A产品)、主营业务成本(154 000元，A产品)、销售费用、管理费用、财务费用、资产减值损失各账户余额结转"本年利润"账户。

借：主营业务收入——A产品 234 000

贷：本年利润 234 000

借：本年利润 228 000

贷：主营业务成本——A产品 154 000

销售费用——广告费 20 000

管理费用——修理费 10 000

管理费用——办公费 300

管理费用——差旅费 400

管理费用——水费 3 000

管理费用——电费 3 000

管理费用——电话费 6 000

管理费用——工资 17 000

管理费用——折旧费 14 300

(20) 31日，按本月实现利润(6 000元)的25%计算应缴所得税，并结转到"本年利润"账户。

借：所得税费用   1 500

  贷：应交税费——应交企业所得税   1 500

借：本年利润   1 500

  贷：所得税费用   1 500

任务 3

Excel 在会计凭证
编制中的应用

学习目标：

1. 能够应用Excel基本操作建立会计科目表、期初科目余额表，并熟悉Excel中记录单功能和定义名称功能的应用技巧；

2. 了解会计凭证的填制要求，能熟练应用定义数据有效性、函数等Excel工具设置凭证模板；

3. 能熟练应用数据透视表生成科目汇总表；

4. 掌握科目余额表各列数据间的逻辑关系，正确应用函数计算期末余额。

3.1 创建会计科目表

在Excel中，创建会计科目表需要录入数据，而录入数据有两种方式：一种是直接录入数据；另一种则是通过Excel的基本操作"记录单"录入数据。其中采用"记录单"录入数据应用更为便利，它既能够提高会计科目的录入效率，又可以快速查找、修改已填信息。本书采用"记录单"创建会计科目表。

3.1.1 定义会计科目表格式

定义会计科目表格式的操作步骤如下。

01 在D盘建立"Excel"文件夹，在该文件夹下建立"会计核算"文件夹，右击新建Excel工作簿并将其重命名为"会计核算.xlsx"工作簿，将工作表标签"sheet1"重命名为"会计科目表"。

02 选中A1单元格，输入工作表标题"会计科目表"。选中A1:C1单元格区域并右击，在弹出的快捷菜单中选中"设置单元格格式"命令，如图3-1所示。

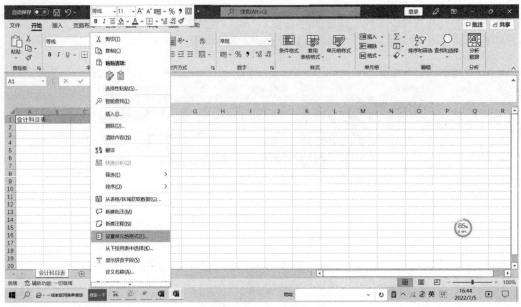

图3-1　选择"设置单元格格式"命令

03 单击"设置单元格格式"命令，单击"对齐"选项卡，选中"水平对齐"下拉列表中的"跨列居中"选项，如图3-2所示。单击"字体"选项卡，设置字体为"宋体"，字形为"加粗"，字号为22，如图3-3所示。

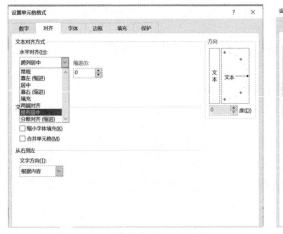

图3-2　设置对齐方式为"跨列居中"

图3-3　设置字体、字形和字号

04 将鼠标放在列标A处并单击，选中A列再右击，在弹出的快捷菜单中选中"列宽"选项，如图3-4所示。在弹出的"列宽"对话框中，录入列宽为"15"，如图3-5所示；再设置B列列宽为"20"，C列列宽为"25"。

图3-4　选择"列宽"选项

图3-5　设置"列宽"为15

[05] 将鼠标放在列标A处并单击，选中A列再右击，在弹出的快捷菜单中选中"设置单元格格式"选项，单击"数字"选项卡下的"文本"选项，如图3-6所示。

[06] 在A2、B2、C2单元格内分别输入"科目编码""总账科目""明细科目"。选中A2:C2并右击，在弹出的快捷菜单中选中"设置单元格格式"选项。在"设置单元格"对话框中，单击"字体"选项卡，设置字体为"宋体"，字形为"加粗"，字号为"16"，如图3-7所示；单击"对齐"选项卡，选择"居中"选项，如图3-8所示。

图3-6　设置"文本"格式

图3-7　设置字体、字形、字号

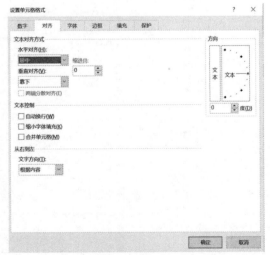

图3-8　设置对齐方式为"居中"

[07] 选中A2:C108单元格区域，单击功能区中"开始"|"字体"|"边框"下拉菜单中

的 ⊞ 所有框线(A)选项，如图3-9所示。

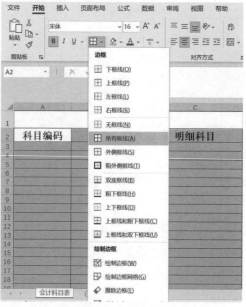

图3-9　设置边框

3.1.2　使用"记录单"录入数据

使用"记录单"录入数据的具体步骤如下。

01 在"快速访问工具栏"添加"记录单"命令。点击"快速访问工具栏"选项，选择"其他命令"选项，打开"常用命令"下拉菜单，选择"不在功能区的命令"选项，选中"记录单"选项，点击"添加"按钮并确定，如图3-10所示。

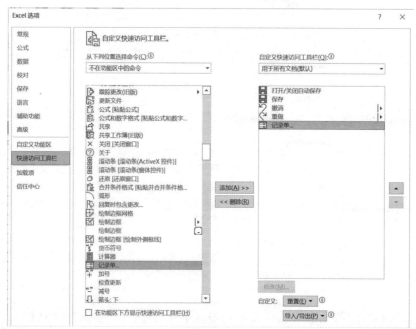

图3-10　添加"记录单"命令

02 选中A2:C2单元格区域单击快送访问工具栏中的"记录单"按钮 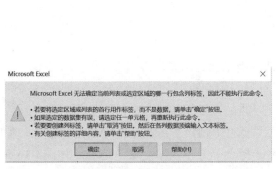，这时屏幕会出现如图3-11所示的提示窗口。

03 点击"确定"按钮，弹出"会计科目表"记录单对话框，在"科目编码"文本框中录入"1001"，在"总账科目"文本框中录入"库存现金"，如图3-12所示。

图3-11 记录单提示窗口   图3-12 记录单录入窗口

04 单击新建按钮或者回车键，按照表3-1所示科目编码、总账科目、明细科目继续录入，完成升达有限责任公司会计科目表的录入后，点击"关闭"退出记录单。录入完成的会计科目表如图3-13所示。

	A	B	C
1		**会计科目表**	
2	**科目编码**	**总账科目**	**明细科目**
3	1001	库存现金	
4	1002	银行存款	
5	100201	银行存款	工行
6	100202	银行存款	建行
7	1012	其他货币资金	
8	1121	应收票据	
9	1122	应收账款	
10	112201	应收账款	红叶公司
11	112202	应收账款	世纪百货
12	112203	应收账款	联合百货
13	1123	预付账款	
14	112301	预付账款	维达公司
15	1221	其他应收款	
16	122101	其他应收款	王明
17	122102	其他应收款	李华
18	122103	其他应收款	张兴
19	1403	原材料	
20	140301	原材料	甲材料
21	140302	原材料	乙材料
22	140303	原材料	丙材料
23	140305	原材料	包装箱

会计科目表

图3-13 会计科目表

05 选中"会计科目表！A:C"列，选中功能区"公式"选项卡，点击"定义名称"按钮，打开"新建名称"对话框，在"名称"文本框中输入"会计科目表"，如图3-14所示。

图3-14 定义"会计科目表"名称

3.1.3 建立有效会计科目表

有效会计科目表是编制记账凭证的基础，记账凭证中的每个会计科目反应的是发生额，不允许有余额。因此，编制有效会计科目表的原理是：删除会计科目表中反应余额的总账科目，即删除包含明细账但未精确到明细账的总账科目。

建立有效会计科目表的操作步骤如下。

01 通过列标选中"会计科目表!$A:$C"区域，右击"复制"选项，选中F1单元格，右击选择"粘贴"选项。

02 选中F1单元格，将"会计科目表"改为"有效会计科目表"。

03 删除F3:H108区域中反应余额的总账科目，编制有效会计科目表。例如，100201反应的是银行存款工行户的发生额，100202反应的是银行存款建行户的发生额，1001反应的是银行存款的余额，应该删除1001银行存款。选中F4:H4右击，选择"删除"选项，如图3-15所示。在弹出的"删除文档"对话框中选择"下方单元格上移"选项，如图3-16所示。完成的有效会计科目表如图3-17所示。

图3-15　删除反应余额的总账科目　　　　图3-16　"删除文档"对话框

图3-17　有效会计科目表

04 选中“会计科目表！F:H”列，选中功能区“公式”选项卡，点击“定义名称”按钮，打开“新建名称”对话框，在“名称”文本框中输入“有效会计科目表”，如图3-18所示。

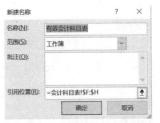

图3-18　定义“有效会计科目表”名称

3.1.4　建立总账科目表

总账科目表是编制总账科目余额的基础，总账科目表是以会计科目表为编制基础，只保留会计科目表中科目编码为4位的总账科目。

建立总账科目表的操作步骤如下。

01 通过列标选中“会计科目表!$A:$C”区域，右击后选择“复制”选项，选中J1单元格，右击后选择“粘贴”选项。

02 选中J1单元格，将“会计科目表”改为“总账科目表”。

03 删除J3:L108区域中的非总账科目，编制有效会计科目表。总账科目的科目编码为4位，明细科目的科目编码大于4位，删除科目编码大于4位的会计科目。例如，选中J5:L5单元格，右击后选择“删除”选项，在“删除文档”窗口选择“下方单元格上移”选项，如图3-19所示。完成的总账科目表如图3-20所示。

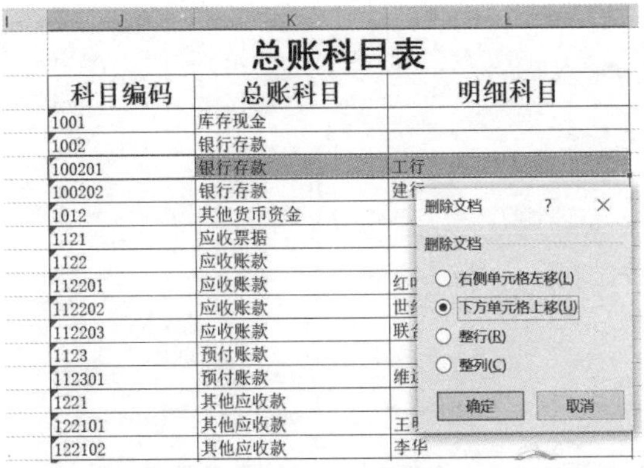

图3-19　删除非总账科目

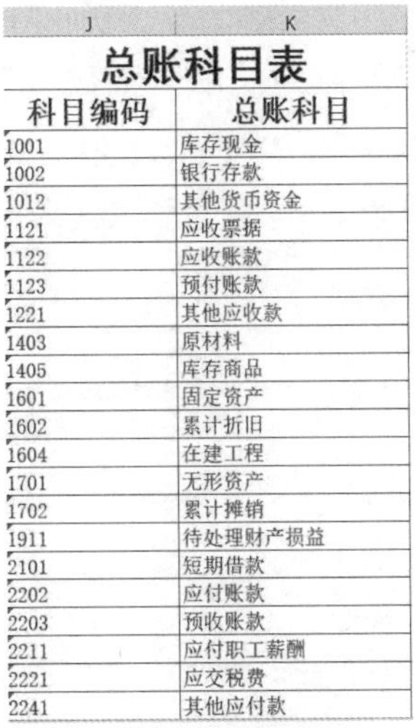

总账科目表

科目编码	总账科目
1001	库存现金
1002	银行存款
1012	其他货币资金
1121	应收票据
1122	应收账款
1123	预付账款
1221	其他应收款
1403	原材料
1405	库存商品
1601	固定资产
1602	累计折旧
1604	在建工程
1701	无形资产
1702	累计摊销
1911	待处理财产损益
2101	短期借款
2202	应付账款
2203	预收账款
2211	应付职工薪酬
2221	应交税费
2241	其他应付款

图3-20　总账科目表

04 定义名称。选中“会计科目表！J:K”列，选中功能区“公式”选项卡，点击“定义名称”按钮，打开“新建名称”对话框，在“名称”文本框中输入“总账科目表”，如图3-21所示。

图3-21　定义"总账科目表"名称

3.2　创建期初科目余额表

升达有限责任公司于20×2年1月初开始建账，属于年初建账。升达有限责任公司的期初科目余额表中，期初余额数据的录入要从末级科目开始，上级科目的余额由定义好的公式自动计算。

创建期初科目余额表的操作步骤如下。

01 单击工作表标签"会计科目表"右侧的⊕按钮，创建新的工作表并重命名为"期初科目余额表"。

02 复制"会计科目表！A1:C108"区域，选中"期初科目余额表！A1"单元格进行粘贴。将A1单元格的标题修改为"期初科目余额表"。

03 选中期初科目余额表！A1：E1区域，右击选择"设置单元格格式"命令，单击"对齐"选项卡，选中水平对齐下拉列表中的"跨列居中"选项。

04 在D2、E2单元格分别输入"期初借方余额""期初贷方余额"，用格式刷将D2、E2格式改为与A2单元格一致。

05 通过列标同时选中D列和E列，右击选中列宽，将列宽设置为"20"。右击"设置单元格格式"命令，单击"数字"选项卡，设置数字分类为"会计专用"，小数位数为"2"，如图3-22所示。

图3-22　设置"会计专用"格式

06 选中 A2:E109 单元格区域，单击功能区中"开始"|"字体"|"边框"下拉菜单中的
⊞ 所有框线(A) 按钮，如图 3-23 所示。

07 选中 A109 输入"合计"，选中 A109:C109 单元格区域，右击"设置单元格格式"命令，单击"对齐"选项卡，选中水平对齐下拉列表中的"跨列居中"选项。

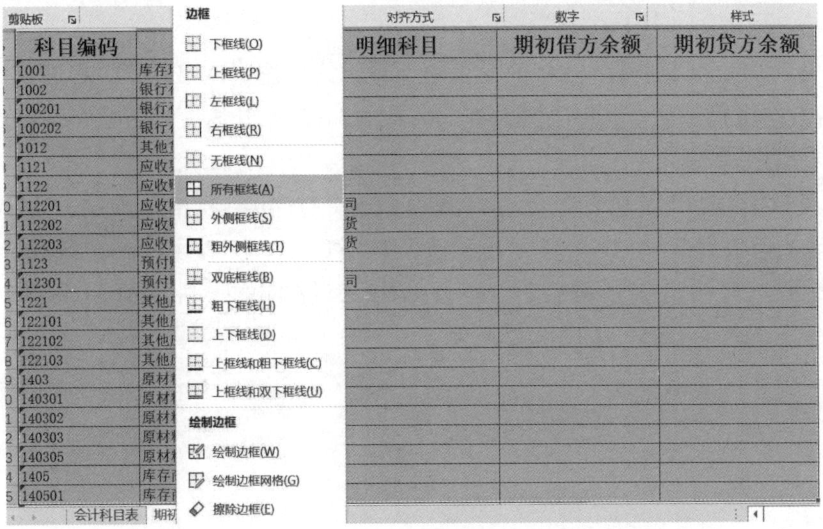

图 3-23　设置边框为"所有框线"

08 定义 D 列包含明细科目的总账科目的计算公式如下。

D4=D5+D6

D9=D10+D11+D12

D13=D14

D15=D16+D17+D18

D19=D20+D21+D22+D23

D24=D25+D26

D30=D31+D32

D34=D35+D36

D38=D39+D40+D41

D41=D43

D44=D45+D46+D47

D50=D51+D52+D53

D48=D49+D50+D54+D55+D56+D57+D58+D59+D60

D61=D62

D64=D65+D66

D67=D68

D70=D71+D72

D73–D74+D75

D76=D77+D78+D79

D80=D81+D82

D83=D84+D85

D87=D88+D89+D90+D91

D92=D93+D94+D95+D96+D97+D98+D99+D100+D101

D102=D103+D104+D105

09 定义E列包含明细科目的总账科目的计算公式。选中D3:D108，右击选择复制，选中E3单元格右击选择粘贴，粘贴方式为 ⬚。按照表3-1录入升达有限责任公司20×2年1月初各会计科目的期初余额。

10 定义D109期初借方余额合计的公式。选择D109单元格，右击"公式"功能选项卡，选择"函数库"|"数学和三角函数"|"SUMIF"函数，单击"确定"按钮，如图3-24所示。期初借方余额合计=科目编码为4位的总账科目的期初借方余额合计=SUMIF(A:A,"????",D:D)，如图3-25所示。

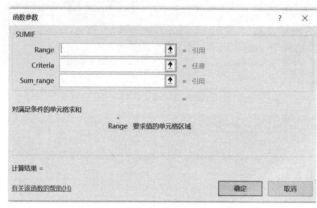

图3-24　SUMIF函数参数设置对话框

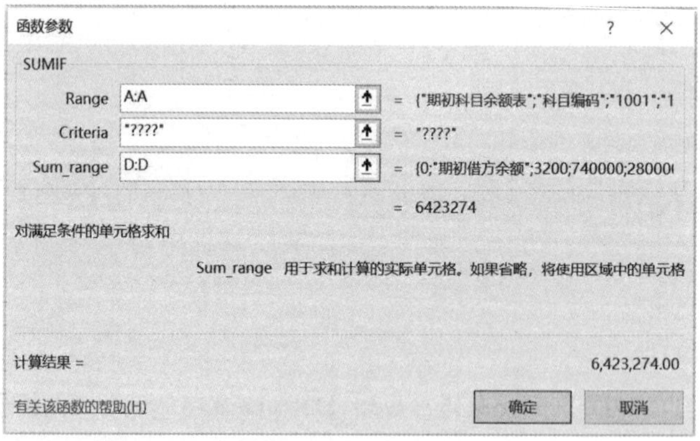

图3-25　SUMIF函数的具体应用

11 定义D109期初借方余额合计的公式。期初贷方余额合计=科目编码为4位的总账科目的期初贷方余额合计=SUMIF(A:A,"????",E:E)。

12 定义名称。选中"会计科目表! A:E"列，选中功能区"公式"选项卡，选择"定义名称"选项，单击定义名称，将打开的定义名称对话框的名称重命名为"期初科目余额表"。完成的期初科目余额表如图3-26所示。

	A	B	C	D	E
1	期初科目余额表				
2	科目编码	总账科目	明细科目	期初借方余额	期初贷方余额
3	1001	库存现金		3,200.00	
4	1002	银行存款		740,000.00	-
5	100201	银行存款	工行	280,000.00	
6	100202	银行存款	建行	460,000.00	
7	1012	其他货币资金			
8	1121	应收票据			
9	1122	应收账款		150,000.00	-
10	112201	应收账款	红叶公司	62,000.00	
11	112202	应收账款	世纪百货	53,000.00	
12	112203	应收账款	联合百货	35,000.00	
13	1123	预付账款		13,200.00	-
14	112301	预付账款	维达公司	13,200.00	
15	1221	其他应收款		1,200.00	-
16	122101	其他应收款	王明	1,200.00	
17	122102	其他应收款	李华		
18	122103	其他应收款	张兴		
19	1403	原材料		41,000.00	-
20	140301	原材料	甲材料	18,000.00	
21	140302	原材料	乙材料	15,000.00	
22	140303	原材料	丙材料	6,000.00	
23	140305	原材料	包装箱	2,000.00	
24	1405	库存商品		739,974.00	-
25	140501	库存商品	A产品	539,974.00	

会计科目表 期初科目余额表

图3-26 期初科目余额表

知识链接

【函数说明】

SUMIF函数：是指对满足条件的单元格求和的函数。

【类型】数学与三角函数

【语法】SUMIF(Range，Criteria，Sum__range)

参数Range含义为条件区域，表示要求值的单元格区域，即条件所位于的数据区域。

参数Criteria含义为判断条件，表示以数字、表达式、文本形式定义的条件，即具体的条件；可以用?或*表示，?代表任意一个字符，*代表的是0个或者任意多个字符。

参数Sum__range含义为求和区域，表示用于求和计算的实际单元格。

【功能】根据条件求和

3.3 创建会计凭证表

填制会计凭证是等级会计账簿、编制财务报表的基础，工作量较大。作为账表等文件的数据来源，只有保证记账凭证的信息正确、完整地录入系统，才能正确地生成账簿和报表。应用Excel创建会计凭证表，首先要定义会计凭证表的格式及公式创建“会计凭证表模板”，再根据升达有限责任公司20×2年1月份发生的经纪业务录入会计分录，即可得到本月的会计凭证表。

本部分所涉及的Excel知识主要包括数据验证、VLOOKUP函数、IF函数和函数。

3.3.1 创建会计凭证模板

了解日常会计核算的凭证类别是创建会计凭证模板的基础，在会计核算中包括的凭证类别有收款凭证、付款凭证、转账凭证和记账凭证，它们的共同点是所列示的项目基本相同，都包括类别编号、凭证日期、附件、摘要、总账科目、明细科目、借方金额、贷方金额、制单人、审核人、记账人等。在Excel中，为了简化会计科目输入的工作量，本书应用Excel的数据验证和函数功能设计会计凭证模板，以便工作人员在业务核算时只需录入科目编码即可自动切换对应的总账科目。结合会计凭证的列报项目，会计凭证模板列报项目如图3-27所示。

类别编号	凭证日期	附件	摘要	科目编码	总账科目	明细科目	借方金额	贷方金额

图3-27 设置会计凭证模板的边框

定义会计凭证模板的具体操作步骤如下。

01 单击工作表标签"期初科目余额表"右侧的⊕按钮创建新的工作表并重命名为"会计凭证模板"。

02 选择B1:M1单元格区域，分别录入"凭证编号""凭证日期""凭证编号""摘要""科目编码""总账科目""明细科目""借方金额""贷方金额""制单人""审核人""记账人"；设置字体为宋体14号、加粗、居中。

03 将"摘要""科目编码""总账科目""明细科目""借方金额""贷方金额"所在列的列宽分别设置为25、10、20、25、18、18。

04 通过列标单击选中F列，右击"设置单元格格式"命令，单击"数字"选项卡，设置数字分类为"文本"。通过列标单击同时选中I列和J列，设置数字分类为"会计专用"，小数位数为"2"，

05 选中B1:M3单元格区域，单击功能区中"开始"|"字体"|"边框"下拉菜单中的田 所有框线(A) 按钮，效果如图3-27所示。

3.3.2 定义单元格数据验证

1. 定义"凭证日期"的数据验证

选中C2单元格，在功能区单击"数据"选项卡，选择"数据工具"|"数据验证"选项，打开"数据验证"对话框，在"设置"选项卡"允许"下拉菜单中选择"日期"，在"数据"下拉菜单中选择"介于"，在"开始日期"输入框中输入"2022年1月1日"，在"结束日期"输入框中输入"2022年1月31日"，如图3-28所示。点击"请输入信息"选项卡，在"输入信息"输入框中输入"请输入日期，日期格式为YYYY-MM-DD!"，最后点击"确定"按钮，如图3-29所示。

图3-28　设置"凭证日期"的数据验证1

图3-29　设置"凭证日期"的数据验证2

2. 定义"附件"的数据验证

选中D2单元格，在功能区单击"数据"选项卡，选择"数据工具"|"数据验证"选项，打开"数据验证"对话框，在"设置"选项卡"允许"下拉菜单选择"整数"，在"数据"下拉菜单中选择"介于"，在"最小值"输入框中输入"0"，在"最大值"输入框中输入"100"，如图3-30所示。点击"请输入信息"选项卡，在"输入信息"输入框中输入"请输入0到100的整数！"，最后点击"确定"按钮，如图3-31所示。

图3-30　设置"附件"的数据验证1

图3-31　设置"附件"的数据验证2

3. 定义"科目编码"的数据验证

选中F2单元格，在功能区单击"数据"选项卡，选择"数据工具"|"数据验证"选项，打开"数据验证"对话框，在"设置"选项卡"允许"下拉菜单选择"序列"，点击"来源"下方输入框，选择"公式"选项卡"用于公式"按钮，选择"有效科目表编码"，如图3-32所示。点击"请输入信息"选项卡，在"输入信息"输入框中输入"请输入有效科目编码！"，最后点击"确定"按钮，如图3-33所示。

图3-32 设置"科目编码"的数据验证1

图3-33 设置"科目编码"的数据验证2

3.3.3 设置考会计科目的自动生成公式

1. 定义"总账科目"自动生成公式

总账科目G2单元格的公式录入涉及IF函数和VLOOKUP函数，该公式录入的应用原理为：G2=IF(科目编码不存在，逻辑式为真返回空白，逻辑式为假应用VLOOKUP查找总账科目)。具体操作步骤如下。

01 选中G2单元格，点击"公式"选项卡中的"逻辑"|"IF"函数，在函数参数对话框"Logical_test"输入框中输入"F2=""""，"Value_if_true"输入框中输入空文本""""。这里需要注意的是，双引号必须为英文状态下的双引号，如图3-34所示。

02 点击"Value_if_false"输入框，选择"名称框"下拉箭头，选择"VLOOKUP"函数。打开函数参数对话框，在"Lookup_value"输入框输入"F2"；在"Table_array"输入框点击"公式"选项卡中"用于公式"，选择"有效会计科目表"；在"Col_index_num"输入框输入"2"；在"Range_lookup"输入框中输入"0"，如图3-35所示。

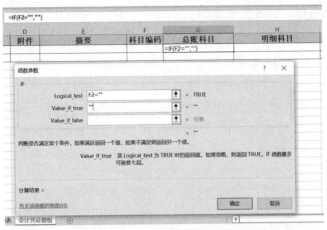

图3-34　设置"总账科目"公式1

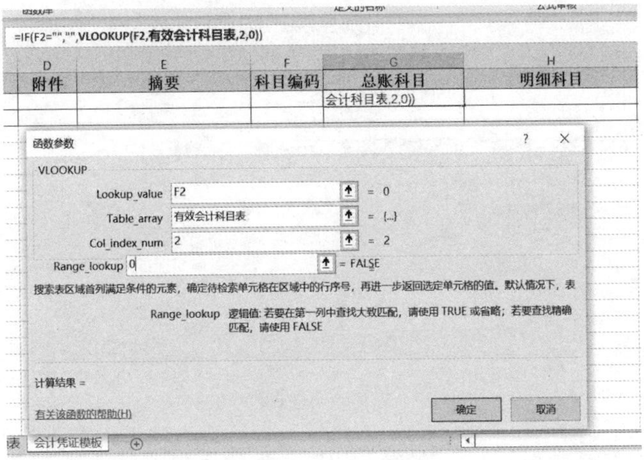

图3-35　设置"总账科目"公式2

03 点击编辑栏空白处，回到"IF"函数对话框，点击"确定"按钮，如图3-36所示。
总账科目G2的公式为

=IF(F2="","",VLOOKUP(F2,有效会计科目表,2,0))

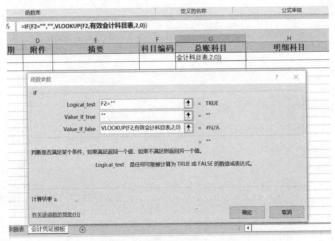

图3-36　设置"总账科目"公式3

2. 定义"明细科目"自动生成公式

明细科目H2单元格的公式录入涉及IF函数、VLOOKUP函数和LEN函数，该公式录入的应用原理为：H2=IF(科目编码的文本长度<=4，逻辑式为真返回空白，逻辑式为假应用VLOOKUP查找明细科目)。具体操作步骤如下。

01 选中H2单元格，点击"公式"选项卡中的"逻辑"|"IF"函数，在"函数参数"对话框中将光标定位在"Logical_test"输入框中，单击名称框的下拉三角按钮，选择"其他函数"；选择"文本"类别下的"LEN"函数，如图3-37所示，单击"确定"按钮。

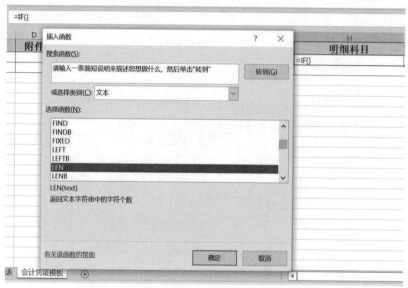

图3-37 设置"明细科目"公式1

02 打开"LEN"函数对话框，在参数"Text"输入框内输入"F2"，如图3-38所示。此时点击编辑栏后面的空白区，返回到IF函数的"函数参数"对话框，如图3-39所示。

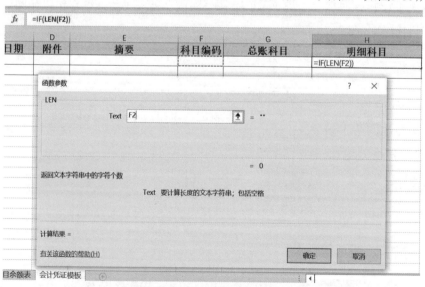

图3-38 设置"明细科目"公式2

f_x | =IF(LEN(F2))

目期	附件	摘要	科目编码	总账科目	明细科目
					=IF(LEN(F2))

函数参数

IF

Logical_test   LEN(F2)   ↑ = FALSE

Value_if_true   ↑ = 任意

Value_if_false   ↑ = 任意

=

判断是否满足某个条件，如果满足返回一个值，如果不满足则返回另一个值。

Logical_test   是任何可能被计算为 TRUE 或 FALSE 的数值或表达式。

计算结果 =

有关该函数的帮助(H)   确定   取消

图3-39 设置"明细科目"公式3

03 在"Logical_test"输入框内"LEN(E2)"后面继续输入公式"<=4"，即"LEN(E2)<=4"；在"Value_if_true"输入框内输入空文本""""，此时的双引号必须为英文状态下的双引号。将光标定位在参数"Value_if_false"输入框内，继续单击名称框下拉三角按钮，选择"VLOOKUP"函数，如图3-40所示。

图3-40 设置"明细科目"公式4

04 打开"VLOOKUP"函数参数对话框，在"Lookup_value"输入框输入"F2"；在"Table_array"输入框点击"公式"选项卡中"用于公式"，选择"有效会计科目表"；在"Col_index_num"输入框输入"3"；在"Range_lookup"输入框中输入"0"，如图3-41所示。

05 点击编辑栏空白处，回到"IF"函数对话框，点击"确定"按钮，如图3-42所示。

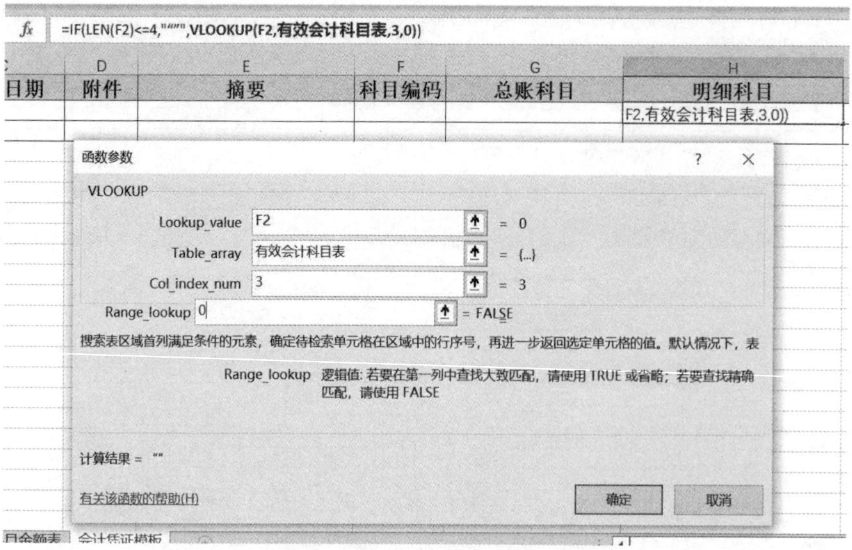

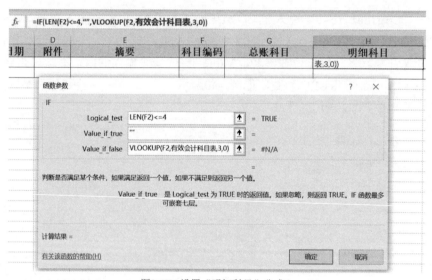

图3-41　设置"明细科目"公式5

图3-42　设置"明细科目"公式6

明细科目F2的公式为

F2=IF(LEN(F2)<=4,"",VLOOKUP(F2,有效会计科目表,3,0))

3. 设置借贷不平衡自动提示公式

借贷记账法的记账规则是"有借必有贷,借贷必相等"。为了保证会计凭证表中录入的借贷金额基本正确,可以利用记账规则来验证借方、贷方发生额是否相等。

具体操作步骤如下。

01 选择N2单元格,点击"公式"选项卡中的"逻辑"|"IF"函数,在"函数参数"对话框中将光标定位在"Logical_test"输入框中,单击名称框的下拉三角按钮,选择"SUM"选项,如图3-43所示,单击"确定"按钮。

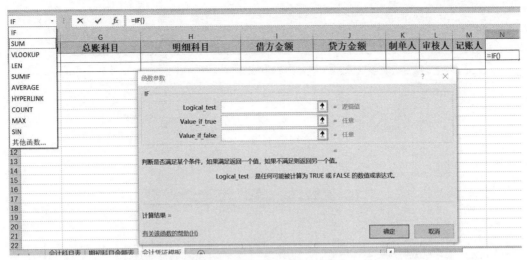

图3-43　设置"试算平衡"公式1

02 打开SUM函数的"函数参数"对话框，将光标定位在"Number1"输入框，选择第I列的列标，完成"I:I"的输入，如图3-44所示。

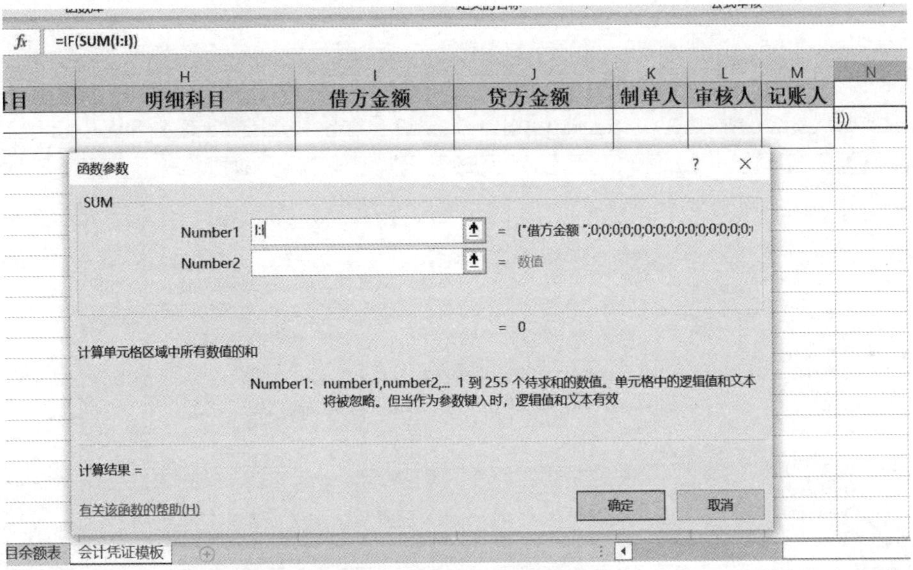

图3-44　设置"试算平衡"公式2

03 点击Fx编辑栏后面的空白区，重新打开IF函数的"函数参数"对话框，并在"Logical_test"输入框内的"SUM(I:I)"后，继续录入"="，再单击名称框下拉菜单按钮，选择"SUM"函数。打开SUM函数的"函数参数"对话框，将光标定位在"Number1"输入框，选择第K列的列标，完成"K:K"的输入，如图3-45所示。

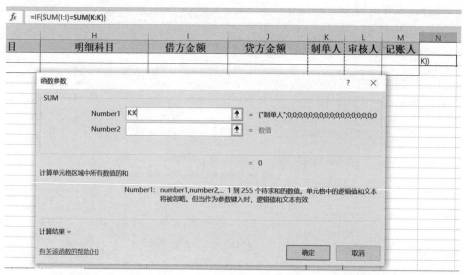

图3-45　设置"试算平衡"公式3

04 点击Fx编辑栏后面的空白区域，重新回到IF函数的"函数参数"对话框，如图3-46所示。

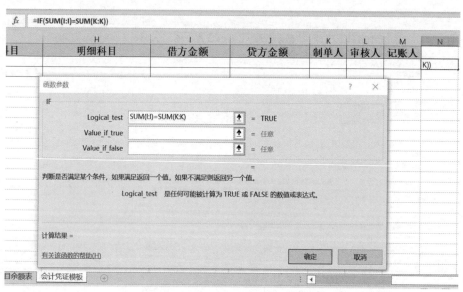

图3-46　设置"试算平衡"公式4

05 在"Value_if_true"输入框内输入 ""试算平衡""，此时的双引号必须为英文状态下的双引号。将光标定位在参数"Value_if_false"输入框并输入 ""试算不平衡，请检查！""，此时的双引号必须为英文状态下的双引号，如图3-47所示。

06 点击Fx编辑栏空白处，回到"IF"函数对话框，点击"确定"按钮，如图3-48所示。

N2试算平衡公式为

N2= =IF(SUM(I:I)=SUM(J:J),"试算平衡！","试算不平衡,请检查！")

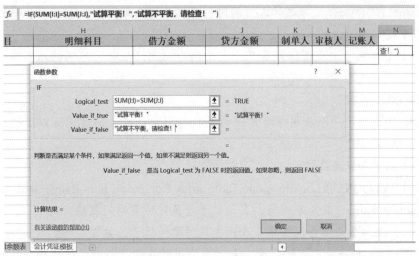

图3-47　设置"试算平衡"公式5

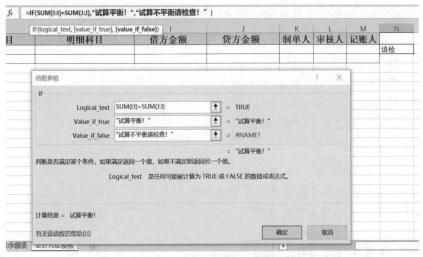

图3-48　设置"试算平衡"公式6

知识链接

【函数说明】

1. IF函数

IF函数是用于判断是否满足某个条件，如果满足则返回一个值，如果不满足则返回另一个值的函数。

【类型】逻辑函数

【语法】=IF(Logical_test，Value_if_true，Value_if_false)

参数Logical_test含义为逻辑式，表示要测试的条件。

参数Value_if_true含义为逻辑式为真时的返回内容，表示当logical_test 的结果为真时，希望返回的值。

参数 Value_if_ false 含义为逻辑式为假时的返回内容，表示用 logical_test 的结果为假或错误时，希望返回的值。

【功能】是适用于一个逻辑式有两个或者两个以上结果时，不同的结果需要返回不同内容的函数

2. VLOOKUP 函数

VLOOKUP 函数是一个应用非常广泛的查找与引用函数，通过它可以迅速地从复杂的数据库中找到所需信息。

【类型】数学和三角函数

【语法】=VLOOKUP(Lookup_value,Table_array,Col_index_num,Range_lookup)

参数 Lookup_value 含义为查找值，表示位于查找区域首列的数值。

参数 Table_array 含义为查找区域，表示查找对象所位于的数据区域。

参数 Col_index_num 含义为列序号，表示查找值所在的行与查找区域那一列的交叉点可以查找到查找对象。

参数 Range_lookup 含义为逻辑值，表示指在查找时是要求精确匹配还是模糊匹配。逻辑值为 0 时，检索类型为精确查找；逻辑值为 1 时，检索类型为模糊查找。当该参数省略时，默认为逻辑值 1，即模糊查找。

【功能】用于快速查找信息

3. LEN 函数

LEN 函数是用于测试文本长度的函数。

【类型】文本函数

【语法】= LEN(text)

参数 Text 含义为检测值，表示要计算长度的文本字符串，包括空格。

【功能】返回文本字符串中的字符数

3.3.4　录入会计凭证表

会计凭证表的格式及公式设置已完成，需要将升达有限责任公司 20×2 年 1 月份的会计业务进行录入。

01 单击工作表标签"会计凭证模板"右侧的 ⊕ 按钮创建新的工作表，并将其重命名为"会计凭证表"。

02 复制"会计凭证模板! B:N"，选中会计凭证表! B1 单元格粘贴。选中会计凭证表! B2:M2 单元格，并将其拖拉至 J79 单元格。

03 输入业务 1 的分录。选择 B2 单元格，输入"记1"；选择 C2 单元格，输入"2022-1-1"；选择 E2 单元格，输入摘要"接受投资者投入设备"；选择 F2 单元格，选择科目编码"1601"，则总账科目自动生成"固定资产"；选择 I2 单元格，输入金额"100000"。同理输入第三行贷方项目，如图 3-49 所示。

	B	C	E	F	G	H	I	J
1	类别编号	凭证日期	摘要	科目编码	总账科目	明细科目	借方金额	贷方金额
2	记1	2022年1月1日	接受投资者投入设备	1601	固定资产		100000	
3	记1	2022年1月1日	接受投资者投入设备	400101	实收资本	王晨		100000
4								
5								
6								
7								

图3-49　录入会计凭证表

04 将光标定位在C2单元格，单击功能区中"视图-冻结窗格"下拉菜单中的"冻结窗格"命令，如图3-50所示。

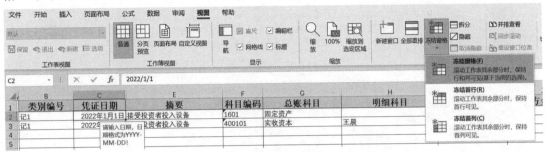

图3-50　设置冻结拆分

05 按照步骤三的方法录入本月其他业务会计分录，根据内容调整各列合适列宽及对齐方式。最后得到本月的会计凭证表，如图3-51、图3-52、图3-53、图3-54所示。

	B	C	E	F	G	H	I	J	N
1	类别编号	凭证日期	摘要	科目编码	总账科目	明细科目	借方金额	贷方金额	
2	记1	2022年1月1日	接受投资者投入设备	1601	固定资产		100,000.00		试算平衡!
3	记1	2022年1月1日	接受投资者投入设备	400101	实收资本	王晨		100,000.00	
4	记2	2022年1月1日	王明预借差旅费	122101	其他应收款	王明	500.00		
5	记2	2022年1月1日	王明预借差旅费	1001	库存现金			500.00	
6	记3	2022年1月2日	向维达公司购入甲材料	140301	原材料	甲材料	102,000.00		
7	记3	2022年1月2日	向维达公司购入甲材料	22210201	应交税费	应交增值税 (进项税额)	13,000.00		
8	记3	2022年1月2日	向维达公司购入甲材料	220201	应付账款	维达公司		115,000.00	
9	记4	2022年1月3日	支付采购材料价款	220201	应付账款	维达公司	113,000.00		
10	记4	2022年1月3日	支付采购材料价款	100201	银行存款	工行		113,000.00	
11	记5	2022年1月6日	向蓝地公司支付上月甲材料货款	220202	应付账款	蓝地公司	30,000.00		
12	记5	2022年1月6日	向蓝地公司支付上月甲材料货款	100201	银行存款	工行		30,000.00	
13	记6	2022年1月8日	交上月税款	222101	应交税费	未交增值税	90,950.00		
14	记6	2022年1月8日	交上月税款	222103	应交税费	应交企业所得税	12,000.00		
15	记6	2022年1月8日	交上月税款	222104	应交税费	应交城建税	6,366.50		
16	记6	2022年1月8日	交上月税款	222105	应交税费	应交教育费附加	2,728.50		
17	记6	2022年1月8日	交上月税款	222106	应交税费	应交地方教育费附加	1,819.00		
18	记6	2022年1月8日	交上月税款	222107	应交税费	应交水利建设基金	909.50		
19	记6	2022年1月8日	交上月税款	222108	应交税费	应交土地使用税	12,000.00		
20	记6	2022年1月8日	交上月税款	222109	应交税费	应交个人所得税	89.71		
21	记6	2022年1月8日	交上月税款	100202	银行存款	建行		126,863.21	

图3-51　会计凭证表1

	B	C	E	F	G	H	I	J
1	类别编号	凭证日期	摘要	科目编码	总账科目	明细科目	借方金额	贷方金额
22	记7	2022年1月9日	支付广告费	660102	销售费用	广告费	20,000.00	
23	记7	2022年1月9日	支付广告费	100202	银行存款	建行		20,000.00
24	记8	2022年1月11日	向红叶公司出售A产品	100201	银行存款	工行	132,210.00	
25	记8	2022年1月11日	向红叶公司出售A产品	112201	应收账款	红叶公司	132,210.00	
26	记8	2022年1月11日	向红叶公司出售A产品	600101	主营业务收入	A产品		234,000.00
27	记8	2022年1月11日	向红叶公司出售A产品	22210202	应交增值税	应交增值税 (销项税额)		30,420.00
28	记9	2022年1月12日	领用甲材料	500101	生产成本	A产品	20,000.00	
29	记9	2022年1月12日	领用甲材料	500102	生产成本	B产品	40,000.00	
30	记9	2022年1月12日	领用甲材料	510101	制造费用	修理费用	30,000.00	
31	记9	2022年1月12日	领用甲材料	660208	管理费用	修理费	10,000.00	
32	记9	2022年1月12日	领用甲材料	140301	原材料	甲材料		100,000.00
33	记10	2022年1月15日	购买办公用品	660201	管理费用	办公费	300.00	
34	记10	2022年1月15日	购买办公用品	1001	库存现金			300.00
35	记11	2022年1月18日	王明报销差旅费	1001	库存现金		100.00	
36	记11	2022年1月18日	王明报销差旅费	660202	管理费用	差旅费	400.00	
37	记11	2022年1月18日	王明报销差旅费	122101	其他应收款	王明		500.00
38	记12	2022年1月20日	支付本月厂部水电、电话费	660203	管理费用	水费	3,000.00	
39	记12	2022年1月20日	支付本月厂部水电、电话费	660204	管理费用	电费	3,000.00	
40	记12	2022年1月20日	支付本月厂部水电、电话费	660205	管理费用	电话费	6,000.00	
41	记12	2022年1月20日	支付本月厂部水电、电话费	100202	银行存款	建行		12,000.00

图3-52　会计凭证表2

	B	C	E	F	G	H	I	J
1	类别编号	凭证日期	摘要	科目编码	总账科目	明细科目	借方金额	贷方金额
42	记13	2022年1月30日	结算本月工资	500101	生产成本	A产品	18,000.00	
43	记13	2022年1月30日	结算本月工资	500102	生产成本	B产品	12,000.00	
44	记13	2022年1月30日	结算本月工资	510102	制造费用	工资	13,000.00	
45	记13	2022年1月30日	结算本月工资	660206	管理费用	工资	17,000.00	
46	记14	2022年1月30日	发放工资	221101	应付职工薪酬	工资		60,000.00
47	记14	2022年1月30日	发放工资	221101	应付职工薪酬	工资	60,000.00	
48	记14	2022年1月30日	发放工资	100201	银行存款	工行		60,000.00
49	记15	2022年1月31日	计提折旧费	510103	制造费用	折旧费	22,000.00	
50	记15	2022年1月31日	计提折旧费	660207	管理费用	折旧	14,300.00	
51	记15	2022年1月31日	计提折旧费	1602	累计折旧			36,300.00
52	记16	2022年1月31日	分摊本月制造费用	500101	生产成本	A产品	39,000.00	
53	记16	2022年1月31日	分摊本月制造费用	500102	生产成本	B产品	26,000.00	
54	记16	2022年1月31日	分摊本月制造费用	510101	制造费用	修理费用		30,000.00
55	记16	2022年1月31日	分摊本月制造费用	510102	制造费用	工资		13,000.00
56	记16	2022年1月31日	分摊本月制造费用	510103	制造费用	折旧费		22,000.00
57	记17	2022年1月31日	结转完工产品成本	140501	库存商品	A产品	77,000.00	
58	记17	2022年1月31日	结转完工产品成本	140502	库存商品	B产品	78,000.00	
59	记17	2022年1月31日	结转完工产品成本	500101	生产成本	A产品		77,000.00
60	记17	2022年1月31日	结转完工产品成本	500102	生产成本	B产品		78,000.00
61	记18	2022年1月31日	结转销售成本	640101	主营业务成本	A产品	154,000.00	
62	记18	2022年1月31日	结转销售成本	140501	库存商品	A产品		154,000.00

图3-53　会计凭证表3

	B	C	E	F	G	H	I	J
1	类别编号	凭证日期	摘要	科目编码	总账科目	明细科目	借方金额	贷方金额
63	记19	2022年1月31日	结转收入	600101	主营业务收入	A产品	234,000.00	
64	记19	2022年1月31日	结转收入	4103	本年利润			234,000.00
65	记20	2022年1月31日	结转各项成本费用	4103	本年利润		228,000.00	
66	记20	2022年1月31日	结转各项成本费用	640101	主营业务成本	A产品		154,000.00
67	记20	2022年1月31日	结转各项成本费用	660102	销售费用	广告费		20,000.00
68	记20	2022年1月31日	结转各项成本费用	660208	管理费用	修理费		10,000.00
69	记20	2022年1月31日	结转各项成本费用	660201	管理费用	办公费		300.00
70	记20	2022年1月31日	结转各项成本费用	660202	管理费用	差旅费		400.00
71	记20	2022年1月31日	结转各项成本费用	660203	管理费用	水费		3,000.00
72	记20	2022年1月31日	结转各项成本费用	660204	管理费用	电费		3,000.00
73	记20	2022年1月31日	结转各项成本费用	660205	管理费用	电话费		6,000.00
74	记20	2022年1月31日	结转各项成本费用	660206	管理费用	工资		17,000.00
75	记20	2022年1月31日	结转各项成本费用	660207	管理费用	折旧		14,300.00
76	记21	2022年1月31日	计提所得税费用	6801	所得税费用		1,500.00	
77	记20	2022年1月31日	计提所得税费用	222103	应交税费	应交企业所得税		1,500.00
78	记22	2022年1月31日	结转所得税费用	4103	本年利润		1,500.00	
79	记20	2022年1月31日	结转所得税费用	6801	所得税费用			1,500.00

图3-54　会计凭证表4

3.4　生成科目汇总表

会计核算流程包括建账、填制记账凭证、生成科目汇总表、登记总账和明细账、编制会计报表，即本书是根据科目汇总表登记总账和明细账的。而总账和明细账是编制资产负债表的两个数据来源，为了保证资产负债表编制的准确性，本部分将总账、明细科目融入整个账务处理系统。因此，本书需要根据明细科目生成"末级科目汇总表"作为登记"明细账"即"末级科目余额表"的依据；根据总账科目生成"总账科目汇总表"作为登记"总账科目余额表"的依据。

3.4.1　生成末级科目汇总表

在环境下，可以应用数据透视表生成"末级科目汇总表"。

生成末级科目汇总表的操作步骤如下。

01 单击选中"会计凭证表"中的任一单元格，单击功能区中的"插入"功能选项卡，单击"表格区域"的"数据透视表"按钮，弹出"来自表格或区域的数据透视表"对话框，在"表/区域"输入框中，默认的区域为"会计凭证表!$B$1:$M$79"，这个区域与"会计凭证表"的数据区域相同，不需要修改。如默认区域不是所需要的区域，可以根据需要选择相应的区域。选择放置透视表的位置为"新工作表",如图3-55所示。

图3-55 "来自表格或区域的数据透视表"对话框

02 单击"确定"按钮,将自动在"会计凭证表"前面新建一张空的数据透视表,如图3-56所示。

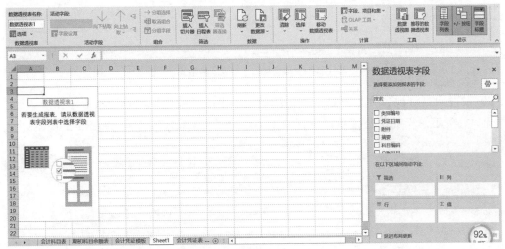

图3-56 生成的空白数据透视表

03 在"数据透视表字段"中,选择"科目编码""总账科目""明细科目""借方金额"和"贷方金额",如图3-57所示。

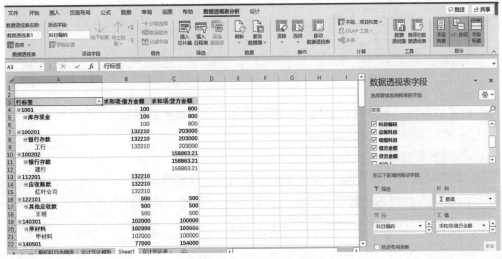

图3-57 设置数据透视表字段

04 设置数据透视表格式。在功能区单击"设计"功能选项卡，在"布局"区域打开"报表布局"的下拉菜单，选择"以表格形式显示(T)"选项，如图3-58所示。

图3-58　设置数据透视表表格格式

05 设置数据透视表分类汇总格式。在功能区单击"设计"功能选项卡，在"布局"区域打开"分类汇总"的下拉菜单，选择"不显示分类汇总(D)"选项，如图3-59所示。

图3-59　设置数据透视表分类汇总格式

06 设置数据透视表分级显示格式。在功能区单击"数据透视表分析"功能选项卡，在"显示"区域右击■按钮，如图3-60所示。

07 设置数据透视表借方金额和贷方金额的格式。

在 Σ 值区域点击"计数项：借方金额"右侧的下拉菜单，选择"值字段设置(N)"，如图3-61所示。在弹出的"值字段设置"对话框中，选择计算类型为"求和"，如图3-62所示。

图3-60　设置数据透视表分级显示格式

图3-61　快捷菜单中选择"值字段设置(N)"

图3-62　设置"值字段设置"对话框

点击"值字段设置"对话框左下角的"数字格式"按钮，打开"设置单元格格式"对话框，在"分类"下选择"会计专用"，右侧小数点位数为"2"，货币符号为"无"，如图3-63所示。最后点击两次"确定"按钮退出，得到如图3-64所示的表格。

图3-63　设置"借方金额"数字格式

	A	B	C	D
3	科目编码	总账科目	明细科目	求和项:借方金额
4	1001	库存现金		100.00
5	100201	银行存款	工行	132,210.00
6	100202	银行存款	建行	
7	112201	应收账款	红叶公司	132,210.00
8	122101	其他应收款	王明	500.00
9	140301	原材料	甲材料	102,000.00
10	140501	库存商品	A产品	77,000.00
11	140502	库存商品	B产品	78,000.00
12	1601	固定资产		100,000.00
13	1602	累计折旧		
14	220201	应付账款	维达公司	113,000.00
15	220202	应付账款	蓝地公司	30,000.00
16	221101	应付职工薪酬	工资	60,000.00
17	222101	应交税费	未交增值税	90,950.00
18	22210201	应交税费	应交增值税（进项税额）	13,000.00
19	22210202	应交税费	应交增值税（销项税额）	
20	222103	应交税费	应交企业所得税	12,000.00
21	222104	应交税费	应交城建税	6,366.50
22	222105	应交税费	应交教育费附加	2,728.50

图3-64　设置"借方金额"后的数据透视表

按上述步骤设置贷方金额的格式，如图3-65所示。

	A	B	C	D	E
3	科目编码	总账科目	明细科目	求和项:借方金额	求和项:贷方金额
4	1001	库存现金		100.00	800.00
5	100201	银行存款	工行	132,210.00	203,000.00
6	100202	银行存款	建行		158,863.21
7	112201	应收账款	红叶公司	132,210.00	
8	122101	其他应收款	王明	500.00	500.00
9	140301	原材料	甲材料	102,000.00	100,000.00
10	140501	库存商品	A产品	77,000.00	154,000.00
11	140502	库存商品	B产品	78,000.00	
12	1601	固定资产		100,000.00	
13	1602	累计折旧			36,300.00
14	220201	应付账款	维达公司	113,000.00	115,000.00
15	220202	应付账款	蓝地公司	30,000.00	
16	221101	应付职工薪酬	工资	60,000.00	60,000.00
17	222101	应交税费	未交增值税	90,950.00	
18	22210201	应交税费	应交增值税（进项税额）	13,000.00	
19	22210202	应交税费	应交增值税（销项税额）		30,420.00
20	222103	应交税费	应交企业所得税	12,000.00	1,500.00
21	222104	应交税费	应交城建税	6,366.50	
22	222105	应交税费	应交教育费附加	2,728.50	

图3-65 设置"贷方金额"后的数据透视表

08 定义名称。选中A3:E46单元格区域，单击"公式"功能选项卡，单击"定义名称"，将名称重命名为"末级科目汇总表"，如图3-66所示。

图3-66 定义末级科目汇总表的名称

09 将数据标签"sheet1"重命名为"末级科目汇总表"，单击选中"末级科目汇总表"，并将其拖拉至"会计科目表"右侧，如图3-67所示。

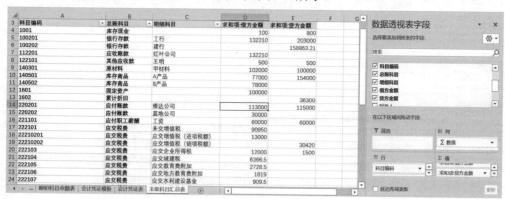

图3-67 末级科目汇总表

3.4.2 生成总账科目汇总表

在环境下，可以应用数据透视表生成"总账科目汇总表"。

生成总账科目汇总表的操作步骤如下。

01 按照"末级科目汇总表"的生成步骤生成"总账科目汇总表"。在"数据透视表字段"中，选择"总账科目""借方金额"和"贷方金额"。设置完成的总账科目汇总表如图3-68所示。

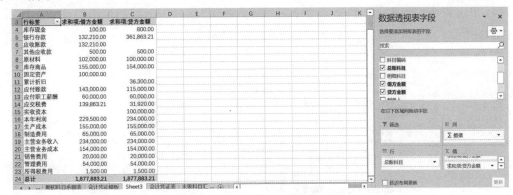

图3-68 直接生成的总账科目汇总表

观察图3-68不难发现，总账科目汇总表的格式、金额均正确，但是总账科目未按照资产、负债、所有者权益、成本、费用的顺序排列，为了避免这一问题的出现，在生成总账科目汇总表之前，需要先定义总账科目的顺序。

02 定义总账科目顺序。

(1) 单击选中"会计凭证表"中任一单元格，单击功能区"文件"功能选项卡，单击"更多"选项，选中"选项"选项，如图3-69所示。

(2) 在打开的"Excel选项"对话框中，单击"高级"选项，找到"常规"区域，选中 编辑自定义列表(O)... 功能，如图3-70所示。

图3-69 打开"选项"途径　　　　图3-70 打开"编辑自定义列表"功能

(3) 在打开的"自定义序列"对话框中，单击 ⬆ 导入(M) 中向上的箭头，在打开的"自定义序列"对话框中单击打开"会计科目表"，选中"会计科目表

"!$K$3:$K$39"单元格区域,如图3-71所示。单击向下的箭头返回"自定义序列"对话框。

图3-71 选中正确的总账科目序列

(4) 单击 会计科目表!$K$3:$K$39 中的"导入(M)"选项卡,然后单击"添加"按钮,如图3-72所示。点击"确定"按钮完成总账科目的自定义序列。

图3-72 添加总账科目的自定义序列

03 重新生成总账科目汇总表。

(1) 单击选中"会计凭证表"中的任一单元格,单击功能区中的"插入"功能选项卡,单击"表格区域"的"数据透视表"按钮,弹出"创建数据透视表"对话框,"选择一个表或区域"输入框默认为"会计凭证表!$B$1:$M$79"。这个区域选择放置透视表的位置为"新工作表",单击"确定"按钮会自动在"会计凭证表"前面新建一张空的数据透视表。

(2) 在"数据透视表字段"中,选择"总账科目""借方金额"和"贷方金额"。

(3) 设置数据透视表借方金额和贷方金额的格式为会计专用,两位小数,无货币符号。

(4) 定义名称。选中A3:C24单元格区域,单击"公式"功能选项卡,单击"定义名称",将名称重命名为"总账科目汇总表",如图3-73所示。

图3-73 定义总账科目汇总表的名称

04 将数据标签"sheet3"重命名为"总账科目汇总表",单击选中"总账科目汇总表",并将其拖拉至"总账科目汇总表"右侧,如图3-74所示。

行标签	求和项:借方金额	求和项:贷方金额
库存现金	100.00	800.00
银行存款	132,210.00	361,863.21
应收账款	132,210.00	
其他应收款	500.00	500.00
原材料	102,000.00	100,000.00
库存商品	155,000.00	154,000.00
固定资产	100,000.00	
累计折旧		36,300.00
应付账款	143,000.00	115,000.00
应付职工薪酬	60,000.00	60,000.00
应交税费	139,863.21	31,920.00
实收资本		100,000.00
本年利润	229,500.00	234,000.00
生产成本	155,000.00	155,000.00
制造费用	65,000.00	65,000.00
主营业务收入	234,000.00	234,000.00
主营业务成本	154,000.00	154,000.00
销售费用	20,000.00	20,000.00
管理费用	54,000.00	54,000.00
所得税费用	1,500.00	1,500.00
总计	1,877,883.21	1,877,883.21

... | 会计凭证模板 | 会计凭证表 | 末级科目汇总表 | 总账科目汇总表

图3-74　总账科目汇总表

3.5　思考练习

1. 填空题

(1) 定义科目编码的数据验证，在打开的数据验证对话框中，应该将“允许”中的“任何值”切换为________________。

(2) 可以应用Excel的________生成总账科目汇总表。

(3) SUMIF函数参数设置中range的汉语意思是________________。

(4) LEN函数所属的函数类别是________________。

2. 实操演练

案例一：升达有限责任公司20×2年2月份发生如下业务。(说明：本企业为一般纳税人，所适用的增值税税率为13%。)

(1) 3日，收回红叶公司前欠货款132 210元，存入工行户。

(2) 7日，以银行存款工行户支付广告费2万元。

(3) 8日，向世纪百货出售B产品2000件，应收取不含税价款190 000元，增值税24 700元。对方已将全部货款转入升达的建行户。

(4) 9日，购入原材料甲材料不含税价款36 000元，全部用银行存款工行户支付。

(5) 10日，仓库发出甲材料71 600元。其中，A产品耗用34 400元，B产品耗用26 200元；车间修理耗用6 000元；厂部修理耗用5 000元。

(6) 12日，用现金购买办公用品600元，已领用。

(7) 20日，用银行存款建行户支付本月公司水费3 000元，电费3 000元，电话费6 000元。

(8) 27日，结算本月A产品生产工人工资18 000元，B产品生产工人工资12 000元；车间管理人员工资13 000元；厂部管理人员工资17 000元。

(9) 27日，升达有限责任公司以银行存款建行户专账支付工资。

(10) 28日，计提本月应由生产车间负担的折旧费22 000元，由厂部负担的折旧费14 300元。

(11) 28日，分摊本月制造费41 000元，按A、B两种产品生产工人工资比例分配，A产品负担24 600元，B产品负担16 400元。

(12) 28日，A产品全部完工，共计1 000件，已验收入库，并结转实际生产成本(77元/件)。B产品全部完工，共计1 400件，已验收入库，并结转实际生产成本(39元/件)。

(13) 28日，结转主营业务成本。本月销售B产品2 000件，每件平均生产成本39元，共计78 000元。

(14) 28日，将本月主营业务收入(190 000元，B产品)、主营业务成本(78 000元，B产品)、销售费用、管理费用、财务费用、资产减值损失各账户余额结转"本年利润"账户。

(15) 28日，按本月实现利润的25%计算应缴所得税，并结转到"本年利润"账户。

要求：

(1) 根据升达有限责任公司20×2年2月份的资料，编制会计科目表；

(2) 根据会计科目表编制期初科目余额表；

(3) 根据升达有限责任公司20×2年2月份的经济业务，编制会计凭证表；

(4) 以会计凭证表为依托，应用数据透视表生成末级科目汇总表和总账科目汇总表。

任务 4

Excel 在会计账簿编制中的应用

学习目标：

1. 理解编制"末级科目余额表"和"总账科目余额表"各项目的数据来源；

2. 能够准确应用VLOOKUP函数、IF函数、ISNA函数和ABS函数编制"末级科目余额表"；

3. 能够准确应用VLOOKUP函数、IF函数、ISNA函数和ABS函数编制"总账科目余额表"。

4.1　编制末级科目余额表

4.1.1　定义末级科目余额表的格式

具体操作步骤如下。

01 单击工作表标签"总账科目汇总表"右侧的⊕按钮创建新的工作表，并将其重命名为"末级科目余额表"。

02 复制"会计科目表!$F:$H"区域，选中"末级科目余额表"B1单元格并粘贴。将B1单元格的标题名称改为"末级科目余额表"。

03 在E2:J2单元格分别输入"期初借方余额""期初贷方余额""本期借方发生额""本期贷方发生额""期末借方余额""期末贷方余额"。用格式刷将B2单元格格式应用于E2:J2单元格。

04 选中"末级科目余额表! B2:J2"单元格区域，单击"设置单元格格式"命令，单击"对齐"选项卡，选中水平对齐下拉列表中的"跨列居中"选项。

05 选择E:J列，设置单元格格式为"数字"选项卡下的"会计专用"，小数点位数为"2"，货币符号为"无"。按照字体大小设置列宽。

06 选中B86单元格输入合计，选中B86:D86单元格区域，单击"设置单元格格式"命令，单击"对齐"选项卡，选中水平对齐下拉列表中的"跨列居中"选项。

07 选中B3:J86单元格区域，设置边框为所有框线。

08 选中E3单元格，单击功能区的"视图"功能选项卡，单击"窗口"区域"冻结窗口"的下拉菜单，选中"冻结窗格"选项。设置完成的末级科目余额表如图4-1所示。

科目编码	总账科目	明细科目	期初借方余额	期初贷方余额	本期借方发生额	本期贷方发生额	期末借方余额	期
			末级科目余额表					
660103	销售费用	包装费						
660105	销售费用	其他						
660201	管理费用	办公费						
660202	管理费用	差旅费						
660203	管理费用	水费						
660204	管理费用	电费						
660205	管理费用	电话费						
660206	管理费用	工资						
660207	管理费用	折旧						
660208	管理费用	修理费						
660209	管理费用	其他						
660301	财务费用	利息支出						
660302	财务费用	现金折扣						
660303	财务费用	手续费						
6701	资产减值损失							
6711	营业外支出							
6801	所得税费用							
	合计							

图4-1　定义末级科目余额表的格式

4.1.2　定义期初余额的公式

末级科目余额表的期初余额可以应用VLOOKUP函数在"期初科目余额表"中查找。

1. 定义"期初借方余额"的公式

定义"期初借方余额"公式的操作步骤如下。

01 选中E3单元格，单击功能区的"公式"选项卡，打开"函数库"区域"查找与引用"的下拉菜单，单击 "VOOKUP" 函数。

02 打开"VLOOKUP"函数参数对话框，在"Lookup_value"输入框输入"B3"；在"Table_array"输入框点击"公式"选项卡中的"用于公式"，选择"期初科目余额表"；在"Col_index_num"输入框输入"4"；在"Range_lookup"输入框中输入"0"，如图4-2所示。

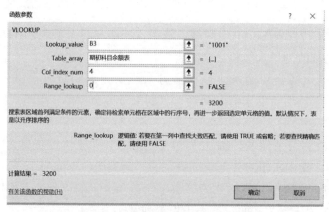

图4-2　VLOOKUP函数的参数设置

03 单击"确定"按钮，设置公式为

E3 =VLOOKUP(B3,期初科目余额表,4,0)

04 选中E3单元格，将鼠标放在E3单元格的右下角，当指针变成光标时，使用左键双击，将E3单元格的公式填充至E85单元格。

05 选中E86单元格，单击功能区的"公式"选项卡，在"函数库"区域单击∑按钮，E86单元格自动显示求和公式"=SUM(E3:E85)"，按回车键。

2. 定义"期初贷方余额"的公式

"期初贷方余额"公式的设置方法、步骤、原理与"期初借方余额"公式一致。选择F3单元格，同理设置公式为

F3 =VLOOKUP(B3,期初科目余额表,5,0)

4.1.3 定义本期发生额的公式

末级科目余额表的本期发生额可以应用VLOOKUP函数在"末级科目汇总表"中查找。

1. 定义"本期借方发生额"的公式

设置"本期借方发生额"公式的原理为

G3=IF(本期借方发生额存在#N/A错误，存在#N/A错误返回0，不存在#N/A错误应用VLOOKUP函数查找本期借方发生额)

定义"本期借方发生额"公式的操作步骤如下。

01 选中G3单元格，点击"公式"选项卡中的"逻辑"|"IF"函数，在"函数参数"对话框中将光标定位在"Logical_test"输入框中，单击名称框的下拉三角按钮，选择"其他函数"；选择"信息"类别下的"ISNA"函数，如图4-3所示，单击"确定"按钮。

02 打开"ISNA"函数对话框，在参数"Text"输入框内，单击名称框的下拉三角按钮，选择"VLOOKUP"，如图4-4所示。

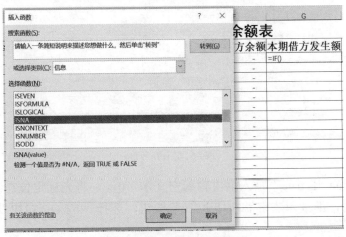

图4-3　在IF函数中套用ISNA函数

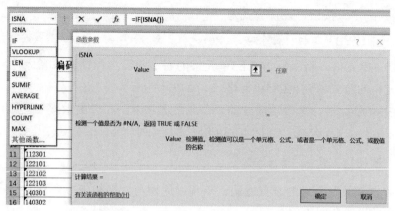

图4-4 在ISNA函数中套用VLOOKUP函数

03 打开"VLOOKUP"函数参数对话框,在"Lookup_value"输入框输入"B3";在"Table_array"输入框点击"公式"选项卡中的"用于公式",选择"末级科目汇总表";在"Col_index_num"输入框输入"4";在"Range_lookup"输入框中输入"0",如图4-5所示。此时点击编辑栏后面的空白区,返回到IF函数的"函数参数"对话框,如图4-6所示。

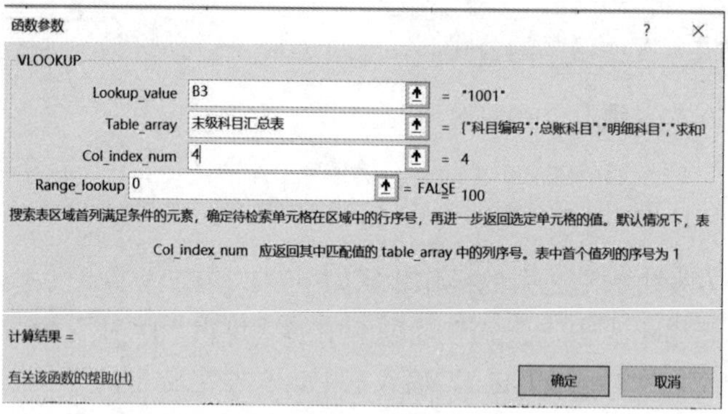

图4-5 VLOOKUP函数的参数设置

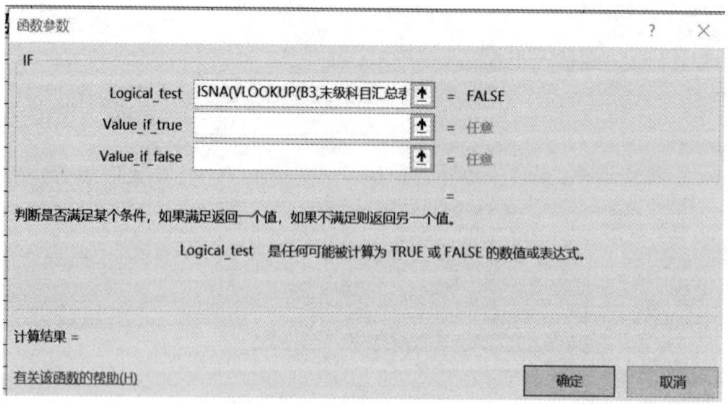

图4-6 返回IF函数

04 在"Value_if_true"输入框内输入空文本"0",将光标定位在参数"Value_if_false"输入框内,继续单击名称框下拉三角按钮,选择"VLOOKUP"函数,如图4-7所示。

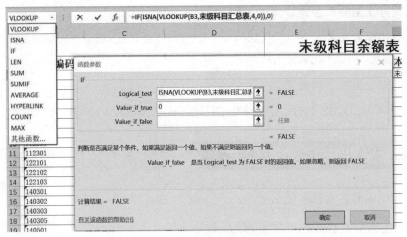

图4-7　在IF函数中套用VLOOKUP函数

05 打开"VLOOKUP"函数参数对话框，在"Lookup_value"输入框输入"B3"；在"Table_array"输入框点击"公式"选项卡中的"用于公式"，选择"末级科目汇总表"；在"Col_index_num"输入框输入"4"；在"Range_lookup"输入框中输入"0"。

06 点击编辑栏空白处，回到"IF"函数对话框，点击"确定"按钮，如图4-8所示。

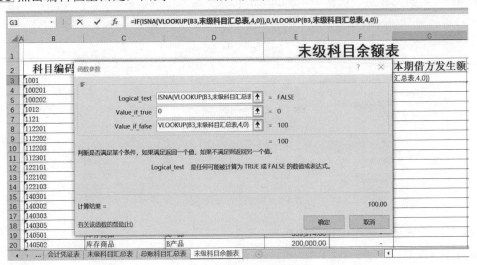

图4-8　本期借方发生额的公式

07 单击"确定"按钮，设置公式为

G3=IF(ISNA(VLOOKUP(B3,末级科目汇总表,4,0)),0,VLOOKUP(B3,末级科目汇总表,4,0))

08 选中G3单元格，将鼠标放在G3单元格的右下角，当指针变成光标时，使用左键双击，将G3单元格的公式填充至G85单元格。

09 选中G86单元格，单击功能区的"公式"选项卡，在"函数库"区域单击Σ按钮，E86单元格自动显示求和公式"=SUM(G3:G85)"，按回车键。

2. 定义"本期贷方发生额"的公式

"本期贷方发生额"公式的设置方法、步骤、原理与"本期借方发生额"公式一致。

"本期贷方发生额"公式设置的原理为

H3=IF(本期贷方发生额存在#N/A错误，存在#N/A错误返回0，不存在#N/A错误应用VLOOKUP函数查找本期贷方发生额)

"本期贷方发生额"的公式为

H3=IF(ISNA(VLOOKUP(B3,末级科目汇总表,5,0)),0,VLOOKUP(B3,末级科目汇总表,5,0))

4.1.4　定义期末余额的公式

1.定义"期末借方余额"的公式

"期末借方余额"公式的设置原理为

期末借方余额=期初借方余额-期初贷方余额+本期借方余额-本期贷方余额

定义"期末借方余额"公式的操作步骤如下。

01 选中I3单元格，点击"公式"选项卡中的"逻辑"|"IF"函数，在"Logical_test"输入框中输入"E3-F3+G3-H3>=0"，在"Value_if_true"输入框内输入"E3-F3+G3-H3"，将光标定位在参数"Value_if_false"输入框内输入"0"，如图4-9所示。

图4-9　期末借方余额的公式

02 单击"确定"按钮，设置公式为

I3=IF(E3-F3+G3-H3>=0,E3-F3+G3-H3,0)

03 选中I3单元格，将鼠标放在I3单元格的右下角，当指针变成光标时，使用左键双击，将I3单元格的公式填充至I85单元格。

04 选中I86单元格，单击功能区的"公式"选项卡，在"函数库"区域单击∑按钮，E86单元格自动显示求和公式"=SUM(I3:I85)"，按回车键。

2.定义"期末贷方余额"的公式

"期末贷方余额"公式的设置方法、步骤、原理与"期末借方余额"公式一致。"期末贷方余额"的公式可同理设为

J3=IF(F3-E3+H3-G3>=0,F3-E3+H3-G3,0)

完成的末级科目余额表，如图4-10所示。

末级科目余额表

科目编码	总账科目	明细科目	期初借方余额	期初贷方余额	本期借方发生额	本期贷方发生额	期末借方余额	期末贷方余额
1001	库存现金		3,200.00	-	100.00	800.00	2,500.00	-
100201	银行存款	工行	280,000.00	-	132,210.00	203,000.00	209,210.00	-
100202	银行存款	建行	460,000.00	-	-	158,863.21	301,136.79	-
1012	其他货币资金		-	-	-	-	-	-
1121	应收票据		-	-	-	-	-	-
112201	应收账款	红叶公司	62,000.00	-	132,210.00	-	194,210.00	-
112202	应收账款	世纪百货	53,000.00	-	-	-	53,000.00	-
112203	应收账款	联合百货	35,000.00	-	-	-	35,000.00	-
112301	预付账款	维达公司	13,200.00	-	-	-	13,200.00	-
122101	其他应收款	王明	1,200.00	-	500.00	500.00	1,200.00	-
122102	其他应收款	李华	-	-	-	-	-	-
122103	其他应收款	张兴	-	-	-	-	-	-
140301	原材料	甲材料	18,000.00	-	102,000.00	100,000.00	20,000.00	-
140302	原材料	乙材料	15,000.00	-	-	-	15,000.00	-
140303	原材料	丙材料	6,000.00	-	-	-	6,000.00	-
140305	原材料	包装箱	2,000.00	-	-	-	2,000.00	-
140501	库存商品	A产品	539,974.00	-	77,000.00	154,000.00	462,974.00	-
140502	库存商品	B产品	200,000.00	-	78,000.00	-	278,000.00	-

会计凭证表 | 末级科目汇总表 | 总账科目汇总 | 末级科目余额表 | ⊕

图4-10 末级科目余额表

知识链接

【函数说明】

ISNA函数：是指用于判断一个参数(Value)的值是否为"#N/A"错误。

【类型】信息函数

【语法】=ISNA (Value)

参数Value含义为检测值，表示一个单元格、公式，或者一个单元格、公式、数值的名称。

【功能】适用于用于判断参数是否存在#N/A错误

4.2 编制总账科目余额表

4.2.1 定义总账科目余额表的格式

定义总账科目余额表格式的操作步骤如下。

01 单击工作表标签"末级科目余额表"右侧的⊕按钮创建新的工作表，并将其重命名为"总账科目余额表"。

02 复制"会计科目表!$J:$K"区域，选中"总账科目余额表"B1单元格并粘贴。将B1单元格的标题名称改为"总账科目余额表"。

03 在D2:I2单元格分别输入"期初借方余额""期初贷方余额""本期借方发生额""本期贷方发生额""期末借方余额""期末贷方余额"。用格式刷将B2单元格格式应用于D2:I2单元格。

04 选中"总账科目余额表! B2:I2"单元格区域，单击"设置单元格格式"命令，单击"对齐"选项卡，选中水平对齐下拉列表中的"跨列居中"选项。

05 选择D:I列，设置单元格格式为"数字"选项卡下的"会计专用"，小数点位数为"2"，货币符号为"无"。按照字体大小设置列宽。

06 选中B40单元格输入合计，选中B40:C40单元格区域，单击"设置单元格格式"命令，单击"对齐"选项卡，选中水平对齐下拉列表中的"跨列居中"选项。

07 选中B2:I40单元格区域，设置边框为所有框线。

08 选中D3单元格，单击功能区的"视图"功能选项卡，单击"窗口"区域"冻结窗口"的下拉菜单，选中"冻结窗格"选项。设置完成的总账科目余额表如图4-11所示。

科目编码	总账科目	期初借方余额	期初贷方余额	本期借方发生额	本期贷方发生额	期末借方余额	期末贷方余额
				总账科目余额表			
1001	库存现金						
1002	银行存款						
1012	其他货币资金						
1121	应收票据						
1122	应收账款						
1123	预付账款						
1221	其他应收款						
1403	原材料						
1405	库存商品						
1601	固定资产						
1602	累计折旧						
1604	在建工程						
1701	无形资产						
1702	累计摊销						
1911	待处理财产损益						
2101	短期借款						
2202	应付账款						
2203	预收账款						

图4-11 定义总账科目余额表的格式

4.2.2 定义期初余额的公式

总账科目余额表的期初余额可以应用VLOOKUP函数在"期初科目余额表"中查找。

1. 定义"期初借方余额"的公式

定义"期初借方余额"公式的操作步骤如下。

01 选中E3单元格，单击功能区的"公式"选项卡，打开"函数库"区域"查找与引用"的下拉菜单，单击"VOOKUP"函数。

02 打开"VLOOKUP"函数参数对话框，在"Lookup_value"输入框输入"B3"；在"Table_array"输入框点击"公式"选项卡中的"用于公式"，选择"期初科目余额表"；在"Col_index_num"输入框输入"4"；在"Range_lookup"输入框中输入"0"，如图4-12所示。

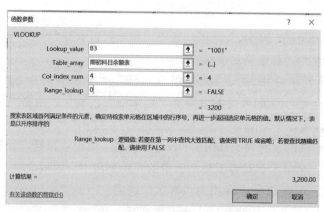

图4-12 VLOOKUP函数的参数设置

03 单击"确定"按钮，设置公式为

D3 =VLOOKUP(B3,期初科目余额表,4,0)

04 选中D3单元格，将鼠标放在D3单元格的右下角，当指针变成光标时，使用左键双击，将D3单元格的公式填充至D39单元格。

05 选中D40单元格，单击功能区的"公式"选项卡，在"函数库"区域单击Σ求和按钮，E86单元格自动显示求和公式"=SUM(D3:D39)"，按回车键。

2. 定义"期初贷方余额"的公式

"期初贷方余额"公式的设置方法、步骤、原理与"期初借方余额"公式一致。选择E3单元格，同理设置公式为

E3 =VLOOKUP(B3,期初科目余额表,5,0)

4.2.3 定义本期发生额的公式

总账科目余额表的本期发生额可以应用VLOOKUP函数在"总账科目汇总表"中查找。

1. 定义"本期借方发生额"的公式

设置"本期借方发生额"公式的原理为

F3=IF(本期借方发生额存在#N/A错误，存在#N/A错误返回0，不存在#N/A错误应用VLOOKUP函数查找本期借方发生额)

定义"本期借方发生额"公式的操作步骤如下。

01 选中F3单元格，点击"公式"选项卡中的"逻辑"|"IF"函数，在"函数参数"对话框中将光标定位在"Logical_test"输入框中，单击名称框的下拉三角按钮，选择"其他函数"；选择"信息"类别下的"ISNA"函数。

02 打开"ISNA"函数对话框，在参数"Text"输入框内，单击名称框的下拉三角按钮，选择"VLOOKUP"。

03 打开"VLOOKUP"函数参数对话框，在"Lookup_value"输入框输入"C3"；在"Table_array"输入框点击"公式"选项卡中的"用于公式"，选择"总账科目汇总表"；在"Col_index_num"输入框输入"2"；在"Range_lookup"输入框中输入"0"。此时点击编辑栏后面的空白区，返回到IF函数的"函数参数"对话框。

04 在"Value_if_true"输入框内输入空文本"0"，将光标定位在参数"Value_if_false"输入框内，继续单击名称框下拉三角按钮，选择"VLOOKUP"函数。

05 打开"VLOOKUP"函数参数对话框，在"Lookup_value"输入框输入"C3"；在"Table_array"输入框点击"公式"选项卡中的"用于公式"，选择"总账科目科目汇总表"；在"Col_index_num"输入框输入"2"；在"Range_lookup"输入框中输入"0"。

06 点击编辑栏空白处，回到"IF"函数对话框，点击"确定"按钮，如图4-13所示。

07 单击"确定"按钮，设置公式为

F3=IF(ISNA(VLOOKUP(C3,总账科目汇总表,2,0)),0,VLOOKUP(C3,总账科目汇总表,2,0))

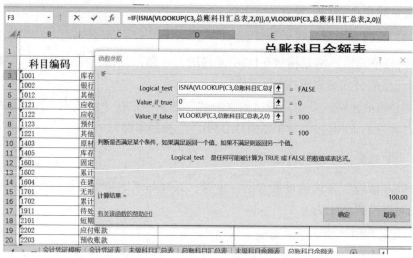

图4-13　本期借方发生额的公式

08 选中F3单元格，将鼠标放在F3单元格的右下角，当指针变成光标时，使用左键双击，将F3单元格的公式填充至F39单元格。

09 选中F40单元格，单击功能区的"公式"选项卡，在"函数库"区域单击∑ᵐᵘᵐ按钮，E86单元格自动显示求和公式"=SUM(F3:F39)"，按回车键。

2. 定义"本期贷方发生额"的公式

"本期贷方发生额"公式的设置方法、步骤、原理与"本期借方发生额"公式一致。

"本期贷方发生额"公式设置的原理为

H3=IF(本期贷方发生额存在#N/A错误，存在#N/A错误返回0，不存在#N/A错误应用VLOOKUP函数查找本期贷方发生额)

"本期贷方发生额"的公式为

G3= =IF(ISNA(VLOOKUP(C3,总账科目汇总表,3,0)),0,VLOOKUP(C3,总账科目汇总表,3,0))

4.2.4　定义期末余额的公式

1. 定义"期末借方余额"的公式

"期末借方余额"公式的设置原理为

期末借方余额=期初借方余额−期初贷方余额+本期借方余额−本期贷方余额

定义"期末借方余额"公式的操作步骤如下。

01 选中I3单元格，点击"公式"选项卡中的"逻辑"|"IF"函数，在"Logical_test"输入框中输入"D3−E3+F3−G3>=0"，在"Value_if_true"输入框内输入"D3−E3+F3−G3"，将光标定位在参数"Value_if_false"输入框内输入"0"，如图4-14所示。

02 单击"确定"按钮，设置公式为

H3=IF(D3−E3+F3−G3>=0,D3−E3+F3−G3,0)

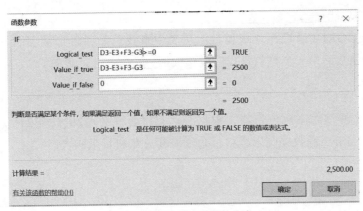

图4-14　期末借方余额的公式

03 选中H3单元格，将鼠标放在H3单元格的右下角，当指针变成光标时，使用左键双击，将I3单元格的公式填充至H39单元格。

04 选中H40单元格，单击功能区的"公式"选项卡，在"函数库"区域单击∑按钮，E86单元格自动显示求和公式"=SUM(H3:H39)"，按回车键。

2.定义"期末贷方余额"的公式

"期末贷方余额"公式的设置方法、步骤、原理与"期末借方余额"公式一致。"期末贷方余额"的公式，可同理设为

I3 =IF(E3-D3+G3-F3>=0,E3-D3+G3-F3,0)

完成的总账科目余额表，如图4-15所示。

	科目编码	总账科目	期初借方余额	期初贷方余额	本期借方发生额	本期贷方发生额	期末借方余额	期末贷方余额
					总账科目余额表			
3	1001	库存现金	3,200.00	-	100.00	800.00	2,500.00	-
4	1002	银行存款	740,000.00	-	132,210.00	361,863.21	510,346.79	-
5	1012	其他货币资金	-	-	-	-	-	-
6	1121	应收票据	-	-	-	-	-	-
7	1122	应收账款	150,000.00	-	132,210.00	-	282,210.00	-
8	1123	预付账款	13,200.00	-	-	-	13,200.00	-
9	1221	其他应收款	1,200.00	-	500.00	500.00	1,200.00	-
10	1403	原材料	41,000.00	-	102,000.00	100,000.00	43,000.00	-
11	1405	库存商品	739,974.00	-	155,000.00	154,000.00	740,974.00	-
12	1601	固定资产	3,054,700.00	-	100,000.00	-	3,154,700.00	-
13	1602	累计折旧	-	183,379.75	-	36,300.00	-	219,679.75
14	1604	在建工程	-	-	-	-	-	-
15	1701	无形资产	1,680,000.00	-	-	-	1,680,000.00	-
16	1702	累计摊销	-	86,600.00	-	-	-	86,600.00
17	1911	待处理财产损益	-	100,000.00	-	-	-	100,000.00
18	2101	短期借款	-	-	-	-	-	-
19	2202	应付账款	-	-	143,000.00	115,000.00	28,000.00	-
20	2203	预收账款	-	-	-	-	-	-

◀ … 会计凭证模板 │ 会计凭证表 │ 末级科目汇总表 │ 总账科目汇总表 │ 末级科目余额表 │ 总账科目余额表 ⊕ ◀

图4-15　总账科目余额表

4.3　思考练习

1.填空题

(1) VKOOKUP所属的函数类别是＿＿＿＿＿＿。

(2) 末级科目余额表本期借方发生额和本期贷方发生额的数据来源是＿＿＿＿＿＿。

(3) IF函数的功能是＿＿＿＿＿＿＿＿。

(4) 应用VLOOKUP函数在总账科目汇总表中查找总账科目余额表的本期借方发生额时，VLOOKUP函数的第一个参数查找值应该根据＿＿＿＿＿＿＿＿设置。

2. 实操演练

承接任务3实操演练案例一资料，根据升达有限责任公司20×2年2月份的资料，应用VLOOKUP、IF、ISNA函数编制末级科目余额表和总账科目余额表。

任务 5

Excel 在财务报表
编制中的应用

学习目标：

1. 理解资产负债表的编制方法；

2. 正确应用数据链接功能编制资产负债表；

3. 正确应用数据链接功能编制利润表；

4. 理解现金流量表的数据来源，可以应用Excel的数据验证功能定义现金流量项目的数据有效性，正确应用SUMIF函数定义现金流量表公式。

财务报表是对企业某一特定时点的财务状况、某一会计期间的经营成果和现金流量的结构性表述。财务报表至少应当包括下列组成部分：资产负债表、利润表、现金流量表、所有者权益(或股东权益)变动表、附注。本部分主要结合升达有限责任公司20×2年1月份案例，应用Excel编制资产负债表、利润表和现金流量表。

5.1 编制资产负债表

资产负债表是反映企业某一特定日期资产、负债和所有者权益的会计报表，属于静态报表。

5.1.1 设置资产负债表格式

我国资产负债表有两种基本格式，账户式和垂直式。

账户式资产负债表分左右两方，左方列示资产项目，右方列示负债与所有者权益项目，左右两方的合计数保持平衡。账户式资产负债表是我国应用最广的报表格式。资产负债表左右双方平衡，资产总计等于负债加所有者权益，即"资产=负债+所有者权益"。

设置资产负债表格式的操作步骤如下。

01 单击工作表标签“总账科目余额表”右侧的⊕按钮创建新的工作表，并将其重命名为“资产负债表”。

02 选中B1:G1单元格，单击“合并后居中”按钮。在B1单元格输入“资产负债表”，并单击加粗按钮。

03 按照图5-1的资产负债表在对应单元格输入内容，设置边框。设置完成的资产负债表如图5-2所示。

资产负债表

编制单位：升达有限责任公司　　20X2年1月31日　　单位：元

资产	期末余额	年初余额	负债和所有者权益	期末余额	年初余额
流动资产：			流动负债：		
货币资金			短期借款		
交易性金融资产			交易性金融负债		
衍生金融资产			衍生金融负债		
应收票据及应收账款			应付票据及应付账款		
预付款项			预收账款		
其他应收款			合同负债		
存货			应付职工薪酬		
合同资产			应交税费		
持有待售资产			其他应付款		
一年内到期的非流动资产			持有待售负债		
其他流动资产			一年内到期的非流动负债		
流动资产合计			其他流动负债		
非流动资产：			流动负债合计		
债权投资			非流动负债：		
其他债权投资			长期借款		
长期应收款			应付债券		
长期股权投资			其中：优先股		
其他权益工具投资			永续股		
其他非流动金融资产			长期应付款		
投资性房地产			预计负债		
固定资产			递延收益		
在建工程			递延所得税负债		
生产性生物资产			其他非流动负债		
油气资产			非流动负债合计		
无形资产			负债合计		
开发支出			所有者权益（或股东权益）		
商誉			实收资本（或股本）		
长期待摊费用			其他权益工具		
递延所得税资产			其中：优先股		
其他非流动资产			永续股		
非流动资产合计			资本公积		
			减：库存股		
			其他综合收益		
			盈余公积		
			未分配利润		
			所有者权益（或股东权益）合计		
资产总计			负债和所有者权益（或股东权益）总计		

图5-1 资产负债表模板

	A	B	C	D	E	F	G
1		资产负债表					
2		编制单位：升达有限责任公司		20X2年1月31日			单位：元
3		资产	期末余额	年初余额	负债和所有者权益	期末余额	年初余额
4		流动资产：			流动负债：		
5		货币资金			短期借款		
6		交易性金融资产			交易性金融负债		
7		衍生金融资产			衍生金融负债		
8		应收票据及应收账款			应付票据及应付账款		
9		预付款项			预收账款		
10		其他应收款			合同负债		
11		存货			应付职工薪酬		
12		合同资产			应交税费		
13		持有待售资产			其他应付款		
14		一年内到期的非流动资产			持有待售负债		
15		其他流动资产			一年内到期的非流动负债		
16		流动资产合计			其他流动负债		
17		非流动资产：			流动负债合计		
18		债权投资			非流动负债：		
19		其他债权投资			长期借款		
20		长期应收款			应付债券		

... | 末级科目汇总表 | 总账科目汇总表 | 末级科目余额表 | 总账科目余额表 | 资产负债表 | ⊕

图5-2 设置完成的资产负债表

5.1.2　定义资产负债表各列报项目公式

在生成的科目余额表的基础上,可以通过公式自动计算填制资产负债表。在编制资产负债表时,表中"年初数"栏内各项数字,应根据上年末资产负债表"期末数"栏内所列数字填列。如果本年度资产负债表规定的各项目的名称和内容与上年度不一致,应对上年末资产负债表各项目的名称和金额按照本年度的规定进行调整,填入表中"年初数"栏内。资产负债表各项目的"期末数"栏内各项数字,主要根据总分类账户及其有关的明细分类账户的余额直接或分析计算后填列。

资产负债表的编制方法如下。

(1) 根据单一或多个总账科目余额填列。

① 根据一个总账科目的余额填列。例如,"短期借款""应付职工薪酬""应交税费""实收资本(或股本)""资本公积""盈余公积"等。

② 根据几个总账科目的余额填列。例如,"货币资金""其他应收款""其他应付款"和"未分配利润"。

(2) 据明细账科目的余额计算填列。

例如,"应收票据及应收账款""预付款项""应付票据及应付账款"和"预收款项"。

(3) 根据总账科目和明细账科目的余额分析计算填列。

例如,长期借款、应付债券。

(4) 根据有关科目余额减去备抵科目余额后的净额填列。

存在备抵账户的项目均需要根据总账账户余额减去备抵账户期末余额填列。

(5) 综合运用上述填列方法分析填列。

如存货项目,应根据材料采购、原材料、委托加工物资、包装物、低值易耗品、材料成本差异、生产成本、自制半成品、产成品等总账科目期末余额的分析汇总数,再减去存货跌价准备后的净额填列。

依照项目的数据来源方式,可以采用数据链接直接引用的方式,引用科目余额表等工作表的相关数据进行资产负债表的编制。具体公式如下。

(1) 定义资产负债表各资产项目年初余额的公式。

① 计算"货币资金"项目的"年初余额"。"货币资金"项目的填报方法是根据总账科目计算填列,货币资金=库存现金+银行存款+其他货币资金。

具体操作步骤如下:打开"资产负债表",选中D5单元格,输入"=";打开"总账科目余额表",分别选择D3+D4+D5,即=总账科目余额表!D3+总账科目余额表!D4+总账科目余额表!D5;按"Enter"键,即可求出"货币资金"项目的"年初余额",如图5-3所示。

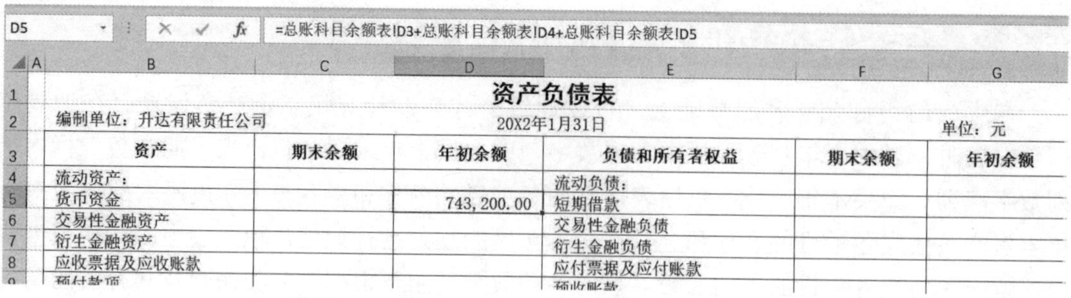

图5-3 定义"货币资金"项目"年初余额"的公式

② 计算"应收票据及应收账款"项目的"年初余额"。

"应收票据及应收账款"项目的填报方法是据明细账科目的余额计算填列。应收票据及应收账款=应收票据的借方余额+应收账款的借方余额+预收账款的借方余额-坏账准备年初贷方余额。

具体操作步骤如下：打开"资产负债表"，选中D8单元格，输入"="；打开"末级科目余额表"，分别选择E7+E8+E9+E10+E23单元格，即=末级科目余额表!E7+末级科目余额表!E8+末级科目余额表!E9+末级科目余额表!E10+末级科目余额表!E33；按"Enter"键，即可求出"应收票据及应收账款"项目的"年初余额"，如图5-4所示。

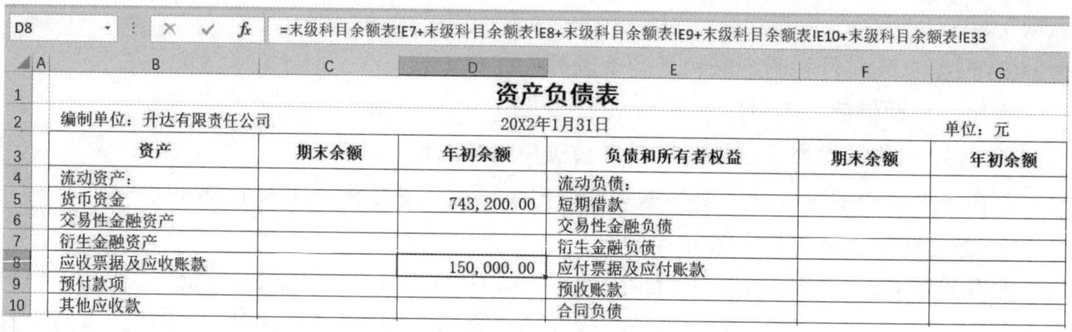

图5-4 定义"应收票据及应收账款"项目"年初余额"的公式

③ 计算"预付款项"项目的"年初余额"。

"预付款项"项目的填报方法是据明细账科目的余额计算填列。预付款项=预付账款的借方余额+应付账款的借方余额。

具体操作步骤如下：打开"资产负债表"，选中D9单元格，输入"="；打开"末级科目余额表"，分别选择E11+E30+E31+E3单元格，即=末级科目余额表!E11+末级科目余额表!E30+末级科目余额表!E31+末级科目余额表!E32；按"Enter"键，即可求出"预付款项"项目的"年初余额"，如图5-5所示。

④ 计算"其他应收款"项目的"年初余额"。

"其他应收款"项目的填报方法是根据几个总账科目的余额填列。其他应收款=应收利息+应收股利+其他应收款-坏账准备。

D9	▾	:	×	✓	fx	=末级科目余额表!E11+末级科目余额表!E30+末级科目余额表!E31+末级科目余额表!E32		

	A	B	C	D	E	F	G
1				资产负债表			
2		编制单位:升达有限责任公司		20X2年1月31日			单位:元
3		资产	期末余额	年初余额	负债和所有者权益	期末余额	年初余额
4		流动资产:			流动负债:		
5		货币资金		743,200.00	短期借款		
6		交易性金融资产			交易性金融负债		
7		衍生金融资产			衍生金融负债		
8		应收票据及应收账款		150,000.00	应付票据及应付账款		
9		预付款项		13,200.00	预收账款		
10		其他应收款			合同负债		

图5-5　定义"预付款项"项目"年初余额"的公式

具体操作步骤如下:打开"资产负债表",选中D10单元格,输入"=";打开"总账科目余额表",分别选择D9单元格,即=总账科目余额表!D9;按"Enter"键,即可求出"其他应收款"项目的"年初余额",如图5-6所示。

D10	▾	:	×	✓	fx	=总账科目余额表!D9		

	A	B	C	D	E	F	G
1				资产负债表			
2		编制单位:升达有限责任公司		20X2年1月31日			单位:元
3		资产	期末余额	年初余额	负债和所有者权益	期末余额	年初余额
4		流动资产:			流动负债:		
5		货币资金		743,200.00	短期借款		
6		交易性金融资产			交易性金融负债		
7		衍生金融资产			衍生金融负债		
8		应收票据及应收账款		150,000.00	应付票据及应付账款		
9		预付款项		13,200.00	预收账款		
10		其他应收款		1,200.00	合同负债		
11		存货			应付职工薪酬		

图5-6　定义"其他应收款"项目"年初余额"的公式

⑤ 计算"存货"项目的"年初余额"。

"存货"项目的填报方法是综合运用上述填列方法分析填列。

具体操作步骤如下:打开"资产负债表",选中C13单元格,输入"=";打开"总账科目余额表",分别选择D10+D11+D29+D30-E37单元格,即=总账科目余额表!D10+总账科目余额表!D11+总账科目余额表!D29+总账科目余额表!D30-总账科目余额表!E17;按"Enter"键,即可求出"存货"项目的"年初余额",如图5-7所示。

D11	▾	:	×	✓	fx	=总账科目余额表!D10+总账科目余额表!D11+总账科目余额表!D29+总账科目余额表!D30-总账科目余额表!E17		

	A	B	C	D	E	F	G
1				资产负债表			
2		编制单位:升达有限责任公司		20X2年1月31日			单位:元
3		资产	期末余额	年初余额	负债和所有者权益	期末余额	年初余额
4		流动资产:			流动负债:		
5		货币资金		743,200.00	短期借款		
6		交易性金融资产			交易性金融负债		
7		衍生金融资产			衍生金融负债		
8		应收票据及应收账款		150,000.00	应付票据及应付账款		
9		预付款项		13,200.00	预收账款		
10		其他应收款		1,200.00	合同负债		
11		存货		600,071.00	应付职工薪酬		

图5-7　定义"存货"项目"年初余额"的公式

⑥ 计算"流动资产合计"项目的"年初余额"。

具体操作步骤如下：打开"资产负债表"，选中D16单元格；单击打开功能区"公式"选项卡，单击函数库区域 Σ 按钮，自定显示求和公式"=SUM(D5:D15)"；按"Enter"键，即可求出"流动资产合计"项目的"年初余额"，如图5-8所示。

	A	B	C	D	E	F	G
D16			fx	=SUM(D5:D15)			
1				资产负债表			
2	编制单位：升达有限责任公司			20X2年1月31日		单位：元	
3	资产	期末余额	年初余额	负债和所有者权益		期末余额	年初余额
4	流动资产：			流动负债：			
5	货币资金		743,200.00	短期借款			
6	交易性金融资产			交易性金融负债			
7	衍生金融资产			衍生金融负债			
8	应收票据及应收账款		150,000.00	应付票据及应付账款			
9	预付款项		13,200.00	预收账款			
10	其他应收款		1,200.00	合同负债			
11	存货		780,974.00	应付职工薪酬			
12	合同资产			应交税费			
13	持有待售资产			其他应付款			
14	一年内到期的非流动资产			持有待售负债			
15	其他流动资产			一年内到期的非流动负债			
16	流动资产合计		1,688,574.00	其他流动负债			

图5-8　定义"流动资产合计"项目"年初余额"的公式

⑦ 计算"固定资产"项目的"年初余额"。

"固定资产"项目的填报方法是根据有关科目余额减去备抵科目余额后的净额填列。

具体操作步骤如下：打开"资产负债表"，选中D25单元格，输入"="；打开"总账科目余额表"，分别选择D12-E13单元格，即=总账科目余额表!D12-总账科目余额表!E13；按"Enter"键，即可求出"固定资产"项目的"年初余额"，如图5-9所示。

	A	B	C	D	E	F	G
D25			fx	=总账科目余额表!D12-总账科目余额表!E13			
1				资产负债表			
2	编制单位：升达有限责任公司			20X2年1月31日		单位：元	
3	资产	期末余额	年初余额	负债和所有者权益		期末余额	年初余额
25	固定资产		2,871,320.25	递延收益			
26	在建工程			递延所得税负债			

图5-9　定义"固定资产"项目"年初余额"的公式

⑧ 计算"无形资产"项目的"年初余额"。

"无形资产"项目的填报方法是根据有关科目余额减去备抵科目余额后的净额填列。

具体操作步骤如下：打开"资产负债表"，选中D29单元格，输入"="；打开"总账科目余额表"，分别选择D15-E16单元格，即=总账科目余额表!D15-总账科目余额表!E16；按"Enter"键，即可求出"无形资产"项目的"年初余额"，如图5-10所示。

D29		× ✓ fx	=总账科目余额表ID15-总账科目余额表IE16			
▲A	B	C	D	E	F	G

			资产负债表			
2	编制单位：升达有限责任公司		20X2年1月31日			单位：元
3	资产	期末余额	年初余额	负债和所有者权益	期末余额	年初余额
25	固定资产		2,968,100.00	递延收益		
26	在建工程			递延所得税负债		
27	生产性生物资产			其他非流动负债		
28	油气资产			非流动负债合计		
29	无形资产		1,593,400.00	负债合计		

图5-10　定义"无形资产"项目"年初余额"的公式

⑨ 计算"非流动资产合计"项目的"年初余额"。

具体操作步骤如下：打开"资产负债表"，选中D35单元格；单击打开功能区"公式"选项卡，单击函数库区域 Σ 按钮，自定显示求和公式"=SUM(D18:D34)"；按"Enter"键，即可求出"非流动资产合计"项目的"年初余额"，如图5-11所示。

D35		× ✓ fx	=SUM(D18:D34)			
▲A	B	C	D	E	F	G

			资产负债表			
2	编制单位：升达有限责任公司		20X2年1月31日			单位：元
3	资产	期末余额	年初余额	负债和所有者权益	期末余额	年初余额
34	其他非流动资产			永续股		
35	非流动资产合计		4,464,720.25	资本公积		

图5-11　定义"非流动资产合计"项目"年初余额"的公式

⑩ 计算"资产总计"项目的"年初余额"。

具体操作步骤如下：打开"资产负债表"，选中D41单元格，在公式编辑栏中输入公式"=D16+D35"；按"Enter"键，即可求出"资产总计"项目的"年初余额"，如图5-12所示。

D41		× ✓ fx	=D16+D35		
▲A	B	C	D	E	F

			资产负债表		
2	编制单位：升达有限责任公司		20X2年1月31日		单
3	资产	期末余额	年初余额	负债和所有者权益	期末余额
40				所有者权益（或股东权益）合计	
	资产总计		6,053,294.25	负债和所有者权益（或股东权益）总计	

图5-12　定义"资产总计"项目"年初余额"的公式

(2) 定义资产负债表各资产项目年末余额的公式。

资产负债表各资产项目年末余额公式的设置方法与年初余额一致，按照资产负债表各资产项目年初余额的列报方法填制期末余额，定义完成的资产项目年末余额，如图5-13所示。

资产负债表

编制单位：升达有限责任公司　　　　　　　20X2年1月31日　　　　　　　　　　单位：元

资产	期末余额	年初余额	负债和所有者权益	期末余额	年初余额
流动资产：			流动负债：		
货币资金	512,846.79	743,200.00	短期借款		
交易性金融资产			交易性金融负债		
衍生金融资产			衍生金融负债		
应收票据及应收账款	282,210.00	150,000.00	应付票据及应付账款		
预付款项	43,200.00	13,200.00	预收账款		
其他应收款	1,200.00	1,200.00	合同负债		
存货	683,974.00	680,974.00	应付职工薪酬		
合同资产			应交税费		
持有待售资产			其他应付款		
一年内到期的非流动资产			持有待售负债		
其他流动资产			一年内到期的非流动负债		
流动资产合计	1,523,430.79	1,588,574.00	其他流动负债		
非流动资产：			流动负债合计		
债权投资			非流动负债：		
其他债权投资			长期借款		
长期应收款			应付债券		
长期股权投资			其中：优先股		
其他权益工具投资			永续股		
其他非流动金融资产			长期应付款		
投资性房地产			预计负债		
固定资产	2,935,020.25	2,871,320.25	递延收益		
在建工程			递延所得税负债		
生产性生物资产			其他非流动负债		
油气资产			非流动负债合计		
无形资产	1,593,400.00	1,593,400.00	负债合计		
开发支出			所有者权益（或股东权益）		
商誉			实收资本（或股本）		
长期待摊费用			其他权益工具		
递延所得税资产			其中：优先股		
其他非流动资产			永续股		
非流动资产合计	4,528,420.25	4,464,720.25	资本公积		
			减：库存股		
			其他综合收益		
			盈余公积		
			未分配利润		
			所有者权益（或股东权益）合计		
资产总计	6,051,851.04	6,053,294.25	负债和所有者权益（或股东权益）总计		

图5-13　各资产类项目的年末余额

(3) 定义资产负债表各负债项目年初余额的公式。

① 计算"短期借款"项目的"年初余额"。

"短期借款"项目的填报方法是根据一个总账科目的余额填列。

具体操作步骤如下：打开"资产负债表"，选中G5单元格，输入"="；打开"总账科目余额表"，分别选择E18单元格，即=总账科目余额表! E18；按"Enter"键，即可求出"短期借款"项目的"年初余额"，如图5-14所示。

G5		▼	:	×	✓	*fx*	=总账科目余额表!E18		
▲	A	B		C		D	E	F	G
1					**资产负债表**				
2		编制单位：升达有限责任公司			20X2年1月31日				单位：元
3		资产		期末余额		年初余额	负债和所有者权益	期末余额	年初余额
4		流动资产：					流动负债：		
5		货币资金		512,846.79		743,200.00	短期借款		—

图5-14　定义"短期借款"项目"年初余额"的公式

② 计算"应付票据及应付账款"项目的"年初余额"。

"应付票据及应付账款"项目的填报方法是据明细账科目的余额计算填列。应付票据及应付账款=应付票据的贷方余额+应付账款的贷方余额+预付账款的贷方余额。

具体操作步骤如下：打开"资产负债表"，选中G8单元格，输入"="；打开"末级科目余额表"，分别选择F30+F31+F32+G11单元格，即=末级科目余额表!F30+末级科目余额表!F31+末级科目余额表!F32+末级科目余额表!G11；按"Enter"键，即可求出"应付票据及应付账款"项目的"年初余额"，如图5-15所示。

| G8 | ⁝ × ✓ fx | =末级科目余额表!F30+末级科目余额表!F31+末级科目余额表!F32+末级科目余额表!G11 |

▲ A	B	C	D	E	F	G
1			**资产负债表**			
2	编制单位：升达有限责任公司		20X2年1月31日			单位：元
3	**资产**	**期末余额**	**年初余额**	**负债和所有者权益**	**期末余额**	**年初余额**
4	流动资产：			流动负债：		
5	货币资金	512,846.79	743,200.00	短期借款		－
6	交易性金融资产			交易性金融负债		
7	衍生金融资产			衍生金融负债		
8	应收票据及应收账款	282,210.00	150,000.00	应付票据及应付账款		

图5-15　定义"应付票据及应付账款"项目"年初余额"的公式

③ 计算"预收账款"项目的"年初余额"。

"预收账款"项目的填报方法是据明细账科目的余额计算填列。预收账款=预收账款的贷方余额+应收账款的贷方余额。

具体操作步骤如下：打开"资产负债表"，选中G9单元格，输入"="；打开"末级科目余额表"，分别选择F33+F8+F9+F10单元格，即=末级科目余额表!F33+末级科目余额表!F8+末级科目余额表!F9+末级科目余额表!F10；按"Enter"键，即可求出"预收账款"项目的"年初余额"，如图5-16所示。

| G9 | ⁝ × ✓ fx | =末级科目余额表!F33+末级科目余额表!F8+末级科目余额表!F9+末级科目余额表!F10 |

▲ A	B	C	D	E	F	G
1			**资产负债表**			
2	编制单位：升达有限责任公司		20X2年1月31日			单位：元
3	**资产**	**期末余额**	**年初余额**	**负债和所有者权益**	**期末余额**	**年初余额**
4	流动资产：			流动负债：		
5	货币资金	512,846.79	743,200.00	短期借款		－
6	交易性金融资产			交易性金融负债		
7	衍生金融资产			衍生金融负债		
8	应收票据及应收账款	282,210.00	150,000.00	应付票据及应付账款		－
9	预付款项	43,200.00	13,200.00	预收账款		

图5-16　定义"预收账款"项目"年初余额"的公式

④ 计算"应付职工薪酬"项目的"年初余额"。

"应付职工薪酬"项目的填报方法是根据一个总账科目的余额填列。

具体操作步骤如下：打开"资产负债表"，选中G11单元格，输入"="；打开"总账科目余额表"，选择E21单元格，即=总账科目余额表!E21；按"Enter"键，即可求出"应付职工薪酬"项目的"年初余额"如图5-17所示。

| G11 | ⁝ × ✓ fx | =总账科目余额表!E21 |

▲ A	B	C	D	E	F	G
1			**资产负债表**			
2	编制单位：升达有限责任公司		20X2年1月31日			单位：元
3	**资产**	**期末余额**	**年初余额**	**负债和所有者权益**	**期末余额**	**年初余额**
10	其他应收款	1,200.00	1,200.00	合同负债		
11	存货	683,974.00	680,974.00	应付职工薪酬		

图5-17　定义"应付职工薪酬"项目"年初余额"的公式

⑤ 计算"应交税费"项目的"年初余额"。

"应交税费"项目的填报方法是根据一个总账科目的余额填列。

具体操作步骤如下：打开"资产负债表"，选中G12单元格，输入"="；打开"总账科目余额表"，选择E22单元格，即=总账科目余额表!E22；按"Enter"键，即可求出"应交税费"项目的"年初余额"，如图5-18所示。

G12		×	✓	*fx*	=总账科目余额表!E22		

	A	B	C	D	E	F	G
1					资产负债表		
2		编制单位：升达有限责任公司		20X2年1月31日			单位：元
3		资产	期末余额	年初余额	负债和所有者权益	期末余额	年初余额
10		其他应收款	1,200.00	1,200.00	合同负债		
11		存货	683,974.00	680,974.00	应付职工薪酬		
12		合同资产			应交税费		126,863.21

图5-18　定义"应交税费"项目"年初余额"的公式

⑥ 计算"其他应付款"项目的"年初余额"。

"其他应付款"项目的填报方法是根据几个总账科目的余额填列。其他应付款=应付利息+应付股利+其他应付款。

具体操作步骤如下：打开"资产负债表"，选中G13单元格，输入"="；打开"总账科目余额表"，选择E23单元格，即=总账科目余额表!E23；按"Enter"键，即可求出"其他应付款"项目的"年初余额"，如图5-19所示。

G13		×	✓	*fx*	=总账科目余额表!E23		

	A	B	C	D	E	F	G
1					资产负债表		
2		编制单位：升达有限责任公司		20X2年1月31日			单位：元
3		资产	期末余额	年初余额	负债和所有者权益	期末余额	年初余额
10		其他应收款	1,200.00	1,200.00	合同负债		
11		存货	683,974.00	680,974.00	应付职工薪酬		
12		合同资产			应交税费		126,863.21
13		持有待售资产			其他应付款		14,975.79

图5-19　定义"其他应付款"项目"年初余额"的公式

⑦ 计算"流动负债合计"项目的"年初余额"。

具体操作步骤如下：打开"资产负债表"，选中G17单元格；单击打开功能区"公式"选项卡，单击函数库区域∑按钮，自定显示求和公式"=SUM(G5:G16)"；按"Enter"键，即可求出"流动负债合计"项目的"年初余额"，如图5-20所示。

G17		×	✓	*fx*	=SUM(G5:G16)		

	A	B	C	D	E	F	G
1					资产负债表		
2		编制单位：升达有限责任公司		20X2年1月31日			单位：元
3		资产	期末余额	年初余额	负债和所有者权益	期末余额	年初余额
16		流动资产合计	1,523,430.79	1,588,574.00	其他流动负债		
17		非流动资产：			流动负债合计		141,839.00

图5-20　定义"流动负债合计"项目"年初余额"的公式

⑧ 计算"长期借款"项目的"年初余额"。

"长期借款"项目的填报方法是根据总账科目和明细账科目的余额分析计算填列。

具体操作步骤如下：打开"资产负债表"，选中 G19 单元格，输入"＝"；打开"总账科目余额表"，选择 E24 单元格，即＝总账科目余额表!E24；按"Enter"键，即可求出"长期借款"项目的"年初余额"，如图 5-21 所示。

G19	▾	∶	×	✓	fx	=总账科目余额表!E24		

	A	B	C	D	E	F	G
1				**资产负债表**			
2	编制单位：升达有限责任公司			20X2年1月31日			单位：元
3		资产	期末余额	年初余额	负债和所有者权益	期末余额	年初余额
16	流动资产合计		1,523,430.79	1,588,574.00	其他流动负债		
17	非流动资产：				流动负债合计		141,839.00
18	债权投资				非流动负债：		
19	其他债权投资				长期借款		200,000.00

图5-21　定义"长期借款"项目"年初余额"的公式

⑨ 计算"非流动负债合计"项目的"年初余额"。

具体操作步骤如下：打开"资产负债表"，选中 G28 单元格；单击打开功能区"公式"选项卡，单击函数库区域 Σ 按钮，自定显示求和公式"＝SUM(G19:G27)"；按"Enter"键，即可求出"非流动负债合计"项目的"年初余额"，如图 5-22 所示。

G28	▾	∶	×	✓	fx	=SUM(G19:G27)		

	A	B	C	D	E	F	G
1				**资产负债表**			
2	编制单位：升达有限责任公司			20X2年1月31日			单位：元
3		资产	期末余额	年初余额	负债和所有者权益	期末余额	年初余额
25	固定资产		2,935,020.25	2,871,320.25	递延收益		
26	在建工程				递延所得税负债		
27	生产性生物资产				其他非流动负债		
28	油气资产				非流动负债合计		200,000.00

图5-22　定义"非流动负债合计"项目"年初余额"的公式

⑩ 计算"负债总计"项目的"年初余额"。

具体操作步骤如下：打开"资产负债表"，选中 G29 单元格，在公式编辑栏中输入公式"＝G17+G28"；按"Enter"键，即可求出"负债总计"项目的"年初余额"，如图 5-23 所示。

G29	▾	∶	×	✓	fx	=G17+G28		

	A	B	C	D	E	F	G
1				**资产负债表**			
2	编制单位：升达有限责任公司			20X2年1月31日			单位：元
3		资产	期末余额	年初余额	负债和所有者权益	期末余额	年初余额
28	油气资产				非流动负债合计		200,000.00
29	无形资产		1,593,400.00	1,593,400.00	负债合计		341,839.00

图5-23　定义"负债总计"项目"年初余额"的公式

(4) 定义资产负债表各负债项目年末余额的公式。

资产负债表各负债项目年末余额公式的设置方法与年初余额一致，按照资产负债表各负债项目年初余额的列报方法填制期末余额，定义完成的负债项目年末余额，如图 5-24 所示。

资产负债表

编制单位：升达有限责任公司　　　　　　　　　20X2年1月31日　　　　　　　　　单位：元

资产	期末余额	年初余额	负债和所有者权益	期末余额	年初余额
流动资产：			流动负债：		
货币资金	512,846.79	743,200.00	短期借款	－	－
交易性金融资产			交易性金融负债		
衍生金融资产			衍生金融负债		
应收票据及应收账款	282,210.00	150,000.00	应付票据及应付账款	2,000.00	－
预付款项	43,200.00	13,200.00	预收款项		－
其他应收款	1,200.00	1,200.00	合同负债		
存货	683,974.00	680,974.00	应付职工薪酬		
合同资产			应交税费	18,920.00	126,863.21
持有待售资产			其他应付款	14,975.79	14,975.79
一年内到期的非流动资产			持有待售负债		
其他流动资产			一年内到期的非流动负债		
流动资产合计	1,523,430.79	1,588,574.00	其他流动负债		
非流动资产：			流动负债合计	35,895.79	141,839.00
债权投资			非流动负债：		
其他债权投资			长期借款	200,000.00	200,000.00
长期应收款			应付债券		
长期股权投资			其中：优先股		
其他权益工具投资			永续股		
其他非流动金融资产			长期应付款		
投资性房地产			预计负债		
固定资产	2,935,020.25	2,871,320.25	递延收益		
在建工程			递延所得税负债		
生产性生物资产			其他非流动负债		
油气资产			非流动负债合计	200,000.00	200,000.00
无形资产	1,593,400.00	1,593,400.00	负债合计	235,895.79	341,839.00
开发支出			所有者权益（或股东权益）		
商誉			实收资本（或股本）	5,100,000.00	5,000,000.00

图5-24　各负债类项目的年末余额

(5) 定义资产负债表各所有者权益项目年初余额的公式。

① 计算"实收资本(股本)"项目的"年初余额"。

"实收资本(股本)"项目的填报方法是根据一个总账科目的余额填列。

具体操作步骤如下：打开"资产负债表"，选中G31单元格，输入"="；打开"总账科目余额表"，分别选择E25单元格，即=总账科目余额表! E25；按"Enter"键，即可求出"实收资本(股本)"项目的"年初余额"，如图5-25所示。

	G31		× ✓ fx	=总账科目余额表IE25		
	A	B	C	D	E	F	G

	资产负债表					
2	编制单位：升达有限责任公司		20X2年1月31日			单位：元
3	资产	期末余额	年初余额	负债和所有者权益	期末余额	年初余额
28	油气资产			非流动负债合计	200,000.00	200,000.00
29	无形资产	1,593,400.00	1,593,400.00	负债合计	235,895.79	341,839.00
30	开发支出			所有者权益（或股东权益）		
31	商誉			实收资本（或股本）		5,000,000.00

图5-25　定义"实收资本(股本)"项目"年初余额"的公式

② 计算"盈余公积"项目的"年初余额"。

"盈余公积"项目的填报方法是根据一个总账科目的余额填列。

具体操作步骤如下：打开"资产负债表"，选中G38单元格，输入"="；打开"总账科目余额表"，分别选择E26单元格，即=总账科目余额表! E26；按"Enter"键，即可求出"盈余公积"项目的"年初余额"，如图5-26所示。

	G38		× ✓ fx	=总账科目余额表IE26		
	A	B	C	D	E	F	G

	资产负债表					
2	编制单位：升达有限责任公司		20X2年1月31日			单位：元
3	资产	期末余额	年初余额	负债和所有者权益	期末余额	年初余额
37				其他综合收益		
38				盈余公积		239,431.33

图5-26　定义"盈余公积"项目"年初余额"的公式

③ 计算"未分配利润"项目的"年初余额"。

"未分配利润"项目的填报方法是根据几个总账科目的余额填列。

具体操作步骤如下：打开"资产负债表"，选中G39单元格，输入"="；打开"总账科目余额表"，分别选择E27+E28单元格，即=总账科目余额表!E27+总账科目余额表!E28；按"Enter"键，即可求出"未分配利润"项目的"年初余额"，如图5-27所示。

G39	▼	× ✓	*fx*	=总账科目余额表!E27+总账科目余额表!E28		
▲	A	B	C	D	E	F	G
1				资产负债表			
2	编制单位：升达有限责任公司			20X2年1月31日			单位：元
3		资产	期末余额	年初余额	负债和所有者权益	期末余额	年初余额
37					其他综合收益		
38					盈余公积		239,431.33
39					未分配利润		472,023.92

图5-27　定义"未分配利润"项目"年初余额"的公式

④ 计算"所有者权益(或股东权益)合计"项目的"年初余额"。

具体操作步骤如下：打开"资产负债表"，选中G40单元格；单击打开功能区"公式"选项卡，单击函数库区域 ∑ 按钮，自定显示求和公式"=SUM(G31:G39)"；按"Enter"键，即可求出"所有者权益(或股东权益)合计"项目的"年初余额"，如图5-28所示。

G40	▼	× ✓	*fx*	=SUM(G31:G39)		
▲	A	B	C	D	E	F	G
1				资产负债表			
2	编制单位：升达有限责任公司			20X2年1月31日			单位：元
3		资产	期末余额	年初余额	负债和所有者权益	期末余额	年初余额
37					其他综合收益		
38					盈余公积		239,431.33
39					未分配利润		472,023.92
40					所有者权益（或股东权益）合计		5,711,455.25

图5-28　定义"所有者权益(或股东权益)合计"项目"年初余额"的公式

⑤ 计算"负债和所有者权益(或股东权益)总计"项目的"年初余额"。

具体操作步骤如下：打开"资产负债表"，选中G41单元格，在公式编辑栏中输入公式"=G29+G40"；按"Enter"键，即可求出"负债和所有者权益(或股东权益)总计"项目的"年初余额"，如图5-29所示。

G41	▼	× ✓	*fx*	=G29+G40		
▲	A	B	C	D	E	F	G
1				资产负债表			
2	编制单位：升达有限责任公司			20X2年1月31日			单位：元
3		资产	期末余额	年初余额	负债和所有者权益	期末余额	年初余额
40					所有者权益（或股东权益）合计		5,711,455.25
41		资产总计	6,051,851.04	6,053,294.25	负债和所有者权益（或股东权益）总计		6,053,294.25

图5-29　定义"负债和所有者权益(或股东权益)总计"项目"年初余额"的公式

(6) 定义资产负债表各所有者权益项目年末余额的公式。

资产负债表各所有者权益项目年末余额公式的设置方法与年初余额一致，按照资产负债表各所有者权益项目年初余额的列报方法填制期末余额，定义完成的各所有者权益项目年末余额，如图5-30所示。

资产负债表

编制单位：升达有限责任公司　　　　20X2年1月31日　　　　　　　　单位：元

资产	期末余额	年初余额	负债和所有者权益	期末余额	年初余额
开发支出			所有者权益（或股东权益）		
商誉			实收资本（或股本）	5,100,000.00	5,000,000.00
长期待摊费用			其他权益工具		
递延所得税资产			其中：优先股		
其他非流动资产			永续股		
非流动资产合计	4,528,420.25	4,464,720.25	资本公积		
			减:库存股		
			其他综合收益		
			盈余公积	239,431.33	239,431.33
			未分配利润	476,523.92	472,023.92
			所有者权益（或股东权益）合计	5,815,955.25	5,711,455.25
资产总计	6,051,851.04	6,053,294.25	负债和所有者权益（或股东权益）总计	6,051,851.04	6,053,294.25

图5-30　各所有者权益类项目的年末余额

定义完成的资产负债表，如图5-31所示。

资产负债表

编制单位：升达有限责任公司　　　　20X2年1月31日　　　　　　　　单位：元

资产	期末余额	年初余额	负债和所有者权益	期末余额	年初余额
流动资产：			流动负债：		
货币资金	512,846.79	743,200.00	短期借款	–	–
交易性金融资产			交易性金融负债		
衍生金融资产			衍生金融负债		
应收票据及应收账款	282,210.00	150,000.00	应付票据及应付账款	2,000.00	–
预付款项	43,200.00	13,200.00	预收账款	–	–
其他应收款	1,200.00	1,200.00	合同负债		
存货	683,974.00	680,974.00	应付职工薪酬	–	–
合同资产			应交税费	18,920.00	126,863.21
持有待售资产			其他应付款	14,975.79	14,975.79
一年内到期的非流动资产			持有待售负债		
其他流动资产			一年内到期的非流动负债		
流动资产合计	1,523,430.79	1,588,574.00	其他流动负债		
非流动资产：			流动负债合计	35,895.79	141,839.00
债权投资			非流动负债：		
其他债权投资			长期借款	200,000.00	200,000.00
长期应收款			应付债券		
长期股权投资			其中：优先股		
其他权益工具投资			永续股		
其他非流动金融资产			长期应付款		
投资性房地产			预计负债		
固定资产	2,935,020.25	2,871,320.25	递延收益		
在建工程			递延所得税负债		
生产性生物资产			其他非流动负债		
油气资产			非流动负债合计	200,000.00	200,000.00
无形资产	1,593,400.00	1,593,400.00	负债合计	235,895.79	341,839.00
开发支出			所有者权益（或股东权益）		
商誉			实收资本（或股本）	5,100,000.00	5,000,000.00
长期待摊费用			其他权益工具		
递延所得税资产			其中：优先股		
其他非流动资产			永续股		
非流动资产合计	4,528,420.25	4,464,720.25	资本公积		
			减:库存股		
			其他综合收益		
			盈余公积	239,431.33	239,431.33
			未分配利润	476,523.92	472,023.92
			所有者权益（或股东权益）合计	5,815,955.25	5,711,455.25
资产总计	6,051,851.04	6,053,294.25	负债和所有者权益（或股东权益）总计	6,051,851.04	6,053,294.25

图5-31　定义完成的资产负债表

5.2　编制利润表

利润表是用来反映企业在某一会计期间经营成果的一种财务报表，属于动态报表。

5.2.1　设置利润表格式

设置利润表格式的操作步骤如下。

01 单击工作表标签“资产负债表”右侧的⊕按钮创建新的工作表，并将其重命名为“利润表”。

02 选中B1:E1单元格，单击“合并后居中”按钮。在B1单元格输入“利润表”，并单击加粗按钮。

03 按照图5-32的利润表模板在对应单元格输入内容，设置边框。设置完成的利润表，如图5-33所示。

利润表			
编制单位：升达有限责任公司	20X2年1月		单位：元
项　目	行次	本月数	本年累计数
一、营业收入	1		
减：营业成本	4		
税金及附加	5		
销售费用	6		
管理费用	7		
财务费用	9		
资产减值损失	10		
加：公允价值变动损益	11		
投资收益	12		
二、营业利润	13		
加：营业外收入	15		
减：营业外支出	16		
三、利润总额	18		
减：所得税费用	19		
四、净利润	20		

图5-32　利润表模板

	A	B	C	D	E
1		利润表			
2		编制单位：升达有限责任公司	20X2年1月		单位：元
3		项　目	行次	本月数	本年累计数
4		一、营业收入	1		
5		减：营业成本	4		
6		税金及附加	5		
7		销售费用	6		
8		管理费用	7		
9		财务费用	9		
10		资产减值损失	10		
11		加：公允价值变动损益	11		
12		投资收益	12		
13		二、营业利润	13		
14		加：营业外收入	15		
15		减：营业外支出	16		
16		三、利润总额	18		
17		减：所得税费用	19		
18		四、净利润	20		

图5-33　设置完成的利润表

5.2.2　定义利润表各列报项目公式

利润表的数据来自总账科目余额表，在生成的总账科目余额表的基础上，可以通过公式自动计算填制利润表。

1. 定义利润表各列报项目"本月数"的公式

(1) 计算"营业收入"项目的"本月数"。

"营业收入"项目的列报数据来源于总账科目余额表的本期贷方发生额，营业收入=主营业务收入+其他业务收入。

具体操作步骤如下：打开利润表，选中D4单元格，输入"="；打开"总账科目余额表"，选择G31单元格，即=总账科目余额表G31；按"Enter"键，即可求出"营业收入"项目的"本月数"，如图5-34所示。

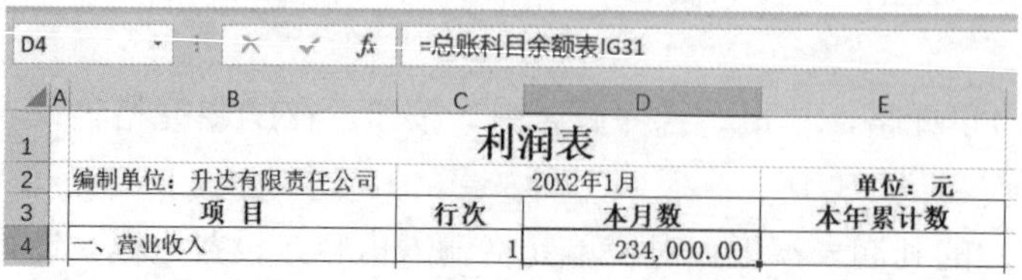

图5-34　定义"营业收入"项目"本月数"的公式

(2) 计算"营业成本"项目的"本月数"。

"营业成本"项目的列报数据来源于总账科目余额表的本期借方发生额，营业成本=主营业务成本+其他业务成本。

具体操作步骤如下：打开利润表，选中D5单元格，输入"="；打开"总账科目余额表"，选择F32单元格，即=总账科目余额表F32；按"Enter"键，即可求出"营业成本"项目的"本月数"，如图5-35所示。

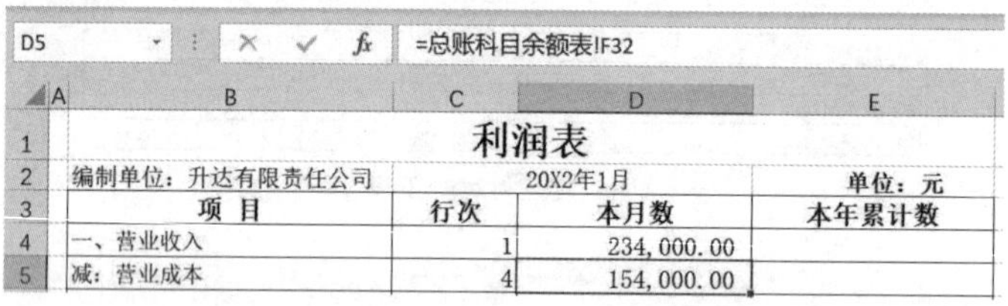

图5-35　定义"营业成本"项目"本月数"的公式

(3) 计算"税金及附加"项目的"本月数"。

"税金及附加"目的列报数据来源于总账科目余额表的本期借方发生额。

具体操作步骤如下：打开利润表，选中D6单元格，输入"="；打开"总账科目余额表"，选择F33单元格，即=总账科目余额表F33；按"Enter"键，即可求出"税金及附加"项目的"本月数"，如图5-36所示。

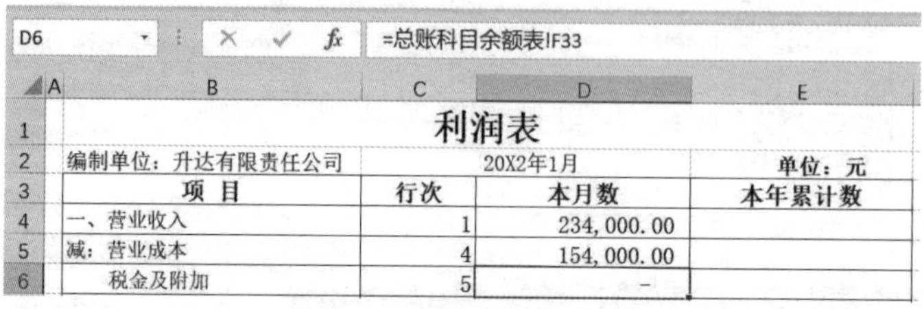

图5-36　定义"税金及附加"项目"本月数"的公式

(4) 计算"销售费用"项目的"本月数"。

"销售费用"项目的列报数据来源于总账科目余额表的本期借方发生额。

具体操作步骤如下：打开利润表，选中D7单元格，输入"="；打开"总账科目余额表"，选择F34单元格，即=总账科目余额表F34；按"Enter"键，即可求出"销售费用"项目的"本月数"，如图5-37所示。

D7		× ✓ fx	=总账科目余额表!F34	
▲ A	B	C	D	E
1			利润表	
2	编制单位：升达有限责任公司		20X2年1月	单位：元
3	项 目	行次	本月数	本年累计数
4	一、营业收入	1	234,000.00	
5	减：营业成本	4	154,000.00	
6	税金及附加	5	—	
7	销售费用	6	20,000.00	

图5-37 定义"销售费用"项目"本月数"的公式

(5) 计算"管理费用"项目的"本月数"。

"管理费用"项目的列报数据来源于总账科目余额表的本期借方发生额。

具体操作步骤如下：打开利润表，选中D8单元格，输入"="；打开"总账科目余额表"，选择F35单元格，即=总账科目余额表F35；按"Enter"键，即可求出"管理费用"项目的"本月数"，如图5-38所示。

D8		× ✓ fx	=总账科目余额表!F35	
▲ A	B	C	D	E
1			利润表	
2	编制单位：升达有限责任公司		20X2年1月	单位：元
3	项 目	行次	本月数	本年累计数
4	一、营业收入	1	234,000.00	
5	减：营业成本	4	154,000.00	
6	税金及附加	5	—	
7	销售费用	6	20,000.00	
8	管理费用	7	54,000.00	

图5-38 定义"管理费用"项目"本月数"的公式

(6) 计算"财务费用"项目的"本月数"。

"财务费用"项目的列报数据来源于总账科目余额表的本期借方发生额。

具体操作步骤如下：打开利润表，选中D9单元格，输入"="；打开"总账科目余额表"，选择F36单元格，即=总账科目余额表F36；按"Enter"键，即可求出"财务费用"项目的"本月数"，如图5-39所示。

D9		× ✓ fx	=总账科目余额表!F36	
▲ A	B	C	D	E
1			利润表	
2	编制单位：升达有限责任公司		20X2年1月	单位：元
3	项 目	行次	本月数	本年累计数
4	一、营业收入	1	234,000.00	
5	减：营业成本	4	154,000.00	
6	税金及附加	5	—	
7	销售费用	6	20,000.00	
8	管理费用	7	54,000.00	
9	财务费用	9	—	

图5-39 定义"财务费用"项目"本月数"的公式

(7) 计算"资产减值损失"项目的"本月数"。

"资产减值损失"项目的列报数据来源于总账科目余额表的本期借方发生额。

具体操作步骤如下：打开利润表，选中D10单元格，输入"="；打开"总账科目余额表"，选择F37单元格，即=总账科目余额表F37；按"Enter"键，即可求出"资产减值损失"项目的"本月数"，如图5-40所示。

D10	fx	=总账科目余额表!F37		
1		利润表		
2	编制单位：升达有限责任公司	20X2年1月		单位：元
3	项　目	行次	本月数	本年累计数
4	一、营业收入	1	234,000.00	
5	减：营业成本	4	154,000.00	
6	税金及附加	5	—	
7	销售费用	6	20,000.00	
8	管理费用	7	54,000.00	
9	财务费用	9	—	
10	资产减值损失	10	—	

图5-40　定义"资产减值损失"项目"本月数"的公式

(8) 计算"营业利润"项目的"本月数"。

打开利润表，选中D13单元格，在公式编辑栏输入公式"=D4-D5-D61D7-D8-D9-D10+D11+D12"；按"Enter"键，即可求出"营业利润"项目的"本月数"，如图5-41所示。

D13	fx	=D4-D5-D6-D7-D8-D9-D10+D11+D12		
1		利润表		
2	编制单位：升达有限责任公司	20X2年1月		单位：元
3	项　目	行次	本月数	本年累计数
10	资产减值损失	10	—	
11	加：公允价值变动损益	11		
12	投资收益	12		
13	二、营业利润	13	6,000.00	

图5-41　定义"营业利润"项目"本月数"的公式

(9) 计算"营业外收入"项目的"本月数"。

"营业外收入"项目的列报数据来源于总账科目余额表的本期借方发生额。

具体操作步骤如下：打开利润表，选中D15单元格，输入"="；打开"总账科目余额表"，选择F38单元格，即=总账科目余额表F38；按"Enter"键，即可求出"营业外收入"项目的"本月数"，如图5-42所示。

D15	fx	=总账科目余额表!F38		
1		利润表		
2	编制单位：升达有限责任公司	20X2年1月		单位：元
3	项　目	行次	本月数	本年累计数
13	二、营业利润	13	6,000.00	
14	加：营业外收入	15		
15	减：营业外支出	16	—	

图5-42　定义"营业外收入"项目"本月数"的公式

(10) 计算"利润总额"项目的"本月数"。

打开利润表，选中D16单元格，在公式编辑栏输入公式"=D13+D14-C15"；按"Enter"键，即可求出"利润总额"项目的"本月数"，如图5-43所示。

D16	▼	× ✓ fx	=D13+D14-D15	
	A	B	C	D	E
1			利润表		
2		编制单位：升达有限责任公司		20X2年1月	单位：元
3		项 目	行次	本月数	本年累计数
13		二、营业利润	13	6,000.00	
14		加：营业外收入	15		
15		减：营业外支出	16	—	
16		三、利润总额	18	6,000.00	

图5-43　定义"利润总额"项目"本月数"的公式

(11) 计算"所得税费用"项目的"本月数"。

"所得税费用"项目的列报数据来源于总账科目余额表的本期借方发生额。

具体操作步骤如下：打开利润表，选中D17单元格，输入"="；打开"总账科目余额表"，选择F39单元格，即=总账科目余额表F39；按"Enter"键，即可求出"所得税费用"项目的"本月数"，如图5-44所示。

D17	▼	× ✓ fx	=总账科目余额表!F39	
	A	B	C	D	E
1			利润表		
2		编制单位：升达有限责任公司		20X2年1月	单位：元
3		项 目	行次	本月数	本年累计数
15		减：营业外支出	16	—	
16		三、利润总额	18	6,000.00	
17		减：所得税费用	19	1,500.00	

图5-44　定义"所得税费用"项目"本月数"的公式

(12) 计算"净利润"项目的"本月数"。

打开利润表，选中D18单元格，在公式编辑栏输入公式"=D16-D7"；按"Enter"键，即可求出"净利润"项目的"本月数"，如图5-45所示。

D18	▼	× ✓ fx	=D16-D17	
	A	B	C	D	E
1			利润表		
2		编制单位：升达有限责任公司		20X2年1月	单位：元
3		项 目	行次	本月数	本年累计数
15		减：营业外支出	16	—	
16		三、利润总额	18	6,000.00	
17		减：所得税费用	19	1,500.00	
18		四、净利润	20	4,500.00	

图5-45　定义"净利润"项目"本月数"的公式

2.定义利润表各列报项目"本年累计数"的公式

利润表中的"本年累计数"是指从本年1月份起至本月份止，若干月份累计实现的利润数，即"本年累计数"应该等于上月利润表"本年累计数"加上本月利润表本月数。这样需要建立起上月利润表与本月利润表的链接，进行数据调用。本案例的启用日期是20×2年1月，因此"本年累计数"等于"本月数"。

设置完成的利润表如图5-46所示。

图5-46　设置完成的利润表

5.3　编制现金流量表

现金流量表是指反映企业在一定会计期间现金和现金等价物流入和流出的报表，属于动态报表。现金流量表包括经营活动、投资活动和筹资活动。现金流量表的编制基础是收付实现制原则。现金流量表的数据来源为会计凭证，因此现金流量表的编制步骤为：设置现金流量表格式、设置记账凭证的现金流量项目、定义现金流量表各列报项目的公式。

5.3.1　设置现金流量表格式

设置现金流量表格式的操作步骤如下。

01 单击工作表标签"利润表"右侧的 ⊕ 按钮创建新的工作表，并将其重命名为"现金流量表"。

02 选中B1:D1单元格，单击"合并后居中"按钮。在B1单元格输入"现金流量表"，并单击加粗按钮。

03 按照图5-47的现金流量表模板在对应单元格输入内容，设置边框。设置完成的利润表，如图5-48所示。

现 金 流 量 表

编制单位：升达有限责任公司	20X2年1月	单位：元
项目	行次	金额
一、经营活动产生的现金流量	1	
销售商品或提供劳务收到现金	2	
收到税费返还	3	
收到的与经营业务有关的其他现金	4	
现金流入合计	5	
购买商品、接受劳务支付的现金	6	
支付给职工以及为职工支付的现金	7	
支付的各项税费	8	
支付的与经营活动有关的其他现金	9	
现金流出合计	10	
经营活动产生的现金流量净额	11	
二、投资活动产生的现金流量	12	
收回投资所收到的现金	13	
取得投资收益所收到的现金	14	
处置固定资产、无形资产和其他长期资产的现金净额	15	
收到的与投资活动有关的其他现金	16	
现金流入合计	17	
购建固定资产、无形资产和其他长期资产支付的现金	18	
投资所支付的现金	19	
支付的与投资活动有关的其他现金	20	
现金流出合计	21	
投资活动产生的现金流量净额	22	
三、筹资活动产生的现金流量	23	
吸收投资所收到的现金	24	
借款所收到的现金	25	
收到的与筹资活动有关的其他现金	26	
现金流入合计	27	
偿还债务所支付的现金	28	
分配股利、利润、偿付利息所支付的现金	29	
支付的与筹资活动有关的其他现金	30	
现金流出合计	31	
筹资活动产生的现金流量净额	32	
四、汇率变动对现金的影响	33	
五、现金流量净额	34	

图5-47　现金流量表模板

	现　金　流　量　表		
编制单位：升达有限责任公司		20X2年1月	单位：元
项目		行次	金额
一、经营活动产生的现金流量		1	
销售商品或提供劳务收到现金		2	
收到税费返还		3	
收到的与经营业务有关的其他现金		4	
现金流入合计		5	
购买商品、接受劳务支付的现金		6	
支付给职工以及为职工支付的现金		7	
支付的各项税费		8	
支付的与经营活动有关的其他现金		9	
现金流出合计		10	
经营活动产生的现金流量净额		11	
二、投资活动产生的现金流量		12	
收回投资所收到的现金		13	
取得投资收益所收到的现金		14	
处置固定资产、无形资产和其他长期资产的现金净额		15	
收到的与投资活动有关的其他现金		16	
现金流入合计		17	

… | 末级科目余额表 | 总账科目余额表 | 资产负债表 | 利润表 | 现金流量表 | ⊕

图5-48　设置完成的现金流量表

5.3.2　设置会计凭证的现金流量项目

设置会计凭证现金流量项目的操作步骤如下。

01 打开"会计凭证表"，选中K列、L列、M列、N列，右击隐藏。选中O1单元格，输入"现金流量项目"，用格式刷将B1单元格格式应用于O1单元格。

02 定义现金流量项目名称。打开"现金流量表"，选中B4:B5单元格，单击功能区"公式"选项卡，单击"定义的名称"区域的"定义名称"按钮，在打开的"新建名称"对话框中，将名称重命名为"现金流量项目"，如图5-49所示。

图5-49　定义现金流量项目的名称

03 定义现金流量项目的数据验证。打开"会计凭证表"，选中O2单元格，单击功能区"数据"功能选项卡，单击"数据工具"区的"数据验证"按钮，打开"数据验证"对话框，将"允许"中的"任何值"切换为"序列"，如图5-50所示。在"来源"处单击公式，打开"用于公式"的下拉菜单，选择"现金流量项目"选项，如图5-51所示。定义完成的现金流量项目数据验证，如图5-52所示。

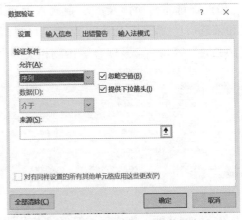

图5-50　定义现金流量项目的数据验证1

图5-51 定义现金流量项目的数据验证2

图5-52 定义现金流量项目的数据验证3

04 将O2单元格的数据验证填充至O79单元格。选中O2单元格，将鼠标放在其右下角，当指针变成光标时，单击并将O2拖拉至O79。选中O2:O79单元格区域的任一单元格，设置完成的数据验证如图5-53所示。

类别编	凭证日期	摘要	科目编码	总账科目	明细科目	借方金额	贷方金额	现金流量项目
记7	2022年1月9日	支付广告费	660102	销售费用	广告费	20,000.00		
记7	2022年1月9日	支付广告费	100202	银行存款	建行		20,000.00	
记8	2022年1月11日	向红叶公司出售A产品	100201	银行存款	工行	132,210.00		
记8	2022年1月11日	向红叶公司出售A产品	112201	应收账款	红叶公司	132,210.00		
记8	2022年1月11日	向红叶公司出售A产品	600101	主营业务收入	A产品		234,000.00	
记8	2022年1月11日	向红叶公司出售A产品	22210202	应交税费	应交增值税（销项税额）		30,420.00	
记9	2022年1月12日	领用甲材料	500101	生产成本	A产品	20,000.00		一、经营活动产生的现金流量
记9	2022年1月12日	领用甲材料	500102	生产成本	B产品	40,000.00		销售商品或提供劳务收到现金
记9	2022年1月12日	领用甲材料	510101	制造费用	修理费用	30,000.00		收到的税费返还
记9	2022年1月12日	领用甲材料	660208	管理费用	修理费用	10,000.00		收到的与经营业务有关的其他现金
记9	2022年1月12日	领用甲材料	140301	原材料	甲材料		100,000.00	现金流入合计
记10	2022年1月15日	购买办公用品	660201	管理费用	办公费	300.00		购买商品、接受劳务支付的现金
记10	2022年1月15日	购买办公用品	1001	库存现金			300.00	支付给职工以及为职工支付的现金
记11	2022年1月18日	王明报销差旅费	1001	库存现金		100.00		支付的各项税费

图5-53 设置完成的数据验证的类列标识

05 筛选本月所涉及的现金流入流出业务。选中F列单元格区域，选择"数据"|"排序和筛选"|"筛选"命令，点击"科目代码"单元格按钮，选择"1001""100201"和"100202"等与现金及现金等价物相关的会计凭证，如图5-54所示。

类别编	凭证日期	摘要	科目编码	总账科目	明细科目	借方金额	贷方金额	现金流量项目
记2	2022年1月1日	王明预借差旅费	1001	库存现金			500.00	
记4	2022年1月3日	支付采购材料价款	100201	银行存款	工行		113,000.00	
记5	2022年1月6日	向蓝地公司支付上月甲材料货款	100201	银行存款	工行		30,000.00	
记6	2022年1月8日	交上月税款	100202	银行存款	建行		126,863.21	
记7	2022年1月9日	支付广告费	100202	银行存款	建行		20,000.00	
记8	2022年1月11日	向红叶公司出售A产品	100201	银行存款	工行	132,210.00		
记10	2022年1月15日	购买办公用品	1001	库存现金			300.00	
记11	2022年1月18日	王明报销差旅费	1001	库存现金		100.00		
记12	2022年1月20日	支付大厂部水电、电话费	100202	银行存款	建行		12,000.00	
记14	2022年1月30日	发放工资	100201	银行存款	工行		60,000.00	

图5-54 本月所涉及的现金流入流出业务

06 根据摘要，判定每一笔经济业务所归属的现金流量项目，如图5-55所示。

类别编号	凭证日期	摘要	科目编码	总账科目	明细科目	借方金额	贷方金额	现金流量项目
记1	2022年1月1日	王明预借差旅费	1001	库存现金			500.00	支付的与经营活动有关的其他现金
记4	2022年1月3日	支付采购材料价款	100201	银行存款	工行		113,000.00	购买商品、接受劳务支付的现金
记5	2022年1月6日	向蓝地公司支付上月甲材料货款	100201	银行存款	工行		30,000.00	购买商品、接受劳务支付的现金
记6	2022年1月8日	交上月税款	100202	银行存款	建行		126,863.21	支付的各项税费
记7	2022年1月9日	支付广告费	100202	银行存款	建行		20,000.00	支付的与经营活动有关的其他现金
记8	2022年1月11日	向红叶公司出售A产品	100201	银行存款	工行	132,210.00		销售商品或提供劳务收到现金
记10	2022年1月15日	购买办公用品	1001	库存现金			300.00	支付的与经营活动有关的其他现金
记11	2022年1月18日	王明报销差旅费	1001	库存现金		100.00		收到的与经营业务有关的其他现金
记12	2022年1月20日	支付本月厂部水电、电话费	100202	银行存款	建行		12,000.00	支付的与经营活动有关的其他现金
记14	2022年1月30日	发放工资	100201	银行存款	工行		60,000.00	支付给职工以及为职工支付的现金

图5-55　判定每一笔现金流入流出业务的现金流量项目

07 取消自动筛选。选中F列单元格区域，选择"数据"|"排序和筛选"|"筛选"命令，如图5-56、图5-57、图5-58所示。

类别编号	凭证日期	摘要	科目编码	总账科目	明细科目	借方金额	贷方金额	现金流量项目
记1	2022年1月1日	接受投资者投入设备	1601	固定资产		100,000.00		
记1	2022年1月1日	接受投资者投入设备	400101	实收资本	王晨		100,000.00	
记2	2022年1月1日	王明预借差旅费	122101	其他应收款	王明	500.00		
记2	2022年1月1日	王明预借差旅费	1001	库存现金			500.00	支付的与经营活动有关的其他现金
记3	2022年1月2日	向维达公司购入甲材料	140301	原材料	甲材料	102,000.00		
记3	2022年1月2日	向维达公司购入甲材料	22210201	应交税费	应交增值税（进项税）	13,000.00		
记3	2022年1月2日	向维达公司购入甲材料	220201	应付账款	维达公司		115,000.00	
记4	2022年1月3日	支付采购材料价款	220201	应付账款	维达公司	113,000.00		
记4	2022年1月3日	支付采购材料价款	100201	银行存款	工行		113,000.00	购买商品、接受劳务支付的现金
记5	2022年1月6日	向蓝地公司支付上月甲材料货款	220202	应付账款	蓝地公司	30,000.00		
记5	2022年1月6日	向蓝地公司支付上月甲材料货款	100201	银行存款	工行		30,000.00	购买商品、接受劳务支付的现金
记6	2022年1月8日	交上月税款	222101	应交税费	未交增值税	90,950.00		
记6	2022年1月8日	交上月税款	222103	应交税费	应交企业所得税	12,000.00		
记6	2022年1月8日	交上月税款	222104	应交税费	应交城建税	6,366.50		
记6	2022年1月8日	交上月税款	222105	应交税费	应交教育费附加	2,728.50		
记6	2022年1月8日	交上月税款	222106	应交税费	应交地方教育费附加	1,819.00		
记6	2022年1月8日	交上月税款	222107	应交税费	应交水利建设基金	909.50		
记6	2022年1月8日	交上月税款	222108	应交税费	应交土地使用税	12,000.00		
记6	2022年1月8日	交上月税款	222109	应交税费	应交个人所得税	89.71		
记6	2022年1月8日	交上月税款	100202	银行存款	建行		126,863.21	支付的各项税费

图5-56　取消自动筛选(1)

类别编号	凭证日期	摘要	科目编码	总账科目	明细科目	借方金额	贷方金额	现金流量项目
记7	2022年1月9日	支付广告费	660102	销售费用	广告费	20,000.00		
记7	2022年1月9日	支付广告费	100202	银行存款	建行		20,000.00	支付的与经营活动有关的其他现金
记8	2022年1月11日	向红叶公司出售A产品	100201	银行存款	工行	132,210.00		销售商品或提供劳务收到现金
记8	2022年1月11日	向红叶公司出售A产品	112201	应收账款	红叶公司	132,210.00		
记8	2022年1月11日	向红叶公司出售A产品	600101	主营业务收入	A产品		234,000.00	
记8	2022年1月11日	向红叶公司出售A产品	22210202	应交税费	应交增值税（销项税额）		30,420.00	
记9	2022年1月12日	领用甲材料	500101	生产成本	A产品	20,000.00		
记9	2022年1月12日	领用甲材料	500102	生产成本	B产品	40,000.00		
记9	2022年1月12日	领用甲材料	510101	制造费用	修理费用	30,000.00		
记9	2022年1月12日	领用甲材料	660208	管理费用		10,000.00		
记9	2022年1月12日	领用甲材料	140301	原材料	甲材料		100,000.00	
记10	2022年1月15日	购买办公用品	660201	管理费用	办公费	300.00		
记10	2022年1月15日	购买办公用品	1001	库存现金			300.00	支付的与经营活动有关的其他现金
记11	2022年1月18日	王明报销差旅费	1001	库存现金		100.00		收到的与经营业务有关的其他现金
记11	2022年1月18日	王明报销差旅费	660202	管理费用	差旅费	400.00		
记11	2022年1月18日	王明报销差旅费	122101	其他应收款	王明		500.00	
记12	2022年1月20日	支付本月厂部水电、电话费	660203	管理费用	水费	3,000.00		
记12	2022年1月20日	支付本月厂部水电、电话费	660204	管理费用	电费	3,000.00		
记12	2022年1月20日	支付本月厂部水电、电话费	660205	管理费用	电话费	6,000.00		
记12	2022年1月20日	支付本月厂部水电、电话费	100202	银行存款	建行		12,000.00	支付的与经营活动有关的其他现金

图5-57　取消自动筛选(2)

类别编号	凭证日期	摘要	科目编码	总账科目	明细科目	借方金额	贷方金额	现金流量项目
记13	2022年1月30日	结算本月工资	500101	生产成本	A产品	18,000.00		
记13	2022年1月30日	结算本月工资	500102	生产成本	B产品	12,000.00		
记13	2022年1月30日	结算本月工资	510102	制造费用	工资	13,000.00		
记13	2022年1月30日	结算本月工资	660206	管理费用	工资	17,000.00		
记13	2022年1月30日	结算本月工资	221101	应付职工薪酬	工资		60,000.00	
记14	2022年1月30日	发放工资	221101	应付职工薪酬	工资	60,000.00		
记14	2022年1月30日	发放工资	100201	银行存款	工行		60,000.00	支付给职工以及为职工支付的现金
记15	2022年1月31日	计提折旧费	510103	制造费用	折旧费	22,000.00		
记15	2022年1月31日	计提折旧费	660207	管理费用	折旧	14,300.00		
记15	2022年1月31日	计提折旧费	1602	累计折旧			36,300.00	
记16	2022年1月31日	分摊本月制造费用	500101	生产成本	A产品	39,000.00		
记16	2022年1月31日	分摊本月制造费用	500102	生产成本	B产品	26,000.00		
记16	2022年1月31日	分摊本月制造费用	510101	制造费用	修理费		30,000.00	
记16	2022年1月31日	分摊本月制造费用	510102	制造费用	工资		13,000.00	
记16	2022年1月31日	分摊本月制造费用	510103	制造费用	折旧费		22,000.00	
记17	2022年1月31日	结转完工产品成本	140501	库存商品	A产品	77,000.00		
记17	2022年1月31日	结转完工产品成本	140502	库存商品	B产品	78,000.00		
记17	2022年1月31日	结转完工产品成本	500101	生产成本	A产品		77,000.00	
记17	2022年1月31日	结转完工产品成本	500102	生产成本	B产品		78,000.00	
记18	2022年1月31日	结转销售成本	640101	主营业务成本	A产品	154,000.00		
记18	2022年1月31日	结转销售成本	140501	库存商品	A产品		154,000.00	

图5-58　取消自动筛选(3)

5.3.3　定义现金流量表各列报项目的公式

本部分主要应用SUMIF函数定义现金流量表各列报项目的公式。

定义现金流量表各列报项目公式的操作步骤如下。

01 求销售商品或提供劳务收到现金的金额。

打开现金流量表，选中D5单元格，右击"公式"功能选项卡，选择"函数库"|"数学和三角函数"|"SUMIF"函数，单击"确定"按钮。"销售商品或提供劳务收到现金"="销售商品或提供劳务收到现金的借方金额之和"=SUMIF(会计凭证表!O:O,B5,会计凭证表!I:I)，如图5-59所示。

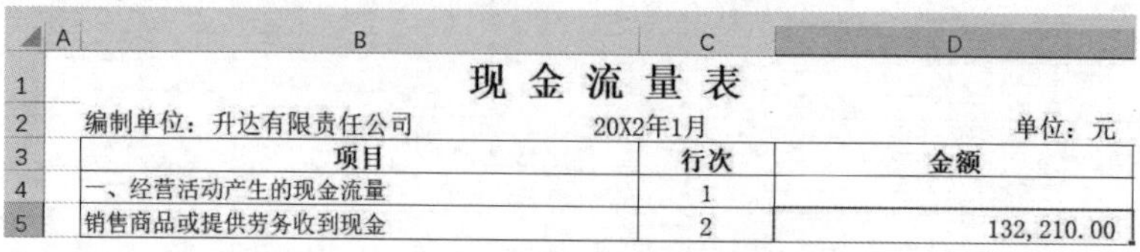

图5-59　求销售商品或提供劳务收到现金的金额

02 求经营活动中其他现金流入项目的金额。

打开现金流量表，选中D5单元格，把鼠标放在D5的右下角，当指针变成光标时，拖拉至D7单元格，如图5-60所示。

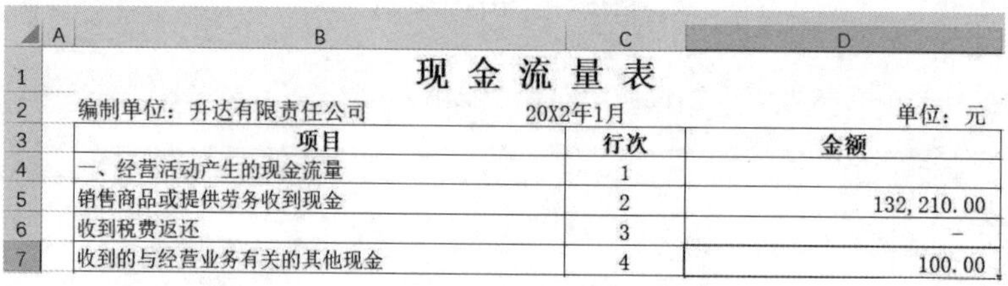

图5-60　求经营活动中其他现金流入项目的金额

03 求经营活动现金流入合计的金额。

打开现金流量表，选中D8单元格，单击功能区"公式"选项卡，单击函数库区域的∑按钮，自动显示求和公式"=SUM(D5:D7)"，按"Enter"键即可计算出经营活动现金流入合计的金额，如图5-61所示。

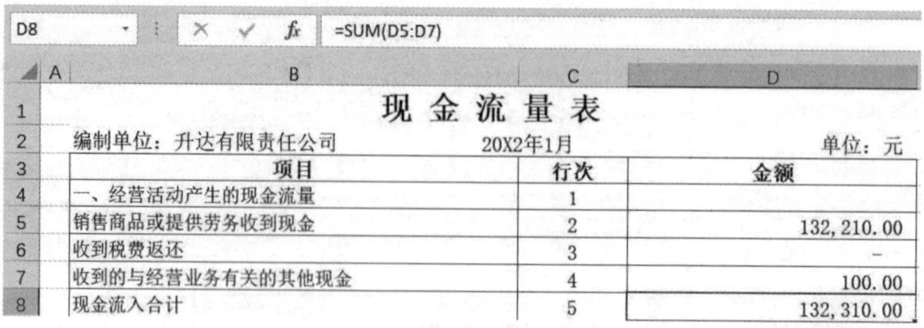

图5-61　求算经营活动现金流入合计的金额

04 求购买商品、接受劳务支付的现金的金额。

打开现金流量表，选中D9单元格，右击"公式"功能选项卡，选择"函数库"|"数学和三角函数"|"SUMIF"函数，单击"确定"按钮。"购买商品、接受劳务支付的现

金"＝"购买商品、接受劳务支付的现金的贷方金额之和"＝SUMIF(会计凭证表!O:O,B9,会计凭证表!J:J)，如图5-62所示。

图5-62　求算购买商品、接受劳务支付的现金的金额

05 求经营活动中其他现金流出项目的金额。

打开现金流量表，选中D9单元格，把鼠标放在D9的右下角，当指针变成光标时，拖拉至D12单元格，如图5-63所示。

图5-63　求经营活动中其他现金流出项目的金额

06 求经营活动现金流出合计的金额。

打开现金流量表，选中D13单元格，单击功能区"公式"选项卡，单击函数库区域的 Σ 按钮，自动显示求和公式"＝SUM(D9:D12)"，按"Enter"键即可计算出经营活动现金流出合计的金额，如图5-64所示。

图5-64　求经营活动中现金流出合计的金额

07 求经营活动产生的现金流量净额。

打开现金流量表，选中D14单元格，输入公式"=D8-D13"，按"Enter"键即可计算出经营活动产生的现金流量净额，如图5-65所示。

| D14 | ▼ | × ✓ fx | =D8-D13 |

现 金 流 量 表

编制单位：升达有限责任公司　　　20X2年1月　　　　　　　　单位：元

项目	行次	金额
一、经营活动产生的现金流量	1	
销售商品或提供劳务收到现金	2	132,210.00
收到税费返还	3	–
收到的与经营业务有关的其他现金	4	100.00
现金流入合计	5	132,310.00
购买商品、接受劳务支付的现金	6	143,000.00
支付给职工以及为职工支付的现金	7	60,000.00
支付的各项税费	8	126,863.21
支付的与经营活动有关的其他现金	9	32,800.00
现金流出合计	10	362,663.21
经营活动产生的现金流量净额	11	-230,353.21

图5-65　求经营活动产生的现金流量净额

08 按照现金流量表经营活动各现金流量项目的列报方法计算其他分类项目中各项目的现金流量金额，如图5-66、图5-67所示。

现 金 流 量 表

编制单位：升达有限责任公司　　　20X2年　　　　　　　　单位：元

项目	行次	金额
一、经营活动产生的现金流量	1	
销售商品或提供劳务收到现金	2	=SUMIF(会计凭证表!O:O,B5,会计凭证表!I:I)
收到税费返还	3	=SUMIF(会计凭证表!O:O,B6,会计凭证表!I:I)
收到的与经营业务有关的其他现金	4	=SUMIF(会计凭证表!O:O,B7,会计凭证表!I:I)
现金流入合计	5	=SUM(D5:D7)
购买商品、接受劳务支付的现金	6	=SUMIF(会计凭证表!O:O,B9,会计凭证表!J:J)
支付给职工以及为职工支付的现金	7	=SUMIF(会计凭证表!O:O,B10,会计凭证表!J:J)
支付的各项税费	8	=SUMIF(会计凭证表!O:O,B11,会计凭证表!J:J)
支付的与经营活动有关的其他现金	9	=SUMIF(会计凭证表!O:O,B12,会计凭证表!J:J)
现金流出合计	10	=SUM(D9:D12)
经营活动产生的现金流量净额	11	=D8-D13
二、投资活动产生的现金流量	12	
收回投资所收到的现金	13	=SUMIF(会计凭证表!O:O,B16,会计凭证表!I:I)
取得投资收益所收到的现金	14	=SUMIF(会计凭证表!O:O,B17,会计凭证表!I:I)
处置固定资产、无形资产和其他长期资产的现金净额	15	=SUMIF(会计凭证表!O:O,B18,会计凭证表!I:I)
收到的与投资活动有关的其他现金	16	=SUMIF(会计凭证表!O:O,B19,会计凭证表!I:I)
现金流入合计	17	=SUM(D16:D19)
购建固定资产、无形资产和其他长期资产支付的现金	18	=SUMIF(会计凭证表!O:O,B21,会计凭证表!J:J)
投资所支付的现金	19	=SUMIF(会计凭证表!O:O,B22,会计凭证表!J:J)
支付的与投资活动有关的其他现金	20	=SUMIF(会计凭证表!O:O,B23,会计凭证表!J:J)
现金流出合计	21	=SUM(D21:D23)
投资活动产生的现金流量净额	22	=D20-D24
三、筹资活动产生的现金流量	23	
吸收投资所收到的现金	24	=SUMIF(会计凭证表!O:O,B27,会计凭证表!I:I)
借款所收到的现金	25	=SUMIF(会计凭证表!O:O,B28,会计凭证表!I:I)
收到的与筹资活动有关的其他现金	26	=SUMIF(会计凭证表!O:O,B29,会计凭证表!I:I)
现金流入合计	27	=SUM(D27:D29)
偿还债务所支付的现金	28	=SUMIF(会计凭证表!O:O,B31,会计凭证表!J:J)
分配股利、利润、偿付利息所支付的现金	29	=SUMIF(会计凭证表!O:O,B32,会计凭证表!J:J)
支付的与筹资活动有关的其他现金	30	=SUMIF(会计凭证表!O:O,B33,会计凭证表!J:J)
现金流出合计	31	=SUM(D31:D33)
筹资活动产生的现金流量净额	32	=D30-D34
四、汇率变动对现金的影响	33	
五、现金流量净额	34	=D14+D25+D35+D36

图5-66　现金流量表(设置函数)

现 金 流 量 表

编制单位：升达有限责任公司　　　　　　　　20X2年1月　　　　　　　　单位：元

项目	行次	金额
一、经营活动产生的现金流量	1	
销售商品或提供劳务收到现金	2	132,210.00
收到税费返还	3	–
收到的与经营业务有关的其他现金	4	100.00
现金流入合计	5	132,310.00
购买商品、接受劳务支付的现金	6	143,000.00
支付给职工以及为职工支付的现金	7	60,000.00
支付的各项税费	8	126,863.21
支付的与经营活动有关的其他现金	9	32,800.00
现金流出合计	10	362,663.21
经营活动产生的现金流量净额	11	-230,353.21
二、投资活动产生的现金流量	12	
收回投资所收到的现金	13	–
取得投资收益所收到的现金	14	–
处置固定资产、无形资产和其他长期资产的现金净额	15	–
收到的与投资活动有关的其他现金	16	–
现金流入合计	17	–
购建固定资产、无形资产和其他长期资产支付的现金	18	–
投资所支付的现金	19	–
支付的与投资活动有关的其他现金	20	–
现金流出合计	21	–
投资活动产生的现金流量净额	22	–
三、筹资活动产生的现金流量	23	
吸收投资所收到的现金	24	–
借款所收到的现金	25	–
收到的与筹资活动有关的其他现金	26	–
现金流入合计	27	–
偿还债务所支付的现金	28	–
分配股利、利润、偿付利息所支付的现金	29	–
支付的与筹资活动有关的其他现金	30	–
现金流出合计	31	–
筹资活动产生的现金流量净额	32	–
四、汇率变动对现金的影响	33	
五、现金流量净额	34	-230,353.21

图5-67　现金流量表(计算结果)

5.4　思考练习

1. 填空题

(1) 资产负债表中"未分配利润"项目的列报方法是＿＿＿＿＿＿。

(2) SUMIF函数所属的函数类别是＿＿＿＿＿＿。

(3) 利润表的本月数应该据＿＿＿＿＿＿填报。

(4) 应用Excel编制现金流量表的数据来源是＿＿＿＿＿＿。

2. 实操演练

承接任务3实操演练案例一资料，根据升达有限责任公司20×2年2月份的资料，完成下列练习。

(1) 应用数据链接功能编制资产负债表。

(2) 应用数据链接功能编制利润表。

(3) 按照下列三步编制现金量表：第一，设置现金流量表格式；第二，定义记账凭证的现金流量项目；第三，应用SUMIF函数定义现金流量表各列报项目的公式。

项目三
Excel在
资产管理中的应用

　　企业中的资产管理一般包括流动资产管理和非流动资产管理。一般来说，流动资产管理主要包括货币资金管理、短期投资管理、应收账款管理及存货管理等；非流动资产管理主要包括固定资产管理等。本项目主要介绍Excel在存货管理及固定资产管理中的应用。通过在Excel中建立存货管理模型，运用模拟运算表、规划求解等工具，可以快速计算出存货的经济订货批量、最佳保险储备量，从而对企业的存货进行科学管理；通过建立固定资产管理记录表、固定资产卡片账，即可对企业所拥有的固定资产进行增加、减少、调拨等管理，同时利用Excel的财务函数，可快速、准确地计算固定资产折旧的相关数据，实现企业对固定资产数据的高效管理、便捷查询。

Excel 在存货管理中的应用

学习目标：

1. 学会利用Excel建立存货管理模型；

2. 学会利用Excel的模拟运算表及规划求解等功能进行存货管理。

存货是企业在生产经营过程中为了销售或耗用而储备的物资，包括原材料、在产品、产成品等。企业存货在流动资产中占有较大比重，存货管理水平的高低会对企业的财务状况和经营成果产生较大影响。

存货的目的是满足生产经营的需要，而存货必然会产生相应的成本。与存货相关的成本有采购成本、订货成本、储存成本和缺货成本，对这四种成本的解释如下。

(1) 采购成本：是指为取得某种存货而支出的成本，包括买价、运杂费等。

(2) 订货成本：是指订购材料、商品而发生的成本。订货成本一般与订货的数量无关，而与订货的次数有关。

(3) 储存成本：是指储存过程中发生的仓储费、搬运费、保险费、占用资金支付的利息等。一定时期内的储存成本总额等于该时期平均存货量与单位储存成本的乘积。

(4) 缺货成本：是指由于存货储备不足而给企业造成的经济损失。例如，由于原材料储备不足造成的停工损失，由于商品储备不足造成销售中断的损失，由于成品供应中断造成延误发货的信誉损失等。

在存货决策时，存货管理所涉及的都是与存货量有关的成本最低的问题，应在各种存货成本与存货效益之间做出权衡，充分发挥存货功能，降低存货相关总成本。因此，运用Excel中的模拟运算表和规划求解可以有效地进行存货管理。

6.1 基本经济订货批量模型

经济订货批量是指能够使一定时期内存货的总成本(储存成本和订货成本)达到最低点的

进货数量。

基本经济订货批量模型是建立在一系列假设基础上的：①企业一定时间内的存货需求量稳定，并能预测；②存货集中到货，而不是陆续入库；③企业能及时补充存货，即存货可瞬时补充；④会出现缺货现象，即无缺货成本；⑤存货单价不变，不考虑现金折扣；⑥企业现金充足，不会因现金短缺而影响进货；⑦所需存货市场供应充足，可以随时买到。此时存货的相关成本只需考虑存货的订货成本和储存成本，其计算公式分别为

订货成本=全年材料需求量/每次订货批量*每次订货费用

储存成本=每次订货批量/2*单位存货储存成本

通过设计经济订货批量模型，企业可以计算最佳经济订货量，从而更科学地进行采购、存货储备等经营活动。

6.1.1　设计经济订货批量模型

【例6-1】已知升达有限责任公司每年需要耗用甲材料3 600吨，该材料的单位采购成本为1 000元/吨，单位储存成本为200元/吨，平均每次订货费用为2 500元。假设甲材料不允许缺货，耗用比较均衡，价格稳定，请计算企业的最佳经济订货量。

根据案例资料，先设计经济订货批量模型。具体操作步骤如下。

01 新建Excel工作簿，将其重命名为"存货管理"。双击工作表标签"Sheet1"，输入新工作表名称"经济订货批量模型"；设计经济订货批量模型，并对其格式进行优化，输入已知数据，如图6-1所示。

项目	数值
经济订货批量模型	
全年材料需求量（吨）	3,600
每次订货费用（元/次）	2,500
单位存货储存成本（元/吨）	200
全年订货次数	
每次订货批量（吨）	
相关成本计算	
订货成本	
储存成本	
相关总成本	

图6-1　设计经济订货批量模型

02 假设企业的每次订货批量为100吨，则全年订货次数=全年材料需求量/每次订货批量。在单元格B7中输入数字"100"，在单元格B6中输入公式"=B3/B7"，再按"Enter"键。

03 计算订货成本。在B9单元格中输入公式"=B6*B4"，再按"Enter"键。

04 计算储存成本。在B10单元格中输入公式"=B7/2*B5"，再按"Enter"键。

05 计算相关总成本。相关总成=订货成本+储存成本，在B11单元格中输入公式"=B9+B10"，再按"Enter"键，计算结果如图6-2所示。

	A	B	C
1	经济订货批量模型		
2	项目	数值	
3	全年材料需求量（吨）	3,600	
4	每次订货费用（元/次）	2,500	
5	单位存货储存成本（元/吨）	200	
6	全年订货次数	36	
7	每次订货批量（吨）	100	
8	相关成本计算		
9	订货成本	90,000	
10	储存成本	10,000	
11	相关总成本	100,000	
12			

图6-2 经济订货批量模型的计算结果

6.1.2 运用“模拟运算表”计算存货相关成本

Excel模拟运算表是一个单元格区域，用于显示公式中一个或两个变量的更改对公式结果的影响。简言之就是一个公式套用部分数据的功能。

模拟运算表分为单变量模拟运算表和双变量模拟运算表。单变量模拟运算表中，用户可以对一个变量键入不同的值从而查看它对一个或多个公式的影响。双变量模拟运算表中，用户对两个变量输入不同值从而查看它对一个公式的影响。运用单变量模拟运算表即可计算存货相关成本，具体操作步骤如下。

01 设置“存货相关成本计算模拟运算表”表格的内容及格式。选择“经济订货批量模型”工作表的E1:H1单元格区域，合并后居中，输入表格标题“存货相关成本计算模拟运算表”；在E2:H2单元格区域内依次输入“每次订货量”“相关总成本”“订货费用”“储存成本”；在E2:H11单元格区域内设置表格框线；在E4:E11单元格区域内依次录入每次订货量“100”“150”“200”，等等，效果如图6-3所示。

D	E	F	G	H	I
	存货相关成本计算模拟运算表				
	每次订货量	相关总成本	订货成本	储存成本	
	150				
	200				
	250				
	300				
	350				
	400				
	450				
	500				

图6-3 存货相关成本计算模拟运算表格式

02 设置相关总成本、订货费用、储存成本的计算公式。在F3单元格中输入“=B11”，在G3单元格中输入“=B9”，在H3单元格中输入“=B10”。

03 运用“模拟运算表”计算不同订货量下的存货相关成本。选中E3:H11单元格区域，选择“数据”|“预测”|“模拟分析”|“模拟运算表”命令，输入引用列的单元格为B7，如图6-4所示。

图6-4 "模拟运算表"对话框

04 单击"确定"按钮，计算结果如图6-5所示。

存货相关成本计算模拟运算表			
每次订货量	相关总成本	订货成本	储存成本
	60,000	30,000	30,000
150	75000	60000	15000
200	65000	45000	20000
250	61000	36000	25000
300	60000	30000	30000
350	60714.2857	25714.2857	35000
400	62500	22500	40000
450	65000	20000	45000
500	68000	18000	50000

图6-5 存货相关成本计算模拟运算表结果

❖ **注意：**

双击模拟运算表结果单元格区域时，会出现无法退出的现象，此时可以按键盘上的"Esc"键退出。

6.1.3 运用"规划求解"工具计算经济订货批量

规划求解是Excel中一个非常有用的工具，不仅可以解决运筹学、线性规划等问题，还可以用来求解线性方程组及非线性方程组。通常，当涉及依赖于单个或多个未知变量的目标变量最大化或者最小化的优化问题时，应当使用规划求解，规划求解允许用户指定一个或者多个约束条件。

从存货相关成本计算模拟运算表中可以看出，每次订货批量介于250~350时，存货相关总成本最低。接下来，可以利用"规划求解"工具计算出具体的经济订货批量，具体操作步骤如下。

01 加载"规划求解"命令。Excel 2019功能区的选项卡中，并没有"规划求解"这个命令。因此，在使用规划求解工具的时候，要在自定义功能区调出此工具。单击"文件"|"选项"|"加载项"|"规划求解加载项"命令，如图6-6所示。

单击"Excel选项"对话框页面下方的"转到(G)"按钮，勾选"规划求解加载项"选项，如图6-7所示。单击"确定"按钮，"数据"选项卡下则会新增"规划求解"命令。

图6-6　"Excel选项"对话框

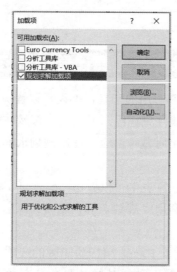

图6-7　勾选"规划求解加载项"选项

02 设置规划求解参数。单击"数据"|"分析"|"规划求解"命令,在"规划求解参数"对话框的"设置目标"编辑框中输入"$B$11";在"到"选择项中选择"最小值",在"通过更改可变单元格"编辑框中输入"$B$7";增加约束条件,单击"添加"按钮,增加约束条件"$B$7=整数",单击"确定"按钮后,用同样的方式增加约束条件"$B$7<=3600"和"$B$7>=0";勾选"使无约束变量为非负数";选择求解方法为"非线性GRG",如图6-8所示。

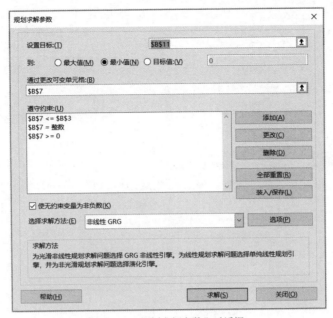

图6-8　"规划求解参数"对话框

03 单击"求解"按钮，弹出"规划求解结果"对话框，选择"保留规划求解的解"选项，单击"确定"按钮，结果如图6-9所示。

	A	B	C
1	经济订货批量模型		
2	项目	数值	
3	全年材料需求量（吨）	3,600	
4	每次订货费用（元/次）	2,500	
5	单位存货储存成本（元/吨）	200	
6	全年订货次数	12	
7	每次订货批量（吨）	300	
8	相关成本计算		
9	订货成本	30,000	
10	储存成本	30,000	
11	相关总成本	60,000	
12			

图6-9　规划求解的计算结果

通过规划求解的计算结果可以看到，每次订货批量为300吨时，存货相关总成本最低。因此，经济订货批量为300吨。

6.1.4　制作动态经济订货批量图

制作动态经济订货批量图，可以帮助公司设置科学合理的订货量和订货次数，从而为公司降低存货成本提供可靠的依据，具体操作步骤如下。

01 添加"滚动条(窗体控件)"。在自定义快速访问工具栏中找到"其他命令"，在弹出的"Excel选项"对话框中选择"不在功能区中的命令"选项，添加"滚动条(窗体控件)"，单击"确定"按钮，即可将"滚动条(窗体控件)"命令放置在快速访问工具栏，方便后期使用，如图6-10所示。

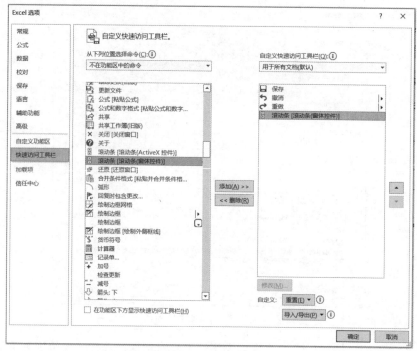

图6-10 添加"滚动条(窗体控件)"

02 插入并设置滚动条格式。在快速访问工具栏中单击"滚动条(窗体控件)"按钮，将滚动条设置在C3单元格中，调节滚动条的大小，使其充满该单元格。在滚动条上右击，在弹出的菜单中选择"设置控件格式"选项。

在"设置控件格式"对话框的"当前值"输入框中，输入与滚动框在滚动条中的位置相对应的初始值。此值不得小于"最小值"(否则将使用"最小值")，不得大于"最大值"(否则将使用"最大值")。在"最小值"输入框中，输入用户在将滚动框置于距垂直滚动条顶端或水平滚动条左端最近的位置时可以指定的最小值。在"最大值"输入框中，输入用户在将滚动框置于距垂直滚动条顶端或水平滚动条右端最远的位置时可以指定的最大值。在"步长"输入框中，输入值增加或减小的幅度，以及单击滚动条任意一端的箭头时使滚动框产生的移动程度。在"页步长"输入框中，输入值增加或减小的幅度，以及在单击滚动框与任一滚动箭头之间的区域时使滚动框产生的移动程度。在"单元格链接"输入框中，为该滚动条所调控的单元格即输入包含滚动框当前位置的单元格引用。

在本例中，我们将"当前值"设置为"3600"，"最小值"设置为"2000"，"最大值"设置为"8000"，"步长"设置为"100"，"页步长"设置为"200"，"单元格链接"为B3单元格，如图6-11所示。

按相同步骤，在C4单元格中插入滚动条。将"当前值"设置为"2500"，"最小值"设置为"1000"，"最大值"设置为"5000"，"步长"设置为"100"，"页步长"设置为"200"，"单元格链接"为B4单元格。

在C5单元格中插入滚动条。将"当前值"设置为"200"，"最小值"设置为"50"，"最大值"设置为"400"，"步长"设置为"50"，"页步长"设置为"100"，"单元格链接"为B5单元格。滚动条全部添加完成之后，效果如图6-12所示。

图6-11　"设置控件格式"对话框

图6-12　设置滚动条效果

03 制作动态经济订货批量图。选中"存货相关成本计算模拟运算表"中的E2:H2和E4:H11单元格区域，选择"插入"|"插入图表"|"所有图表"命令，选择"XY(散点图)"|"带平滑线的散点图"选项，如图6-13所示。单击"确定"按钮，插入图表。

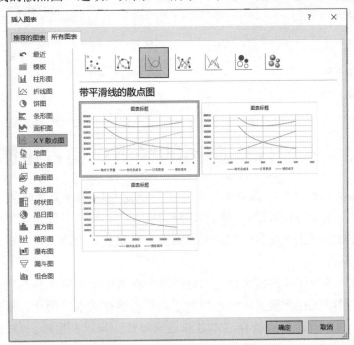

图6-13　插入"带平滑线的散点图"

04 选中图表区，选择"图表工具"|"图表设计"|"添加图表元素"|"图表标题"|"图表上方"命令，更改图表标题为"动态经济订货批量图"，字体为"黑体"，字号为"18"。

05 选择"图表工具"|"图表设计"|"添加图表元素"|"坐标轴标题"|"主要横坐标轴"命令，更改水平轴标题为"订货批量"，字体为"黑体"，字号为"14"。选择"图表工具"|"图表设计"|"添加图表元素"|"坐标轴标题"|"主要纵坐标轴"命令，更改垂直轴标题为"成本"，字体为"黑体"，字号为"14"，"文字方向"为"竖排"。设置横(纵)坐标标题时，双击横(纵)坐标标题文字，工作表右侧会弹出"设置坐标轴标题格式"对话框，坐标轴文字方向设置方式如图6-14所示。

06 设置完成后的"动态经济订货批量图"最终效果如图6-15所示。通过调整"全年材料需求量""每次订货费用(元/次)""单位存货储存成本(元/吨)"控件按钮即可得到动态的图表，找出不同条件下的经济订货批量，并且能在图表中清晰展示订货成本和储存成本之间的关系，如图6-15所示。

图6-14 设置坐标轴文字方向

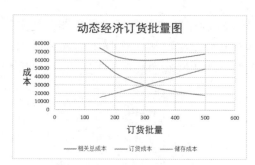

图6-15 动态经济订货批量图

6.2 考虑保险储备的经济订货批量模型

在存货管理基本模型中，需要假定存货供需稳定且确知，交货时间也固定不变。在实际生产过程中，企业每日对原材料的需求量可能变化，交货时间也可能变化。在交货期内，如果发生需求量增大或交货时间延误，就会发生缺货。为防止由此造成的损失，企业应有一定的保险储备。

企业应该保持多少保险储备才合适？这取决于存货中断的概率和存货中断的损失。较高的保险储备可以降低存货损失，但也增加了存货的储存成本。因此，最佳的保险储备应该是使缺货损失和保险储备的储存成本之和达到最低。可以利用Excel来设置保险储备模型，从而计算出最佳的保险储备量。

6.2.1 设计考虑保险储备的经济订货批量模型

【例6-2】承例6-1假设甲材料从订货到交货的时间为10天，单位缺货成本400元/吨，交货期内的甲材料需求量及其概率分布见表6-1。请计算最佳的保险储备量。

表6-1 交货期内甲材料需求量及其概率分布

交货期内甲材料需求量及其概率分布							
需要量	80	100	120	140	160	180	200
概率	0.01	0.04	0.2	0.5	0.2	0.04	0.01

首先需要设计考虑保险储备的经济订货批量模型，具体操作步骤如下。

01 在"基本经济订货批量模型"工作表后新增"考虑保险储备的经济订货批量模型"工作表，根据案例资料设计模型样式，并对设计好的表格格式进行优化，录入已知数据，如图6-16所示。

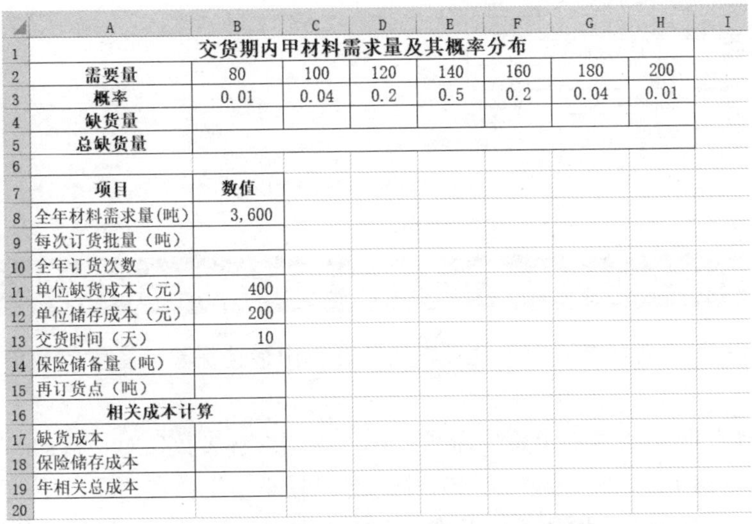

图6-16 考虑保险储备的经济订货批量模型

02 根据任务6.1的计算可知，企业的每次最佳订货批量为300吨，在单元格B9中输入数字"300"，在单元格B10中输入公式"=B8/B9"。

03 计算缺货量。缺货量的计算需要考虑交货期内需要量及其概率，以及再订货点的大小，总缺货量(平均缺货量)等于各种情况下缺货量之和。在B4单元格中输入公式"=IF(B2<=$B$15,0,(B2-$B$15)*B3)"，利用填充柄将公式填充至C4:H4单元格区域；计算总缺货量，在B5单元格中输入公式"=SUM(B4：H4)"。

04 计算再订货点。当库存原材料降到多少时，就必须订货，这个点叫作再订货点，再订货点=材料年需求量/360*交货时间+保险储备量。在B15单元格中输入公式"=B8/360*B13+B14"。

05 计算相关成本。缺货成本=单位缺货成本×平均缺货量×年订货次数，在B17单元格中输入公式"=B5*B10*B11"；保险储存成本=保险储备量×单位储存成本，在B18单元格中输入公式"=B12*B14"；年相关总成本=缺货成本+保险储存成本，在B19单元格中输入公式"=B17+B18"。假设保险储备量为50，全部输入完毕如图6-17所示。

	A	B	C	D	E	F	G	H	I
1	交货期内甲材料需求量及其概率分布								
2	需要量	80	100	120	140	160	180	200	
3	概率	0.01	0.04	0.2	0.5	0.2	0.04	0.01	
4	缺货量	0	0	0	0	2	1.2	0.5	
5	总缺货量	3.7							
6									
7	项目	数值							
8	全年材料需求量（吨）	3,600							
9	每次订货批量（吨）	300							
10	全年订货次数	12							
11	单位缺货成本（元）	400							
12	单位储存成本（元）	200							
13	交货时间（天）	10							
14	保险储备量（吨）	50							
15	再订货点（吨）	150							
16	相关成本计算								
17	缺货成本	17,760							
18	保险储存成本	10,000							
19	年相关总成本	27,760							
20									

图6-17　假设保险储备量后的计算结果

6.2.2　利用"规划求解"工具计算最佳保险储备量

利用Excel中的"规划求解"工具可以快速计算出最佳保险储备量的数值，具体操作步骤如下。

01 单击"数据"|"规划求解"命令，在"规划求解参数"对话框的"设置目标"编辑框中输入"$B$19"；在"到"选择项中选择"最小值"；在"通过更改可变单元格"编辑框中输入"$B$14"；增加约束条件，单击"添加"按钮，增加约束条件"$B$14=整数"，单击"确定"按钮后，用同样的方式增加约束条件"$B$14<=100""$B$14>=0"；勾选"使无约束变量为非负数"；选择求解方法为"非线性GRG"，如图6-18所示。

图6-18　设置规划求解参数

02 单击"求解",弹出"规划求解结果"对话框,选择"保留规划求解的解"选项,单击"确定"按钮,得到最佳保险储备量为80,此时年相关总成本最小,结果如图6-19所示。

	A	B	C	D	E	F	G	H	I
1	交货期内甲材料需求量及其概率分布								
2	需要量	80	100	120	140	160	180	200	
3	概率	0.01	0.04	0.2	0.5	0.2	0.04	0.01	
4	缺货量	0	0	0	0	0	0	0.2	
5	总缺货量	0.2							
6									
7	项目	数值							
8	全年材料需求量(吨)	3,600							
9	每次订货批量(吨)	300							
10	全年订货次数	12							
11	单位缺货成本(元)	400							
12	单位储存成本(元)	200							
13	交货时间(天)	10							
14	保险储备量(吨)	80							
15	再订货点(吨)	180							
16	相关成本计算								
17	缺货成本	960							
18	保险储存成本	16,000							
19	年相关总成本	16,960							
20									

图6-19 最佳保险储备量计算结果

6.3 思考练习

1. 填空题

(1) 经济订货量是指_____。

(2) 在本任务的"存货相关成本计算模拟运算表"中,模拟不同订货量下的订货成本、储存成本和相关总成本,运用Excel的_____功能。

(3) 规划求解显示在功能区中的_____选项卡下。

(4) 利用Excel进行规划求解时,一般需要设置的参数包括_____、_____、_____、_____。

2. 实操演练

升达有限责任公司每年需要耗用乙材料4 000吨,该材料的单位采购成本为400元/吨,单位储存成本为200元/吨,平均每次订货费用为400元。假设甲材料不允许缺货,耗用比较均衡,价格稳定。

要求:利用模拟运算表及规划求解工具,计算乙材料的经济订货批量,并制作动态经济订货批量图。

Excel 在固定资产管理中的应用

学习目标：

1. 学会利用Excel建立固定资产管理记录表；

2. 学会利用Excel建立并录入固定资产卡片账；

3. 学会利用Excel计算固定资产的折旧。

由于固定资产的单位价值一般较高，且数量较多，所以固定资产的管理对企业来说是相当重要的。利用Excel进行固定资产的核算和管理，便于对固定资产的各种信息进行记录、查询，并准确计提折旧，及时反馈固定资产账面价值；同时可以避免财会人员因烦琐的手工劳动而出现错误，减轻财会人员的工作负担。

【例7-1】2022年8月，升达有限责任公司开始尝试利用Excel进行固定资产管理。升达有限责任公司主要有行政部、财务部、技术部、采购部、销售部、生产一车间、生产二车间、生产三车间8个部门，固定资产的所属部门使用并负责日常维护固定资产。目前，升达有限责任公司已有各类固定资产共10项，固定资产的集中管理在财务部，每个固定资产都有一张卡片记录它的增加方式、购置日期、固定资产编号、规格型号、类别、使用部门、原值、净残值、年折旧额、折旧方法等信息。固定资产的日常管理业务包括：固定资产增加、减少等变动处理，以及折旧额计算等信息。

升达有限责任公司的固定资产分为如下几类：房屋建筑物、生产设备类、运输设备类、办公设备类、储存设备类，其净残值率分别为5%，4%，4%，3%，4%。行政部汽车总里程为400 000千米，至2022年7月底已累计行驶里程为180 000千米，假设其每月行驶里程为3 000千米。升达有限责任公司固定资产信息见表7-1。

表7-1　升达有限责任公司固定资产信息表

固定资产编号	固定资产名称	规格型号	使用部门	使用状态	增加方式	购置日期	购置成本	预计使用年限	折旧方法
101	办公楼	200000m2	行政部	在用	自建	2017-7-1	1,000,000	40	直线法
102	房屋1	800000m2	生产一车间	在用	自建	2017-7-1	4,000,000	40	直线法
103	房屋2	600000m2	生产二车间	在用	自建	2017-7-1	3,000,000	40	直线法
104	数控机床	SK-01	生产三车间	在用	购入	2017-7-1	1,200,000	10	直线法
105	扫描仪	惠普	行政部	在用	购入	2020-7-1	6,000	5	直线法
106	电脑	DELL	财务部	在用	购入	2020-7-1	12,000	5	直线法
107	激光打印机	佳能	销售部	在用	购入	2020-7-1	8,000	5	直线法
201	商务车	大众	行政部	在用	购入	2017-7-1	350,000	10	工作量法
301	晒图机	佳能	技术部	在用	购入	2017-7-1	450,000	10	双倍余额递减
401	灌装设备	GZ-01	采购部	在用	购入	2017-7-1	180,000	10	年数总和法

　　通过对升达有限责任公司的固定资产管理数据和流程进行分析，初步定下本任务的实施步骤为：①建立固定资产管理记录表；②建立并录入固定资产卡片账；③固定资产变动的处理；④计算固定资产折旧，建立固定资产折旧计算表和折旧分配表。

7.1　建立固定资产管理记录表

　　固定资产管理记录表由企业财务部根据固定资产交接凭证的有关内容填制，需要详细填写固定资产的名称、开始使用日期、原价、折旧等信息。通过Excel对固定资产取得的信息进行记录、查询、修改和删除，比纸质的固定资产信息更加准确、快捷、易保存。建立固定资产管理记录表的操作步骤如下。

　　01　新建Excel工作簿，将其命名为"固定资产管理"，将Sheet1命名为"固定资产管理记录表"。

　　02　设置固定资产管理记录表的标题，录入表头信息(资产编号、资产名称、规格型号、类别、使用部门、使用状态、增加方式、减少方式、购置日期、可使用年限、固定资产原值、折旧方法)，优化表格格式，如图7-1所示。

图7-1　固定资产管理记录表表格设置

03 设置数据验证填充序列。固定资产管理记录表中有些列输入的数据是固定或重复的，如类别、使用部门、使用状态、增加方式、减少方式、折旧方法等。为了提高输入效率，可以利用"数据验证"设置填充序列。

选中类别列的"D3单元格"，在"数据"选项卡的"数据工具"组中，单击"数据验证"选项，打开"数据验证"对话框，如图7-2所示。在"允许"下拉列表框中选择"序列"选项，在"来源"编辑框中编辑类别来源为"房屋建筑物,生产设备类,运输设备类,办公设备类,储存设备类"，注意其中的逗号为英文状态下的逗号，如图7-3所示。单击"确定"按钮后，将D3单元格的数据验证设置利用填充柄填充至D12单元格。

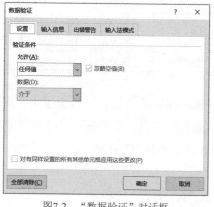

图7-2 "数据验证"对话框

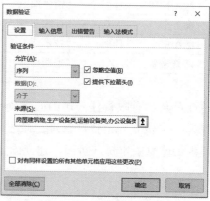

图7-3 设置"类别"列的数据验证

04 选中E3单元格，按相同的方法设置"使用部门"列的选择填充序列为"行政部,财务部,技术部,采购部,销售部,生产一车间,生产二车间,生产三车间"，如图7-4所示。

05 选中F3单元格，按相同的方法设置"使用状态"列的选择填充序列为"在用,季节性停用,停用"，如图7-5所示。

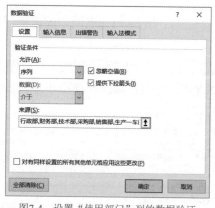

图7-4 设置"使用部门"列的数据验证

图7-5 设置"使用状态"列的数据验证

06 选中G3单元格，按相同的方法设置"增加方式"列的选择填充序列为"自建,投资者投入,购入,调拨,捐赠"，如图7-6所示。

07 选中H3单元格，按相同的方法设置"减少方式"列的选择填充序列为"出售,报废,调拨,投资"，如图7-7所示。

图7-6 设置"增加方式"列的数据验证

图7-7 设置"减少方式"列的数据验证

08 选中"购置日期"列，右击后选择"设置单元格格式"选项。打开"设置单元格格式"对话框，选择日期类型，如图7-8所示。

09 选中"固定资产原值"列，右击后选择"设置单元格格式"选项。打开"设置单元格格式"对话框，设置数字类型为"会计专用"，货币符号为"无"，如图7-9所示。

图7-8 设置"购置日期"列的日期类型

图7-9 设置"固定资产原值"列的数字类型

10 选中L3单元格，按相同的方法设置"折旧方法"列的选择填充序列为"直线法,工作量法,双倍余额递减法,年数总和法"，如图7-10所示。

图7-10 设置"折旧方法"列的数据验证

⑪ 根据案例7-1的内容，在升达有限责任公司固定资产管理记录表中录入相应的固定资产信息，如图7-11所示。

资产编号	资产名称	规格型号	类别	使用部门	使用状态	增加方式	减少方式	购置日期	可使用年限	固定资产原值	折旧方法
101	办公楼	200000m²	房屋建筑物	行政部	在用	自建		2017-07-01	40	1,000,000.00	直线法
102	房屋1	800000m²	房屋建筑物	生产一车间	在用	自建		2017-07-01	40	4,000,000.00	直线法
103	房屋2	600000m²	房屋建筑物	生产二车间	在用	自建		2017-07-01	40	3,000,000.00	直线法
104	数控机床	SK-01	生产设备	生产三车间	在用	购入		2017-07-01	10	1,200,000.00	直线法
105	扫描仪	惠普	办公设备	行政部	在用	购入		2020-07-01	5	6,000.00	直线法
106	电脑	DELL	办公设备	财务部	在用	购入		2020-07-01	5	12,000.00	直线法
107	激光打印机	佳能	办公设备	销售部	在用	购入		2020-07-01	5	8,000.00	直线法
201	商务车	大众	运输设备	行政部	在用	购入		2017-07-01	10	350,000.00	工作量法
301	晒图机	佳能	办公设备	技术部	在用	购入		2017-07-01	10	450,000.00	双倍余额递减法
401	灌装设备	GZ-01	储存设备	采购部	在用	购入		2017-07-01	10	180,000.00	年数总和法

图7-11　录入固定资产管理记录表

7.2　建立固定资产卡片账

7.2.1　设置固定资产卡片样式

1. 设置固定资产卡片样式及函数

固定资产卡片账就是固定资产明细账，固定资产卡片相当于标识卡，是固定资产管理中的基础数据，它是按照每一独立的固定资产项目设置的，是用以进行固定资产明细核算的账簿。设置固定资产卡片样式的操作步骤如下。

01 新建Excel工作簿，将其命名为"固定资产卡片账"，并将"Sheet1"命名为"固定资产卡片样式"。

02 设置格式如图7-12所示，假设当前日期为2022年8月6日。

其中：将B2，B3单元格格式定义为文本类型；将F2，B7单元格定义为日期型；将B8，D7，F7:F8，A10:F13单元格区域定义为数值型，小数位数为2，使用千位分隔符；将D8单元格定义为百分比，小数位数为2；表格内容全部居中显示。

03 使用函数定义固定资产的折旧期限。在F2单元格中输入公式"=TODAY()"；在D7单元格中输入公式"=INT(DAYS360(B7,F2)/30)-1"；在F7单元格中输入公式"=D6*12-D7"；在F8单元格中输入公式"=B8*D8"。需要注意的是，函数DAYS360(B7,F2)表示将计算从固定资产购置日期开始到当前日期的天数(如果每月按30天计算)，函数DAYS360(B7,F2)/30表示从固定资产使用日期开始到当前日期的月份数，如果该数据不是整数，则在其前面加取整函数INT()。由于固定资产当月增加当月不计提折旧，所以"已计提月份"单元格的公式最后还需减去一月，效果如图7-12所示。

	A	B	C	D	E	F	G
1			**固定资产卡片**				
2	卡片编号				日期	2022/8/6	
3	固定资产编号		固定资产名称				
4	类别		规格型号				
5	增加方式		使用部门				
6	使用状态		可使用年限		折旧方法		
7	购置日期		已计提月份	1,470.00	尚可使用月份	-1,470.00	
8	原值		净残值率		净残值	0.00	
9	年份		年折旧额		累计折旧	年末折余价值	
10		0					
11		1					
12		2					
13		3					

固定资产卡片样式　直线法下固定资产卡片样式　工作量法下固定资产卡片样式　双倍余额递减

图7-12　设置固定资产卡片样式

2. 设置不同折旧方法下的固定资产卡片样式

01 制作直线法下固定资产卡片样式。复制工作表"固定资产卡片样式"到Sheet2，并重命名为"直线法下固定资产卡片样式"。在F6单元格中输入"直线法"；在B11单元格中输入公式"=SLN($B$8,$F$8,$D$6)"，SLN函数参数对话框设置如图7-13所示，计算结果出现"#DIV/0！"是因为D6单元格目前无值；在F10单元格中输入公式"=B8"；在E11单元格中输入公式"=E10+B11"；在F11单元格中输入公式"=F10-B11"，效果如图7-14所示。

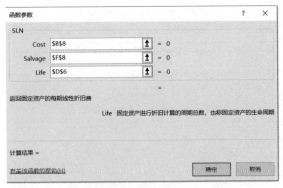

图7-13　SLN函数参数对话框设置

图7-14　直线法下固定资产卡片样式

02 制作工作量法下固定资产卡片样式。复制工作表"固定资产卡片样式"到Sheet3，并重命名为"工作量法下固定资产卡片样式"。在C6单元格中输入"总工作量"；在F6单元格中输入"工作量法"；在C7单元格中输入"已完成工作量"；在E7单元格中输入"尚可完成工作量"；在A9单元格中输入"月工作量"。

在B9单元格中输入"单位折旧额"；在F9单元格中输入"折余价值"；在D7单元格中输入公式"=SUM($A$10:$A$11)"；在F7单元格中输入公式"=$D$6-$D$7"；在B11单元格中输入公式"=($B$8-$F$8)/$D$6"；在E11单元格中输入公式"=E10+B11*A11"；在F10单元格中输入公式"=B8"；在F11单元格中输入公式"=F10-A11*B11"，效果如图7-15所示。

图7-15　工作量法下固定资产卡片样式

03 制作双倍余额递减法下固定资产卡片样式。复制工作表"固定资产卡片样式"到 Sheet4，并将其重命名为"双倍余额递减法下固定资产卡片样式"。在F6单元格中输入 "双倍余额递减法"；在B11单元格中输入公式"=DDB($B$8,$F$8,$D$6,A11)"，DDB函数参数对话框设置如图7-16所示；在E11单元格中输入公式"=E10+B11"；在F10单元格中输入公式"=B8"；在F11单元格中输入公式"=F10-B11"；在B11、E11、F11中出现 "#NUM！"计算结果，是因为函数中引用的单元格地址无值，效果如图7-17所示。

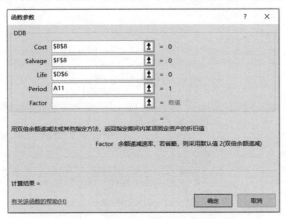

图7-16　DDB函数参数对话框设置

	A	B	C	D	E	F	G
1			**固定资产卡片**				
2	卡片编号				日期	2022/8/6	
3	固定资产编号		固定资产名称				
4	类别		规格型号				
5	增加方式		使用部门				
6	使用状态		可使用年限		折旧方法	双倍余额递减法	
7	购置日期		已计提月份	1,470.00	尚可使用月份	-1,470.00	
8	原值		净残值率		净残值		
9	年份		年折旧额		累计折旧	年末折余价值	
10		0				0.00	
11		1		#NUM!	#NUM!	#NUM!	
12		2					
13		3					
14							

◀ ... 直线法下固定资产卡片样式 │ 工作量法下固定资产卡片样式 │ 双倍余额递减法下的固定资产卡片样式

图7-17　双倍余额递减法下固定资产卡片样式

04 制作年数总和法下固定资产卡片样式。复制工作表"固定资产卡片样式"到 Sheet5，并将其重命名为"年数总和法下固定资产卡片样式"。在F6单元格中输入"年数总和法"；在B11单元格中输入公式"=SYD($B$8,$F$8,$D$6,A11)"，SYD函数参数对话框设置如图7-18所示；在E11单元格中输入公式"=E10+B11"；在F10单元格中输入公式"=B8"；在F11单元格中输入公式"=F10-B11"；在B11、E11、F11中出现"#NUM！"计算结果，是因为函数中引用的单元格地址无值，效果如图7-19所示。

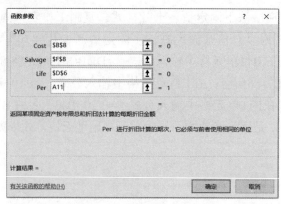

图7-18　SYD函数参数对话框设置

	A	B	C	D	E	F	G	H
1				固定资产卡片				
2	卡片编号				日期	2022/8/6		
3	固定资产编号		固定资产名称					
4	类别		规格型号					
5	增加方式		使用部门					
6	使用状态		可使用年限		折旧方法	年数总和法		
7	购置日期		已计提月份	1,470.00	尚可使用月份	-1,470.00		
8	原值		净残值率		净残值	0.00		
9	年份		年折旧额		累计折旧	年末折余价值		
10	0					0.00		
11	1		#NUM!		#NUM!	#NUM!		
12	2							
13	3							

◀ ▶ ... 工作量法下固定资产卡片样式 ｜ 双倍余额递减法下的固定资产卡片样式 ｜ 年数总和法下的固定资产卡片样式

图7-19　年数总和法下固定资产卡片样式

知识链接

1. TODAY函数

TODAY函数为返回当前日期的函数。

【类型】日期函数

【语法】TODAY()

【功能】按指定格式返回系统的当前日期

2. INT函数

INT函数为取整函数。

【类型】数学与三角函数

【语法】INT(number)

【功能】将数字向下舍入到最接近的整数

3. DAYS360函数

DAYS360函数为返回两个日期之间相差天数的函数。

【类型】日期函数

【语法】DAYS360(Start-date，End-date，Method)

参数Start-date表示计算期间天数的开始日期。

参数End-date表示计算期间天数的终止日期。

参数Method表示逻辑值，它指定了在计算中是用欧洲办法还是美国办法，FALSE或省略是美国(NASD)方法。

【功能】按每年360天返回两个日期之间相差天数(每月30天)

4. SLN函数

SLN函数为直线法下求年折旧额的函数。

【类型】财务函数

【语法】SLN(Cost，Salvage，Life)

参数Cost表示固定资产的原始价值。

参数Salvage表示固定资产的净残值。

参数Life表示固定资产的折旧参数。

【功能】返回某项固定资产某一年的直线折旧额

5. DDB函数

DDB函数为双倍余额递减法下计提折旧的函数。

【类型】财务函数

【语法】DDB(Cost，Salvage，Life，Period，Factor)

参数Cost表示固定资产的原始价值。

参数Salvage表示固定资产的净残值。

参数Life表示固定资产的折旧参数。

参数Period表示进行折旧计算的期次，它必须和life单位一致。

参数Factor表示"折旧的加速因子"，是可选项，默认缺省值为"2"，代表双倍余额递减；如果取值为3，则代表三倍余额递减。

【功能】根据双倍余额递减法或者其他方法，返回某项固定资产指定期间的折旧额

6. SYD函数

SYD函数为年数总和法下计提折旧的函数。

【类型】财务函数

【语法】SYD(Cost，Salvage，Life，Period)

参数Cost表示固定资产的原始价值。

参数Salvage表示固定资产的净残值。

参数Life表示固定资产的折旧参数。

参数Period表示进行折旧计算的期次，它必须和life单位一致。

【功能】根据年数总和法或者其他方法，返回某项固定资产指定期间的折旧额

7.2.2　固定资产卡片账的输入

制作完不同折旧方法下的固定资产卡片样式，接下来就是根据升达有限责任公司的固定资产情况，逐一输入固定资产卡片。

1. 输入资产编号为 101～107 的固定资产卡片

01 新建工作表并重命名为"卡片A001"，复制"直线法下的固定资产卡片样式"工作表模板。

02 在"卡片A001"中输入资产编号为"101"的固定资产信息，效果如图7-20所示。

	A	B	C	D	E	F	G
1			**固定资产卡片**				
2	卡片编号		A001		日期	2022/8/6	
3	固定资产编号	101	固定资产名称		办公楼		
4	类别	房屋建筑类	规格型号		200000m²		
5	增加方式	自建	使用部门		行政部		
6	使用状态	在用	可使用年限	40.00	折旧方法	直线法	
7	购置日期	2017/7/1	已计提月份	60.00	尚可使用月份	420.00	
8	原值	1,000,000.00	净残值率	5.00%	净残值	50,000.00	
9	年份		年折旧额		累计折旧	年末折余价值	
10	0					1,000,000.00	
11	1			23,750.00	23,750.00	976,250.00	
12	2			23,750.00	47,500.00	952,500.00	
13	3			23,750.00	71,250.00	928,750.00	
14	4			23,750.00	95,000.00	905,000.00	
15	5			23,750.00	118,750.00	881,250.00	
16	6			23,750.00	142,500.00	857,500.00	
17	7			23,750.00	166,250.00	833,750.00	
18	8			23,750.00	190,000.00	810,000.00	
19	9			23,750.00	213,750.00	786,250.00	
20	10			23,750.00	237,500.00	762,500.00	
21	11			23,750.00	261,250.00	738,750.00	
22	12			23,750.00	285,000.00	715,000.00	
23	13			23,750.00	308,750.00	691,250.00	
24	14			23,750.00	332,500.00	667,500.00	
25	15			23,750.00	356,250.00	643,750.00	
26	16			23,750.00	380,000.00	620,000.00	
27	17			23,750.00	403,750.00	596,250.00	
28	18			23,750.00	427,500.00	572,500.00	

卡片A001 | 卡片A002 | 卡片A003 | 卡片A004 | 卡片A005 | 卡片A006 | 卡片A007 | 卡片B001

图7-20　卡片编号A001的固定资产卡片(部分)

03 重复以上操作，完成资产编号为102～107的固定资产卡片的输入。

2. 输入资产编号为 201 的固定资产卡片

01 新建工作表并重命名为"卡片B001"，复制"工作量法下的固定资产卡片样式"工作表模板。

02 在"卡片B001"中输入资产编号为"201"的固定资产信息，效果如图7-21所示。

3. 输入资产编号为 301 的固定资产卡片

01 新建工作表并重命名为"卡片C001"，复制"双倍余额递减法下的固定资产卡片样式"工作表模板。

02 在"卡片C001"中输入资产编号为"301"的固定资产信息。

03 采用双倍余额递减法计算固定资产折旧额时，应在折旧期限的最后两年改为直线法折旧，即将固定资产的账面折余价值按照两年平均分摊。因此，最后两年的年折旧额不能使用DDB函数。选中B19单元格，输入公式"=($F$18-$F$8)/2"，利用填充柄填充至B20单元格，效果如图7-22所示。

	A	B	C	D	E	F	G
1			固定资产卡片				
2	卡片编号		B001		日期	2022/8/6	
3	固定资产编号	201	固定资产名称		商务车		
4	类别	运输设备类	规格型号		大众		
5	增加方式	购入	使用部门		行政部		
6	使用状态	在用	总工作量	400,000.00	折旧方法	工作量法	
7	购置日期	2017/7/1	已完成工作量	180,000.00	尚可完成工作量	220,000.00	
8	原值	350,000.00	净残值率	4.00%	净残值	14,000.00	
9	月工作量		单位折旧额		累计折旧	折余价值	
10	0.00					350,000.00	
11	3,000.00		0.84		2,520.00	347,480.00	
12	3,000.00		0.84		5,040.00	344,960.00	
13	3,000.00		0.84		7,560.00	342,440.00	
14	3,000.00		0.84		10,080.00	339,920.00	
15	3,000.00		0.84		12,600.00	337,400.00	
16	3,000.00		0.84		15,120.00	334,880.00	
17	3,000.00		0.84		17,640.00	332,360.00	
18	3,000.00		0.84		20,160.00	329,840.00	
19	3,000.00		0.84		22,680.00	327,320.00	
20	3,000.00		0.84		25,200.00	324,800.00	
21	3,000.00		0.84		27,720.00	322,280.00	
22	3,000.00		0.84		30,240.00	319,760.00	
23	3,000.00		0.84		32,760.00	317,240.00	
24	3,000.00		0.84		35,280.00	314,720.00	
25	3,000.00		0.84		37,800.00	312,200.00	
26	3,000.00		0.84		40,320.00	309,680.00	
27	3,000.00		0.84		42,840.00	307,160.00	
28	3,000.00		0.84		45,360.00	304,640.00	
29	3,000.00		0.84		47,880.00	302,120.00	

◀ ▶ ... | 卡片A001 | 卡片A002 | 卡片A003 | 卡片A004 | 卡片A005 | 卡片A006 | 卡片A007 | 卡片B001

图7-21　卡片编号B001的固定资产卡片(部分)

	A	B	C	D	E	F	G
1			固定资产卡片				
2	卡片编号		C001		日期	2022/8/6	
3	固定资产编号	301	固定资产名称		晒图机		
4	类别	生产设备类	规格型号		佳能		
5	增加方式	购入	使用部门		技术部		
6	使用状态	在用	可使用年限	10.00	折旧方法	双倍余额递减法	
7	购置日期	2017/7/1	已计提月份	60.00	尚可使用月份	60.00	
8	原值	450,000.00	净残值率	4.00%	净残值	18,000.00	
9	年份		年折旧额		累计折旧	年末折余价值	
10	0					450,000.00	
11	1		90,000.00		90,000.00	360,000.00	
12	2		72,000.00		162,000.00	288,000.00	
13	3		57,600.00		219,600.00	230,400.00	
14	4		46,080.00		265,680.00	184,320.00	
15	5		36,864.00		302,544.00	147,456.00	
16	6		29,491.20		332,035.20	117,964.80	
17	7		23,592.96		355,628.16	94,371.84	
18	8		18,874.37		374,502.53	75,497.47	
19	9		28,748.74		403,251.26	46,748.74	
20	10		28,748.74		432,000.00	18,000.00	
21							
22							
23							
24							
25							
26							
27							
28							

◀ ▶ ... | 卡片A002 | 卡片A003 | 卡片A004 | 卡片A005 | 卡片A006 | 卡片A007 | 卡片B001 | 卡片C001

图7-22　卡片编号C001的固定资产卡片

4. 输入资产编号为 401 的固定资产卡片

01 新建工作表并重命名为"卡片D001"，复制"年数总和法下的固定资产卡片样式"工作表模板。

02 在"卡片D001"中输入资产编号为"401"的固定资产信息，效果如图7-23所示。

图7-23　卡片编号D001的固定资产卡片

7.3　固定资产的变动

固定资产的变动是指固定资产的增加、减少、部门间调拨等，需要将增加、减少或以其他方式发生变动的固定资产信息添加到固定资产卡片账中，并登记固定资产管理记录表。

固定资产增加是指通过企业自建、投资者投入、接受捐赠、直接购买、部门调拨等途径增加企业固定资产存量。

固定资产在部门间的调拨是指资源在企业内部的优化配置。通过资产调拨，可以提高资产的使用效率，最大限度地发挥其使用价值。

固定资产减少是由于使用年限到期或其他原因无法使用时，需要对固定资产进行清理，并注明其减少的方式。企业还可以通过对外投资、出售、部门调拨等途径减少固定资产。

7.3.1　增加固定资产

【例7-2】承例7-1，2022年7月1日，升达有限责任公司为财务部购入一台价值9 000元的传真机，预计使用年限为6年，采用直线法折旧。具体操作步骤如下。

01 打开"固定资产卡片账"工作簿，复制"直线法下固定资产卡片样式"工作表到"卡片A007"的后面，并将其重命名为"卡片A008"。

02 在"卡片A008"内输入资产编号为108的固定资产信息，效果如图7-24所示。

固定资产卡片					
卡片编号	A008			日期	2022/8/6
固定资产编号	108	固定资产名称	传真机		
类别	办公设备类	规格型号	佳能		
增加方式	购入	使用部门	财务部		
使用状态	在用	可使用年限	6.00	折旧方法	直线法
购置日期	2022/7/1	已计提月份	0.00	尚可使用月份	72.00
原值	9,000.00	净残值率	3.00%	净残值	270.00
年份	年折旧额			累计折旧	年末折余价值
0					9,000.00
1			1,455.00	1,455.00	7,545.00
2			1,455.00	2,910.00	6,090.00
3			1,455.00	4,365.00	4,635.00
4			1,455.00	5,820.00	3,180.00
5			1,455.00	7,275.00	1,725.00
6			1,455.00	8,730.00	270.00

图7-24　卡片编号A008的固定资产卡片

03 将新增固定资产数据添加到“固定资产管理”工作簿，效果如图7-25所示。

资产编号	资产名称	规格型号	类别	使用部门	使用状态	增加方式	减少方式	购置日期	可使用年限	固定资产原值	折旧方法
101	办公楼	200000m^2	房屋建筑物	行政部	在用	自建		2017-07-01	40	1,000,000.00	直线法
102	房屋1	800000m^2	房屋建筑物	生产一车间	在用	自建		2017-07-01	40	4,000,000.00	直线法
103	房屋2	600000m^2	房屋建筑物	生产二车间	在用	自建		2017-07-01	40	3,000,000.00	直线法
104	数控机床	SK-01	生产设备	生产三车间	在用	购入		2017-07-01	10	1,200,000.00	直线法
105	扫描仪	惠普	办公设备	行政部	在用	购入		2020-07-01	5	6,000.00	直线法
106	电脑	DELL	办公设备	财务部	在用	购入		2020-07-01	5	12,000.00	直线法
107	激光打印机	佳能	办公设备	销售部	在用	购入		2020-07-01	5	8,000.00	直线法
108	传真机	佳能	办公设备类	财务部	在用	购入		2022-07-01	6	9,000.00	直线法
201	商务车	大众	运输设备	行政部	在用	购入		2017-07-01	10	350,000.00	工作量法
301	晒图机	佳能	办公设备	技术部	在用	购入		2017-07-01	10	450,000.00	双倍余额递减法
401	灌装设备	GZ-01	储存设备	采购部	在用	购入		2017-07-01	10	180,000.00	年数总和法

图7-25　新增固定资产后的固定资产管理记录表

7.3.2　调拨固定资产

【例7-3】承例7-2，升达有限责任公司在2022年7月决定将资产编号为105的扫描仪由行政部调拨给销售部使用。具体操作步骤如下。

01 2022年8月1日，将“固定资产卡片账”工作簿中“卡片A005”工作表B5单元格改为“调拨”，将D5单元格改为“销售部”，效果如图7-26所示。

固定资产卡片

卡片编号	A005			日期	2022/8/6
固定资产编号	105	固定资产名称	扫描仪		
类别	办公设备类	规格型号	惠普		
增加方式	调拨	使用部门	销售部		
使用状态	在用	可使用年限	5.00	折旧方法	直线法
购置日期	2020/7/1	已计提月份	24.00	尚可使用月份	36.00
原值	6,000.00	净残值率	3.00%	净残值	180.00
年份	年折旧额			累计折旧	年末折余价值
0					6,000.00
1			1,164.00	1,164.00	4,836.00
2			1,164.00	2,328.00	3,672.00
3			1,164.00	3,492.00	2,508.00
4			1,164.00	4,656.00	1,344.00
5			1,164.00	5,820.00	180.00

卡片A001 卡片A002 卡片A003 卡片A004 卡片A005 卡片A006 卡片A007 卡片A008

图7-26 调拨后的卡片编号A005的固定资产卡片

02 调整“固定资产管理”工作簿中“固定资产管理记录表”工作表中的105号固定资产信息，效果如图7-27所示。

固定资产管理记录表

资产编号	资产名称	规格型号	类别	使用部门	使用状态	增加方式	减少方式	购置日期	可使用年限	固定资产原值	折旧方法
101	办公楼	200000m^2	房屋建筑物	行政部	在用	自建		2017-07-01	40	1,000,000.00	直线法
102	房屋1	800000m^2	房屋建筑物	生产一车间	在用	自建		2017-07-01	40	4,000,000.00	直线法
103	房屋2	600000m^2	房屋建筑物	生产二车间	在用	自建		2017-07-01	40	3,000,000.00	直线法
104	数控机床	SK-01	生产设备	生产三车间	在用	购入		2017-07-01	10	1,200,000.00	直线法
105	扫描仪	惠普	办公设备	销售部	在用	调拨		2020-07-01	5	6,000.00	直线法
106	电脑	DELL	办公设备	财务部	在用	购入		2020-07-01	5	12,000.00	直线法
107	激光打印机	佳能	办公设备	销售部	在用	购入		2020-07-01	5	8,000.00	直线法
108	传真机	佳能	办公设备类	财务部	在用	购入		2022-07-01	6	9,000.00	直线法
201	商务车	大众	运输设备	行政部	在用	购入		2017-07-01	10	350,000.00	工作量法
301	晒图机	佳能	办公设备	技术部	在用	购入		2017-07-01	10	450,000.00	双倍余额递减法
401	灌装设备	GZ-01	储存设备	采购部	在用	购入		2017-07-01	10	180,000.00	年数总和法

固定资产管理记录表

图7-27 调拨固定资产后的固定资产管理记录表

7.3.3 减少固定资产

【例7-4】承例7-3，升达有限责任公司销售部2022年8月6日使用的编号为107的激光打印机无法使用，于2022年8月将其卖掉。具体操作步骤如下。

01 将“固定资产卡片账”工作簿中“卡片A007”工作表的B6单元格改为“停用”，效果如图7-28所示。

固定资产卡片					
卡片编号	A007			日期	2022/8/6
固定资产编号	107	固定资产名称	激光打印机		
类别	办公设备类	规格型号	佳能		
增加方式	购入	使用部门	销售部		
使用状态	停用	可使用年限	5.00	折旧方法	直线法
购置日期	2020/7/1	已计提月份	24.00	尚可使用月份	36.00
原值	8,000.00	净残值率	3.00%	净残值	240.00
年份	年折旧额			累计折旧	年末折余价值
0					8,000.00
1			1,552.00	1,552.00	6,448.00
2			1,552.00	3,104.00	4,896.00
3			1,552.00	4,656.00	3,344.00
4			1,552.00	6,208.00	1,792.00
5			1,552.00	7,760.00	240.00

图7-28 停用后的卡片编号A007的固定资产卡片

02 调整“固定资产管理”工作簿中“固定资产管理记录表”工作表中的107号固定资产信息，F9单元格改为“停用”，在H9单元格输入“出售”，效果如图7-29所示。

固定资产管理记录表

资产编号	资产名称	规格型号	类别	使用部门	使用状态	增加方式	减少方式	购置日期	可使用年限	固定资产原值	折旧方法
101	办公楼	200000m^2	房屋建筑物	行政部	在用	自建		2017-07-01	40	1,000,000.00	直线法
102	房屋1	800000m^2	房屋建筑物	生产一车间	在用	自建		2017-07-01	40	4,000,000.00	直线法
103	房屋2	600000m^2	房屋建筑物	生产二车间	在用	自建		2017-07-01	40	3,000,000.00	直线法
104	数控机床	SK-01	生产设备	生产三车间	在用	购入		2017-07-01	10	1,200,000.00	直线法
105	扫描仪	惠普	办公设备	销售部	在用	调拨		2020-07-01	5	6,000.00	直线法
106	电脑	DELL	办公设备	财务部	在用	购入		2020-07-01	5	12,000.00	直线法
107	激光打印机	佳能	办公设备	销售部	停用	购入	出售	2020-07-01	5	8,000.00	直线法
108	传真机	佳能	办公设备类	财务部	在用	购入		2022-07-01	6	9,000.00	直线法
201	商务车	大众	运输设备	行政部	在用	购入		2017-07-01	10	350,000.00	工作量法
301	晒图机	佳能	办公设备	技术部	在用	购入		2017-07-01	10	450,000.00	双倍余额递减法
401	灌装设备	GZ-01	储存设备	采购部	在用	购入		2017-07-01	10	180,000.00	年数总和法

图7-29 停用固定资产后的固定资产管理记录表

03 2022年8月，新建“报废固定资产卡片账”工作簿，将“卡片A007”工作表移动到“报废固定资产卡片账”工作簿中。

7.4 固定资产折旧的计算

企业会计准则中，固定资产折旧的规定，企业应当对所有的固定资产进行折旧，当月增加的固定资产当月不计提折旧，从下月开始计提折旧；当月减少的固定资产当月仍计提折旧，从下月开始不计提折旧；固定资产提足折旧后不论是否继续使用，都不再计提折旧，提前报废的固定资产也不再补提折旧。

7.4.1　创建固定资产折旧计算表

01 在"固定资产管理"工作簿中，打开"固定资产管理记录表"工作表，复制该工作表到后面一个工作表，并将其重命名为"固定资产折旧计算表"。

02 在"购置日期"列前插入一列I列，在I2单元格输入"当前日期"，在I3单元格输入公式"=TODAY()"，并填充至I4:I13单元格区域。

03 在"可使用年限"列前插入一列K列，在K2单元格输入"已提月份"，在K3单元格输入公式"=INT(DAYS360(J3,I3)/30)-1"，并填充至K4:K13单元格区域。

04 在"已提月份"列后插入一列L列，L2单元格输入"已使用年份"，在L3单元格输入公式"=INT(K3/12)"，并填充至L4:L13单元格区域。

05 在"已使用年份"列后插入一列M列，M2单元格输入"净残值率"，在M3:M13单元格区域内输入相应的净残值率数值。

06 在"固定资产原值"列后插入一列P列，在P2单元格输入"月折旧额"，利用函数和数据链接的方式输入P3:P13单元格的数据，计算月折旧额。在P3单元格内输入公式"=ROUND([固定资产卡片账.xlsx]卡片A001!\$B\$11/12,2)"，在P4单元格内输入公式"=ROUND([固定资产卡片账.xlsx]卡片A002!\$B\$11/12,2)"，在P5单元格内输入公式"=ROUND([固定资产卡片账.xlsx]卡片A003!\$B\$11/12,2)"，在P6单元格内输入公式"=ROUND([固定资产卡片账.xlsx]卡片A004!\$B\$11/12,2)"，在P7单元格内输入公式"=ROUND([固定资产卡片账.xlsx]卡片A005!\$B\$11/12,2)"，在P8单元格内输入公式"=ROUND([固定资产卡片账.xlsx]卡片A006!\$B\$11/12,2)"，在P9单元格内输入公式"=ROUND([固定资产卡片账.xlsx]卡片A007!\$B\$11/12,2)"，在P10单元格内输入公式"=ROUND([固定资产卡片账.xlsx]卡片A008!\$B\$11/12,2)"，在P11单元格内输入公式"=[固定资产卡片账.xlsx]卡片B001!\$A\$70*[固定资产卡片账.xlsx]卡片B001!\$B\$70"，在P12单元格内输入公式"=ROUND([固定资产卡片账.xlsx]卡片C001!\$B\$16/12,2)"，在P13单元格内输入公式"=ROUND([固定资产卡片账.xlsx]卡片D001!\$B\$16/12,2)"。

07 对月折旧额进行修正。企业会计准则中，按照固定资产折旧的规定，企业应当对所有的固定资产进行折旧，当月增加的固定资产当月不计提折旧，从下月开始计提折旧；当月减少的固定资产当月仍计提折旧，从下月开始不计提折旧；固定资产提足折旧后不论是否继续使用，都不再计提折旧，提前报废的固定资产也不再补提折旧，因此对月折旧额进行修正。

如果该固定资产的折旧已经计提完毕，仍继续使用，则不该再计提折旧。这种情况下，"可使用年限"大于"已使用年份"，无须修正，否则等于"0"。

如果是本月新增的固定资产，则本月不计提折旧，下月起计提折旧。这种情况下，利用INT函数和DAYS360函数计算出的"已计提月份"为-1，那么修正"月折旧额"为"0"即可。

本案例中的"月折旧额"无须修正，固定资产折旧计算表效果如图7-30所示。

固定资产折旧计算表

资产编号	资产名称	规格型号	类别	使用部门	使用状态	增加方式	减少方式	当前日期	购置日期	已提月份	已使用年份	净残值率	可使用年限	固定资产原值	月折旧额	折旧方法
101	办公楼	200000m²	房屋建筑物	行政部	在用	自建		2022-08-06	2017-07-01	60	5	5.00%	40	1,000,000.00	1,979.17	直线法
102	房屋1	800000m²	房屋建筑物	生产一车间	在用	自建		2022-08-06	2017-07-01	60	5	5.00%	40	4,000,000.00	7,916.67	直线法
103	房屋2	600000m²	房屋建筑物	生产二车间	在用	自建		2022-08-06	2017-07-01	60	5	5.00%	40	3,000,000.00	5,937.50	直线法
104	数控机床	SK-01	生产设备	生产二车间	在用	购入		2022-08-06	2017-07-01	60	5	4.00%	10	1,200,000.00	9,600.00	直线法
105	扫描仪	惠普	办公设备	销售部	在用	调拨		2022-08-06	2020-07-01	24	2	3.00%	5	6,000.00	97.00	直线法
106	电脑	DELL	办公设备	财务部	在用	购入		2022-08-06	2020-07-01	24	2	3.00%	5	12,000.00	194.00	直线法
107	激光打印机	佳能	办公设备	销售部	停用	购入	出售	2022-08-06	2020-07-01	24	2	3.00%	5	8,000.00	129.33	直线法
108	传真机	佳能	办公设备类	财务部	在用	购入		2022-08-06	2022-07-01	0	0	3.00%	6	9,000.00	121.25	直线法
201	商务车	大众	运输设备	行政部	在用	购入		2022-08-06	2017-07-01	60	5	4.00%	10	350,000.00	2,520.00	工作量法
301	晒图机	佳能	办公设备	技术部	在用	购入		2022-08-06	2017-07-01	60	5	4.00%	10	450,000.00	2,457.60	双倍余额递减法
401	灌装设备	GZ-01	储存设备	采购部	在用	购入		2022-08-06	2017-07-01	60	5	4.00%	10	180,000.00	1,309.09	年数总和法

图7-30　固定资产折旧计算表

7.4.2　建立固定资产折旧费用分配表

通过数据透视表建立固定资产折旧费用分配表，操作步骤如下。

01 根据已经创建好的固定资产折旧计算表，鼠标放置在数据表中的任意位置。单击功能区中的"插入"选项卡下的"数据透视表"命令，打开"来自表格或区域的数据透视表"对话框。选中"选择表格或区域"选项，"表/区域"框显示所选数据的范围，该范围可根据需要进行修改，"选择放置数据透视表的位置"为"新工作表"。需要注意的是，选择区域时的引用必须是绝对引用，如图7-31所示。

图7-31　插入数据透视表对话框

02 单击"确定"按钮，即可在新建Sheet1工作表中建立一个空的数据透视表，如图7-32所示。

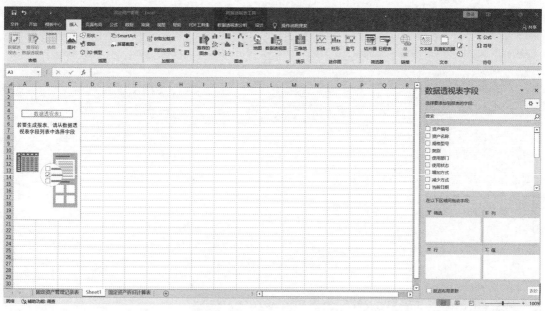

图7-32 数据透视表布局

03 选择要添加到报表的字段，报表选择的字段取决于所需了解的内容，如图7-33所示。

图7-33 设置数据透视表字段布局

04 点击"值"字段"求和项：月折旧额"的下拉菜单，选择"值字段设置"命令，打开"值字段设置"对话框，选择"汇总方式"为"求和"。单击"数字格式"按钮，设置数字类型为"会计专用"，小数位数为"2"，货币符号为"无"，如图7-34所示。

05 最后得到按使用部门汇总的数据透视表，将Sheet1工作表重命名为"固定资产折旧费用分配表"，并移至"固定资产折旧计算表"之后，如图7-35所示。

图7-34　数字格式设置

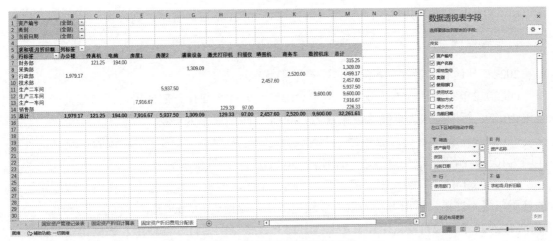

图7-35　固定资产折旧费用分配表

06 需要注意的是，若要从报表中删除一个字段，只需在"数据透视表字段列表"中清除该字段名旁边的复选框即可。若要删除该报表中的所有字段以便重新开始，只需在功能区中的"数据透视表分析"下的"操作"组中，单击"清除"按钮上的箭头，然后选择"全部清除"即可。

07 点开"固定资产折旧费用分配表"中"资产编号""类别""当前日期"的下拉箭头，可以查询不同要求下的固定资产折旧费用。

知识链接

1. ROUND函数

ROUND函数为按指定的位数对数值进行四舍五入的函数。

【类型】数学与三角函数

【语法】ROUND(Number,Number-digits)

参数Number表示要四舍五入的数值。

参数Number-digits表示执行四舍五入时的位数。如果此参数是负数，则取整到小数点的左边；如果此参数是零，则取整到最接近的整数。

【功能】按指定的位数进行四舍五入

7.5　思考练习

1. 填空题

(1) DDB函数的类型属于＿＿＿＿＿＿＿＿。

(2) Excel提供的以年数总和法计算固定资产折旧的函数是＿＿＿＿＿＿＿＿。

(3) 使用专用函数计算固定资产折旧时，函数向导提示输入的变量包括＿＿＿＿＿＿＿＿、
＿＿＿＿＿＿＿＿、＿＿＿＿＿＿＿＿、＿＿＿＿＿＿＿＿等。

(4) 在DDB函数中，Factor为余额递减速率，如果Factor被省略，则代表＿＿＿＿＿＿＿＿。

2. 实操演练

2022年升达有限责任公司的固定资产取得状况如下。

(1) 2022年3月5日购入计算机，型号为IBM，该资产归行政部使用，该固定资产的使用年限为6年，折旧方法为直线法，原值为9 000元，净残值率为3%。

(2) 2022年5月4日购入服务器，型号为HP，该资产归技术部使用，该固定资产的使用年限为10年，折旧方法为直线法，原值为180 000元，净残值率为3%。

(3) 2022年4月2日购入压膜机，型号为东方6型，该资产归销售部门使用，该固定资产的使用年限为15年，折旧方法为双倍余额递减法，原值为300 000元，净残值率为4%。

(4) 2022年6月2日购入空调，型号为HT535，该资产归技术部使用，该固定资产的使用年限为7年，折旧方法为直线法，原值为5 000元，净残值为3%。

(5) 2022年8月3日购入四座乘用车，型号为W12，该资产归销售部门使用，该固定资产的使用年限为10年，折旧方法为年数总和法，原值为120 000元，净残值率为4%。

(6) 2022年8月5日购入轿车，型号为本田雅阁，该资产归采购部使用，该固定资产的使用年限为10年，折旧方法为直线法，原值为180 000元，净残值率为4%。

要求：假设当前日期为2022年8月6日，根据上述资料为每项新增的固定资产在Excel中设置"固定资产卡片账"。

项目四

Excel在日常经营中的应用

　　企业日常经营活动主要包括销售管理、成本费用管理、利润管理、工资管理等。销售管理、成本费用管理、利润管理主要是对数据的分析和预测，运用Excel的数据处理功能，如数据透视表、图表趋势线、回归分析、单变量求解、规划求解等工具，可以进行数据分析和预测；同时，Excel具备数据动态链接功能，可以建立动态数据分析模型和图表，只需调整微调按钮即可改变各个因素的数值，进行多因素组合分析。工资管理主要包括工资结算单的计算、工资数据的查询和统计分析、打印工资条等，通过Excel强大的数据处理功能，可以提高财务人员进行工资管理的效率，并规范工资管理，为查询、汇总、管理工资数据提供了极大的便利。

任务 8

Excel 在销售管理中的应用

学习目标：

1. 学会利用Excel的数据透视表功能对销售数据进行统计分析；
2. 学会利用Excel制作销售利润和同比增长率图表；
3. 学会利用Excel制作销售数据的趋势分析图；
4. 学会利用Excel进行销售数据的回归分析。

在企业日常销售管理中，企业管理人员需要根据销售数据来分析销售情况、总结销售经验、预测销售趋势。Excel提供了多种数据分析和数据预测功能，如数据透视表、在图表中插入趋势线、回归分析等，下面具体介绍Excel在销售数据分析和销售数据预测中的应用。

8.1 销售数据分析

在日常工作中，很多基础数据表中记录的内容虽然很多，但是能够展示的有效信息却非常有限，而Excel提供了多种可以轻松进行数据分析的功能。如销售数据表，其数据量往往非常大，需要经过提炼才能从数据中发现更多有价值的信息，可以使用Excel的数据透视表功能从多个角度汇总分析数据；再如公司的利润增长变化数据，可以使用Excel中的插入图表功能来清晰展示数据的变化和趋势。

8.1.1 使用数据透视表统计销售数据

1. 按日期分类汇总销售数据

【例8-1】升达有限责任公司2022年的销售记录如图8-1所示，请汇总各产品在不同月份的业务发生额。

	A	B	C	D	E	F	G	H
1	仓库	产品名称	出库日期	出库类别	销售金额	客户	制单人	
2	BJ005	D产品	2022/1/15	销售出库	57,062.00	本地散户	侯芮	
3	BJ006	D产品	2022/1/20	销售出库	130,192.50	本地散户	侯芮	
4	QZ001	B产品	2022/1/26	销售出库	97,473.00	本地散户	侯芮	
5	BJ007	D产品	2022/2/7	销售出库	86,772.00	本地散户	侯芮	
6	BJ009	C产品	2022/2/8	销售出库	103,890.00	本地散户	侯芮	
7	BJ010	C产品	2022/2/9	销售出库	107,766.00	本地散户	侯芮	
8	CS001	C产品	2022/3/8	销售出库	57,502.00	本地散户	侯芮	
9	CS002	C产品	2022/3/9	销售出库	116,300.00	本地散户	侯芮	
10	CZ001	A产品	2022/3/10	销售出库	130,105.00	本地散户	侯芮	
11	CZ002	A产品	2022/4/18	销售出库	71,124.00	本地散户	侯芮	
12	DL002	A产品	2022/4/20	销售出库	72,650.50	本地散户	侯芮	
13	DL004	A产品	2022/5/10	销售出库	75,632.00	本地散户	侯芮	
14	SY002	D产品	2022/5/12	销售出库	27,738.00	本地散户	侯芮	
15	FJ002	C产品	2022/5/14	销售出库	82,089.00	本地散户	侯芮	
16	FZ002	A产品	2022/6/15	销售出库	143,488.00	本地散户	侯芮	
17	FZ003	A产品	2022/6/15	销售出库	133,238.50	本地散户	侯芮	
18	FZ004	A产品	2022/6/16	销售出库	144,797.00	本地散户	侯芮	
19	JS001	B产品	2022/6/17	销售出库	59,182.00	本地散户	侯芮	
20	KS001	C产品	2022/7/16	销售出库	33,127.50	本地散户	侯芮	
21	NJ001	C产品	2022/7/17	销售出库	47,428.00	本地散户	侯芮	
22	NJ002	C产品	2022/7/18	销售出库	115,307.50	本地散户	侯芮	
23	DL001	A产品	2022/7/19	销售出库	97,924.00	本地散户	侯芮	
24	NJ003	D产品	2022/8/20	销售出库	106,703.00	本地散户	侯芮	
25	NJ005	D产品	2022/8/21	销售出库	98,162.50	本地散户	侯芮	
26	NJ006	D产品	2022/8/22	销售出库	108,026.00	本地散户	侯芮	
27	NJ007	D产品	2022/9/25	销售出库	127,802.00	本地散户	侯芮	
28	QZ002	B产品	2022/9/27	销售出库	225,713.00	本地散户	侯芮	
29	SY001	D产品	2022/9/28	销售出库	87,781.00	本地散户	侯芮	
30	SY004	D产品	2022/10/13	销售出库	61,861.00	本地散户	侯芮	
31	SY005	C产品	2022/10/14	销售出库	52,791.00	本地散户	侯芮	
32	SZ001	A产品	2022/10/15	销售出库	119,017.00	本地散户	侯芮	
33	SZ004	D产品	2022/11/21	销售出库	73,155.00	本地散户	侯芮	
34	TC001	A产品	2022/11/22	销售出库	48,007.00	本地散户	侯芮	
35	TJ001	A产品	2022/11/23	销售出库	27,312.00	本地散户	侯芮	
36	WF001	B产品	2022/11/24	销售出库	83,735.80	本地散户	侯芮	
37	XM001	B产品	2022/12/15	销售出库	39,792.20	本地散户	侯芮	
38	XM002	B产品	2022/12/16	销售出库	150,337.20	本地散户	侯芮	
39	XM003	B产品	2022/12/17	销售出库	49,262.00	本地散户	侯芮	
40	XM004	B产品	2022/12/18	销售出库	80,842.00	本地散户	侯芮	
41	XM005	C产品	2022/12/19	销售出库	52,031.00	本地散户	侯芮	
42	ZJ001	D产品	2022/12/20	销售出库	68,165.00	本地散户	侯芮	
43								

图8-1　销售记录表

利用数据透视表汇总各产品在不同月份的业务发生额，具体操作步骤如下。

01 单击数据区域任意单元格，如A4，在"插入"选项卡下单击"数据透视表"命令按钮。在弹出的"来自表格或区域的数据透视表"对话框中保留默认选项，单击"确定"按钮，如图8-2所示。

图8-2　插入数据透视表

02 在新工作表中，将"数据透视表字段"列表中的"出库日期"字段拖动到"列标签"区域，"出库日期"自动按照"月"进行组合；将"产品名称"字段拖曳到"行标签"区域；将"销售金额"字段拖动到数值区域，如图8-3所示。

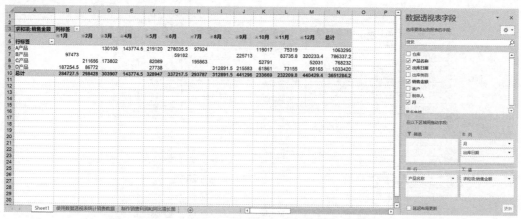

图8-3　调整数据透视表布局

03 单击数据透视表任意列字段标题单元格，如B4单元格，选择"数据透视表分析"|"组合"|"分组选择"命令，在弹出的"组合"对话框中，默认步长为"日"和"月"，用户可以指定的步长包括秒、分、小时、日、月、季度和年等多种选项。本例的销售数据都是2022年，因此可以仅选择"月"和"季度"，如图8-4所示，最后单击"确定"按钮。

04 单击选中第三行行号，然后右击，在弹出的快捷菜单中选择"隐藏"命令，如图8-5所示。

图8-4　数据透视表分组

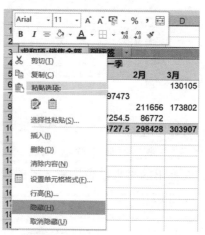

图8-5　隐藏数据透视表首行内容

05 在"设计"选项卡下单击"数据透视表样式"命令组右侧的下拉按钮，选择一种样式，如"数据透视表样式中等深浅9"；单击"报表布局"下拉按钮，在下拉菜单中选择"以表格形式显示"命令；单击"分类汇总"下拉按钮，在下拉菜单中选择"不显示分类汇总"命令。设置完成后的数据透视表如图8-6所示。

图8-6　完成后的数据透视表效果

❖ **注意:**

如果数据表中包含多个年份的数据，在分组时必须选中步长"年"，否则Excel会将所有年份中的同一月或是同一季度的数据汇总到一起。

2. 多角度查看销售占比

【例8-2】承例8-1，其中得到的数据透视表展示的是不同产品在各个季度的销售金额汇总。选择不同的数据透视表值汇总方式，可以快速从多个角度查看占比情况，操作步骤如下。

01 打开上例得到的数据透视表，单击数据透视表任意列字段标题单元格，如B5单元格，选择"数据透视表分析"|"组合"|"分组选择"命令，在弹出的"组合"对话框中，取消"月"的选择，仅选择"季度"，单击"确定"按钮，如图8-7所示。

产品名称	第一季	第二季	第三季	第四季	总计
A产品	130105	640930	97924	194336	1063295
B产品	97473	59182	225713	403969.2	786337.2
C产品	385458	82089	195863	104822	768232
D产品	274026.5	27738	528474.5	203181	1033420
总计	887062.5	809939	1047974.5	906308.2	3651284.2

图8-7　按季度汇总的数据透视表效果

02 如果要显示各个产品在不同季度的销售金额占比情况，可以右击数据透视表数值区域任意单元格，在快捷菜单中依次选择"值显示方式"|"行汇总的百分比"命令，如图8-8所示。

产品名称	第一季	第二季	第三季	第四季	总计
A产品	12.24%	60.28%	9.21%	18.28%	100.00%
B产品	12.40%	7.53%	28.70%	51.37%	100.00%
C产品	50.17%	10.69%	25.50%	13.64%	100.00%
D产品	26.52%	2.68%	51.14%	19.66%	100.00%
总计	24.29%	22.18%	28.70%	24.82%	100.00%

图8-8　各个产品在不同季度的销售金额占比情况

03 如果要显示各个季度不同产品的销售金额占比情况，只需右击数据透视表数值区域任意单元格，在快捷菜单中依次选择"值显示方式"|"列汇总的百分比"命令，完成后的效果如图8-9所示。

产品名称	第一季	第二季	第三季	第四季	总计
A产品	14.67%	79.13%	9.34%	21.44%	29.12%
B产品	10.99%	7.31%	21.54%	44.57%	21.54%
C产品	43.45%	10.14%	18.69%	11.57%	21.04%
D产品	30.89%	3.42%	50.43%	22.42%	28.30%
总计	100.00%	100.00%	100.00%	100.00%	100.00%

图8-9　各个季度不同产品的销售金额占比情况

04 如果要查看某一汇总的详细记录，只需在数据透视表中双击该单元格，即可自动插入一个新工作表，并且显示该汇总下的所有详细记录。双击C5单元格，即可查看A产品在第二季度的销售金额记录，如图8-10所示。

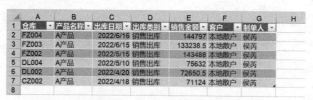

图8-10 查看A产品在第二季度的销售金额明细记录

❖ 注意：

　　使用Excel中的数据透视表按月份进行分组选择时，经常会遇到"选定区域不能分组"的提示，导致分组失败的主要原因包括：①组合字段的数据类型不一致；②需要组合的日期数据格式不正确；③组合字段数据源中包含空白单元格。

　　遇到这种情况可以先对数据源数据进行检查处理，将数据源中的空白内容替换为0，同时检查数据源中的日期字段是否包含如"2017.1.8"等Excel无法识别的不规范数据。

8.1.2 制作销售利润和同比增长率图表

　　公司的净利润是反映公司扣除所有支出费用后的利润，计算公式为

　　营业利润=营业收入-营业成本-税金及附加-销售费用-管理费用-财务费用-资产减值损失+公允价值变动损益+投资收益

　　利润总额=营业利润+营业外收入-营业外支出

　　净利润=利润总额-所得税费用

　　净利润同比增长率反应的是与某年同一时期比较后的对比数据，计算公式为

　　净利润同比增长率=(当期净利润-上月(上年)当期净利润)/当期净利润

　　【例8-3】升达有限责任公司20×1年和20×2年两个年度1至6月份的利润和增长率数据如图8-11所示。要求：根据数据制作图表，并在该图表中可以直观展示两个年度各月份的利润差异，以及增长率变化趋势，同时对负增长数据点进行突出显示。

	A	B	C	D	E
1	月份	上年度利润	本年度利润	增减比率	
2	1月份	94642.11	114528.49		
3	2月份	78338.85	70078.38		
4	3月份	86858.82	96209.4		
5	4月份	73878.08	74243.76		
6	5月份	54320.45	65824.77		
7	6月份	88650.66	86520.15		
8					

图8-11 利润和增长率图表

　　制作销售利润和同比增长率图表的操作步骤如下。

　　01 选择D2单元格，输入公式"=(C2-B2)/B2"，利用填充柄将公式填充至D3:D7单元格区域。

　　02 在E列建立辅助列，用于在图表中显示负增长的数据点。在E1单元格内输入"辅助"；在E2单元格输入公式"=IF(D2<0,D2,NA())"，IF函数判断D2单元格的增减比率是否小于0，如果小于0时返回D2单元格本身的内容，否则返回错误值"#N/A"；然后利用填充

柄将公式填充至E3:E7单元格区域，如图8-12所示。

	A	B	C	D	E	F
1	月份	上年度利润	本年度利润	增减比率	辅助	
2	1月份	94642.11	114528.49	21.01%	#N/A	
3	2月份	78338.85	70078.38	-10.54%	-10.54%	
4	3月份	86858.82	96209.4	10.77%	#N/A	
5	4月份	73878.08	74243.76	0.49%	#N/A	
6	5月份	54320.45	65824.77	21.18%	#N/A	
7	6月份	88650.66	86520.15	-2.40%	-2.40%	
8						

图8-12　增加"辅助"列并输入公式

❖ 注意：

NA()函数的作用是返回错误值"#N/A"。制作折线图时，如果单元格内容为"#N/A"，则在图表中显示为直线连接数据点。

03 单击数据区域任意单元格，在"插入"选项卡下的"插入图表"对话框中，依次单击"所有图表"|"柱形图"|"簇状柱形图"命令，如图8-13所示。

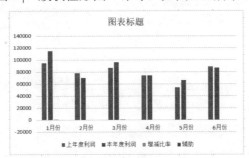

图8-13　插入簇状柱形图

04 选中图表，在"格式"选项卡下单击最左侧的"图表区"下拉按钮，在下拉列表中选择"系列'增减比率'"，然后单击"设置所选内容格式"命令，在工作表右侧会弹出"设置数据系列格式"对话框。单击选中"系列选项"|"次坐标轴"单选按钮，如图8-14所示。

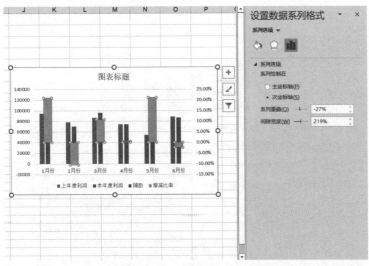

图8-14　设置系列"增减比率"为次坐标轴

05 按相同步骤，选中图表，在"格式"选项卡下单击最左侧的"图表区"下拉按钮，在下拉列表中选择"系列"|"辅助"命令，然后单击"设置所选内容格式"命令，在工作表右侧会弹出"设置数据系列格式"对话框。单击选中"系列选项"|"次坐标轴"单选按钮，如图8-15所示。

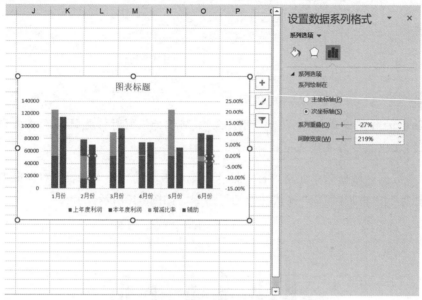

图8-15　设置系列"辅助"为次坐标轴

06 在图表中单击选中"增减比率"数据系列，依次单击"图表设计"|"更改图表类型"命令，在弹出的"更改图表类型"对话框中，选择"系列名称"|"增减比率"后的下拉三角框中的折线图；将"辅助"数据系列的图表类型也改为折线图；最后单击"确定"按钮，如图8-16所示。

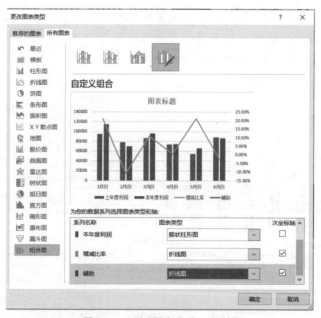

图8-16　"更改图表类型"对话框

07 双击图表中的"辅助"数据系列，在工作表右侧弹出的"设置数据系列格式"中选择"填充与线条"|"标记"命令，"标记选项"为"内置"，"类型"右侧的下拉按钮选择"圆形"，"大小"右侧的微调按钮调整为9，如图8-17所示。

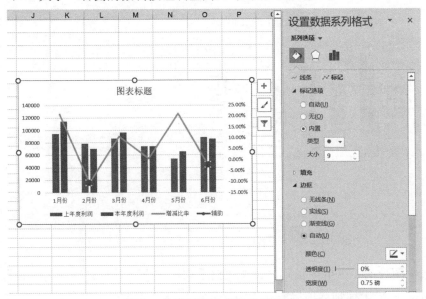

图8-17　设置"辅助"数据系列标记选项

08 切换到"线条颜色"选项下，单击选中"无线条"单选按钮，如图8-18所示。

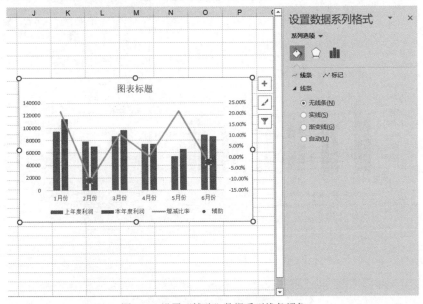

图8-18　设置"辅助"数据系列线条颜色

09 单击选中"增减比率"数据系列，参考上述步骤，打开"设置数据系列格式"对话框，设置"标记选项"为"内置"，"类型"右侧的下拉按钮选择"圆形"，"大小"右侧的微调按钮调整为"5"；切换到"线条颜色"选项下，单击选中"实线"单选按钮，然后单击"颜色"右侧的下拉按钮，在主题颜色面板中选择"橙色，个性色6"，勾选"平滑线"复选框，如图8-19所示。

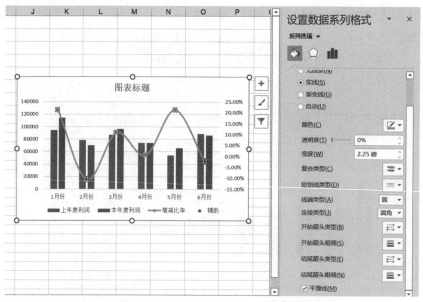

图8-19 设置"增减比率"数据系列格式

10 选中图表次要纵坐标轴，"设置数据系列格式"对话框自动变为"设置坐标轴格式"对话框。将"坐标轴选项"的"最小值"设置为"-0.5"；将"刻度线"的"主要刻度线类型"设置为"无"；将坐标轴标签设置为"无"，如图8-20所示。

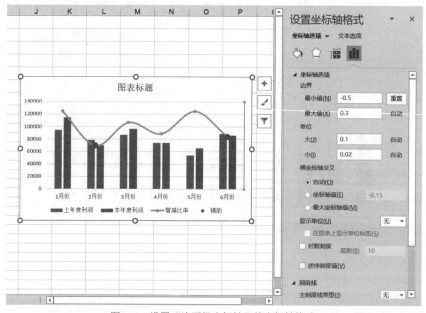

图8-20 设置"次要纵坐标轴"的坐标轴格式

11 单击选中图例项，再单击选中其中的"辅助"图例项，按"Delete"键删除。

12 单击选中"增减比率"数据系列，在"图表设计"选项卡下的"图表布局"功能组中，依次单击"添加图表元素"|"数据标签"|"上方"命令；然后单击选中数据标签，设置为10号深红色加粗字体，效果如图8-21所示。

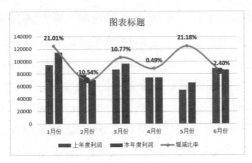

图8-21　设置"增减比率"数据系列的数据标签

13 单击选中"本年度利润"数据系列，在"格式"选项卡下单击"形状填充"下拉按钮，在主题颜色面板中选择"橙色"；单击选中"上年度利润"数据系列，设置形状填充为"黑色"；设置"辅助"系列的标记填充颜色为红色。

14 单击"图表标题"，输入"销售利润和同比增长率图表"，最终效果如图8-22所示。

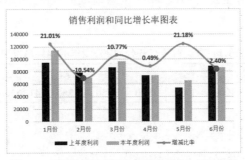

图8-22　"销售利润和同比增长率图表"最终效果

1.NA函数

NA函数用于返回错误值"#N/A"，错误值"#N/A"表示无法得到有效值。

【类型】信息函数

【语法】NA()

【功能】返回错误值"#N/A"

8.2　销售数据预测

销售预测是指根据以往的销售情况，以及使用系统内部内置或用户自定义的销售预测模型获得的对未来销售情况的预测。销售预测方法分为定性预测方法和定量预测方法。

销售预测中常用的定性预测方法有四种：高级经理意见法、销售人员意见法、购买者期望法和德尔菲法。高级经理意见法是依据销售经理(以经营者与销售管理者为中心)或其他高级经理的经验与直觉，通过一个人或所有参与者的平均意见求出销售预测值的方法。销售人员意见法是指利用销售人员对未来销售进行预测。购买者期望法是许多企业经常关注新顾客、老顾客和潜在顾客未来的购买意向情况预测销售，其通过征询顾客或客户的潜在需求或未来购买商品计划的情况，分析市场变化，预测未来市场需求。德尔菲法又被称为专家意见法，是指以不记名方式根据专家意见做出销售预测的方法。

定量预测方法包括时间序列分析法和回归直线法。时间序列分析法是将销售收入按照年或月的次序排列下来，以观察其变化趋势，该方法是销售预测中具有代表性的方法。回归直线法是假定影响预测对象y的因素只有一个，根据直线方程y=a+bx，按照最小二乘法原理，来确定一条误差最小的、能正确反映自变量x和因变量y之间关系的直线。

在Excel中还可以使用在图表中添加趋势线的方法来预测销售，称为趋势分析图法。下面使用趋势分析图法及回归直线法来介绍Excel在销售预测中的应用。

8.2.1　趋势分析图法

【例8-4】升达有限责任公司20×2年的销售情况如表8-1所示，请对其进行销售预测模型设计。

表8-1　升达有限责任公司20×2年的销售情况表

月份	1	2	3	4	5	6	7	8	9	10	11	12
销售量/台	2800	2750	3000	3500	3800	3850	4250	4100	4800	5000	5250	5600

具体操作步骤如下。

01 在Excel中建立如图8-23所示的表格。

图8-23　升达有限责任公司20×2年的销售情况表

02 选中A3:M3单元格区域，单击"插入"选项卡，找到"图表"功能组，打开"插入图表"对话框，选择"所有图表"|"折线图"|"带数据标记的折线图"命令，系统会自动生成带数据标记的折线图，如图8-24所示。

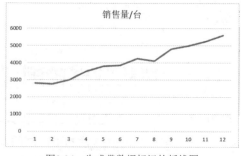

图8-24　生成带数据标记的折线图

03 设置图表格式。在"图表设计"选项卡下，找到"图表布局"|"添加图表元素"|"坐标轴标题"按钮，将"主要横坐标轴标题"设置为"月份"；"主要纵坐标轴标

题"设置为"销售量/台"; 双击主要纵坐标轴标题, 工作表右侧会弹出"设置坐标轴标题格式"对话框, 将"对齐方式"中的"文字方向"设置为"竖排"; "图表标题"输入"实际销售量"; 在图表右侧添加图例"销售量/台", 最终的实际销售量折线图如图8-25所示。

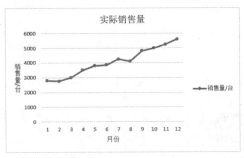

图8-25 实际销售量折线图

04 选中绘制的实际销售量折线, 然后右击, 在弹出的快捷菜单中选择"添加趋势线"命令。在Excel右侧"设置趋势线格式"对话框中, 趋势线选项为"线性", 趋势线名称单击选中"自定义"单选按钮, 并在其文本框内输入趋势线的名称"预测销售量"; 趋势预测中设置前推"1周期", 后推"0.5周期", 它们分别表示前后预测的月份, 如图8-26所示。输出的预测销售量折线图如图8-27所示。

图8-26 设置趋势线格式

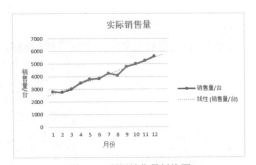

图8-27 预测销售量折线图

05 在"添加图表元素"中找到"网格线"命令, 分别点击"主轴主要水平网格线""主轴主要垂直网格线""主轴次要水平网格线""主轴次要垂直网格线", 效果如图8-28所示, 从图中可以读出下个月的预测销售量为5800台。

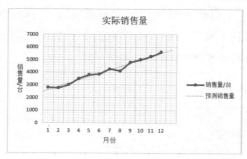

图8-28   添加网格线的预测销售量折线图

8.2.2   回归直线法

【例8-5】升达有限责任公司20×1至20×8年的销售量与广告费关系见表8-2，在此，假定产品销售量只受广告费支出大小的影响，20×9年度预计广告费支出为158万元，利用回归直线法预测20×8年度销售量。

表8-2   20×1至20×8年销售量与广告费关系表

年度	销售量/台	广告费/万元
20×1	43250	107
20×2	48700	109
20×3	43150	96
20×4	48350	125
20×5	49450	139
20×6	51500	144
20×7	53400	140
20×8	56600	152

具体操作步骤如下。

01 在Excel中建立如图8-29所示的表格。

图8-29   销售量与广告费数据表

02 加载"数据分析"命令。Excel 2019功能区的选项卡中，并没有"数据分析"这个命令。因此，在使用回归分析工具时，要在自定义功能区调出此工具。单击"文件"|"选项"|"加载项"命令，然后单击"Excel选项"对话框页面下方的"转到(G)"按钮，勾

选"分析工具库"选项，如图8-30所示。单击"确定"按钮，"数据"选项卡下则会新增"数据分析"命令。

03 在"数据"选项卡下单击"数据分析"选项，弹出"数据分析"对话框，单击选中"回归"选项，然后单击"确定"按钮，弹出"回归"对话框。在该对话框的"Y值输入区域"和"X值输入区域"文本框中分别输入"\$B\$3:\$B\$10"和"\$C\$3:\$C\$10"，然后在"输出选项"选项组内选中"输出区域"单选按钮，并在其文本框中输入"\$B\$17"，为使计算结果显示出线性拟合图，在"线性拟合图"选项组内单击选中复选框，如图8-31所示。

图8-30　勾选"分析工具库"选项

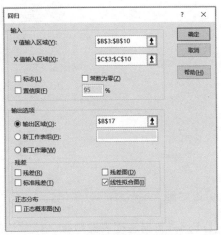

图8-31　设置回归对话框选项

04 设置完成之后，单击"确定"按钮，将自动显示出计算结果和拟合图，如图8-32和图8-33所示。

	A	B	C	D	E	F	G	H	I	I
16										
17		SUMMARY OUTPUT								
18										
19		回归统计								
20		Multiple R	0.90458872							
21		R Square	0.818280753							
22		Adjusted R	0.787994211							
23		标准误差	2136.04013							
24		观测值	8							
25										
26		方差分析								
27			df	SS	MS	F	nificance F			
28		回归分析	1	1.2E+08	1.2E+08	27.018	0.00202			
29		残差	6	2.7E+07	4562667					
30		总计	7	1.5E+08						
31										
32			Coefficients	标准误差	t Stat	P-value	ower 95%	pper 95%	下限 95.0%	上限 95.0%
33		Intercept	23281.54598	5062.24	4.59906	0.0037	10894.7	35668.4	10894.7	35668.4
34		X Variable	205.6794784	39.5699	5.19788	0.00202	108.855	302.503	108.855	302.503
35										
36										
37										
38		RESIDUAL OUTPUT								
39										
40		观测值	预测 Y	残差						
41		1	45289.25017	-2039.3						
42		2	45700.60913	2999.39						
43		3	43026.77591	123.224						
44		4	48991.48078	-641.48						
45		5	51870.99348	-2421						
46		6	52899.39087	-1399.4						
47		7	52076.67296	1323.33						
48		8	54544.8267	3055.17						
49										

图8-32　输出计算结果

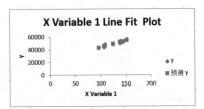

图8-33　输出拟合图

05 计算20×9年预计销售量。在"回归直线截距a"C11单元格内输入公式"=C33"；在"回归直线斜率b"C12单元格内输入公式"=C34"；"20×9年预计广告费"C13单元格内输入"158"；在"20×9年预计销售量"C14单元格内输入公式"=C11+C12*C13"，结果如图8-34所示。

	A	B	C	D
1	销售量与广告费数据表			
2	年度	销售量/台	广告费/万元	
3	20×1	43250	107	
4	20×2	48700	109	
5	20×3	43150	96	
6	20×4	48350	125	
7	20×5	49450	139	
8	20×6	51500	144	
9	20×7	53400	140	
10	20×8	56600	152	
11	回归直线截距a		23281.54598	
12	回归直线斜率b		205.6794784	
13	20×9年预计广告费		158	
14	20×9年预计销售量		55778.90357	
15				

图8-34 回归直线预测销售量计算结果

8.3 思考练习

1. 填空题

(1) Excel数据透视表的数据区域默认的字段汇总方式是_____。

(2) 如果数据表中包含多个年份的数据，在分组时必须选中步长_____，否则Excel会将所有年份中的同一月或是同一季度的数据汇总到一起。

(3) 比较同时跨类别和数据系列的数据时，可以使用_____。

(4) 在数据透视表中选择不同的_____，可以快速从多个角度查看占比情况。

2. 实操演练

(1) 根据【例8-1】提供的数据和模拟效果，按年月汇总各个产品的销售金额，并查看各个产品的销售额占比。

(2) 升达有限责任公司20×2年各季度的销售收入及同比增长情况见表8-3，要求使用图表展示销售收入和同比增长率。

表8-3 各季度的销售收入及同比增长情况

季度	销售收入	同比增长
第一季	997 062.5	6.50%
第二季	959 939	3.30%
第三季	1 547 974.5	8.70%
第四季	1 906 308.2	10.20%

任务 9

Excel 在成本费用管理中的应用

学习目标：

1. 学会利用Excel进行成本费用数据分析，如按不同科目汇总费用总额、年度生产成本分析等；

2. 学会使用高低点法和函数法进行成本费用预测。

成本费用是企业生产经营过程中资金消耗的反映，可以理解为企业为取得预期收益而发生的各项支出，主要包括制造成本和期间费用等。成本费用是衡量企业内部运行效率的重要指标，在收入一定的情况下，它直接决定了公司的盈利水平。成本费用指标在促进企业提高经营管理水平、降低生产经营中的劳动耗费方面起着十分重要的作用。

9.1 成本费用数据分析

成本费用数据分析是会计人员的一项重要工作内容。及时、准确地统计分析企业的各项成本与费用，可以协助企业管理人员合理地进行成本控制与费用管理。只有企业的成本费用不断降低，才能使企业利润增加，因此成本费用数据分析也是会计核算与监督工作中非常重要的一环。

9.1.1 按科目汇总费用总额

1. 使用函数公式法汇总费用总额

【例9-1】图9-1所示为从升达有限责任公司的会计凭证记录中筛选出来的2022年第一季度"管理费用"科目发生额记录，请使用函数公式根据不同月份汇总管理费用各个明细科目的发生额。

	类别编号	凭证日期	附件	摘要	科目编码	总账科目	明细科目	金额	
1	A	B	C	D	E	F	G	H	I
2	记-12	2022/1/8	1	维修费用	660207	管理费用	修理费	200.00	
3	记-13	2022/1/9	1	发生业务招待费支出	660209	管理费用	业务招待费	599.00	
4	记-17	2022/1/11	3	计提员工工资	660201	管理费用	职工薪酬	300,000.00	
5	记-47	2022/1/19	1	日常购买办公用品	660202	管理费用	办公费	500.00	
6	记-49	2022/1/20	1	无形资产摊销	660208	管理费用	无形资产摊销	2,703.71	
7	记-50	2022/1/22	3	出差去北京	660203	管理费用	差旅费	1,200.00	
8	记-53	2022/1/25	2	发生水电费用支出	660205	管理费用	水电费	398.56	
9	记-71	2022/1/29	0	计提固定资产折旧	660206	管理费用	折旧	7,669.90	
10	记-73	2022/1/30	1	维修费用	660207	管理费用	修理费	500.00	
11	记-77	2022/2/1	1	发生业务招待支出	660209	管理费用	业务招待费	998.00	
12	记-80	2022/2/4	1	日常购买办公用品	660202	管理费用	办公费	600.00	
13	记-82	2022/2/6	2	维修费用	660207	管理费用	修理费	480.00	
14	记-83	2022/2/7	1	无形资产摊销	660208	管理费用	无形资产摊销	2,703.71	
15	记-86	2022/2/8	3	发生业务招待支出	660209	管理费用	业务招待费	3,200.00	
16	记-94	2022/2/9	1	计提员工工资	660201	管理费用	职工薪酬	300,000.00	
17	记-108	2022/2/11	1	日常购买办公用品	660202	管理费用	办公费	1,500.00	
18	记-114	2022/2/13	0	计提固定资产折旧	660206	管理费用	折旧	7,669.90	
19	记-119	2022/2/16	2	日常购买办公用品	660202	管理费用	办公费	200.00	
20	记-121	2022/2/17	3	出差去北京	660203	管理费用	差旅费	3,200.00	
21	记-126	2022/2/20	2	发生水电费用支出	660205	管理费用	水电费	1,234.65	
22	记-131	2022/2/22	0	计提固定资产折旧	660206	管理费用	折旧	650.00	
23	记-137	2022/2/27	1	日常购买办公用品	660202	管理费用	办公费	380.00	
24	记-140	2022/2/28	1	维修费用	660207	管理费用	修理费	8,000.00	
25	记-143	2022/3/5	1	日常购买办公用品	660202	管理费用	办公费	120.00	
26	记-145	2022/3/11	1	计提员工工资	660201	管理费用	职工薪酬	300,000.00	
27	记-156	2022/3/20	0	计提固定资产折旧	660206	管理费用	折旧	7,669.90	
28	记-158	2022/3/22	2	无形资产摊销	660208	管理费用	无形资产摊销	2,703.71	
29	记-160	2022/3/24	3	出差去北京	660203	管理费用	差旅费	5,800.00	
30	记-165	2022/3/25	1	维修费用	660207	管理费用	修理费	630.00	
31	记-168	2022/3/26	1	发生业务招待费支出	660209	管理费用	业务招待费		
32	记-172	2022/3/27	2	发生水电费用支出	660205	管理费用	水电费	1,123.54	
33	记-175	2022/3/28	1	日常购买办公用品	660202	管理费用	办公费	600.00	
34	记-177	2022/3/29	0	计提固定资产折旧	660206	管理费用	折旧	650.00	
35									

图9-1　2022年第一季度"管理费用"的发生额记录

使用函数公式进行汇总时，首先需要制作一个汇总表的框架，然后再使用公式进行汇总，具体的操作步骤如下。

01 选中F列、G列，将F列、G列的内容复制到J列、K列。

02 单击"明细科目"K列任意单元格，如K2单元格，在"数据"选项卡下单击"删除重复值"按钮，打开"删除重复值"对话框，将"总账科目"前的勾选框取消，只保留"明细科目"前的勾选框，如图9-2所示。

03 单击"确定"按钮，在弹出的Excel提示对话框中再次单击"确定"按钮，完成不重复科目的提取，如图9-3所示。

	总账科目	明细科目	
I	J	K	L
	管理费用	修理费	
	管理费用	业务招待费	
	管理费用	职工薪酬	
	管理费用	办公费	
	管理费用	无形资产摊销	
	管理费用	差旅费	
	管理费用	水电费	
	管理费用	折旧	

图9-2　"删除重复值"对话框　　　　图9-3　删除"明细科目"列的重复值

04 在L1单元格中输入"1月"，拖动L1单元格右下角的填充柄，向右复制到N1单元格；利用格式刷将K2单元格格式应用到L2:N2单元格区域；选中L2:N9单元格区域，在"开始"选项卡下设置单元格边框，并设置单元格格式为"会计专用"，小数位数为"2"，货币符号为"无"；适当调整列宽，效果如图9-4所示。

总账科目	明细科目	1月	2月	3月	
管理费用	修理费				
管理费用	业务招待费				
管理费用	职工薪酬				
管理费用	办公费				
管理费用	无形资产摊销				
管理费用	差旅费				
管理费用	水电费				
管理费用	折旧				

图9-4 "管理费用"科目汇总表框架

05 在L2单元格输入公式"=SUMPRODUCT((MONTH($B$2:$B$34)&"月"=$L$1)* ($G$2:$G$34=K2),$H$2:$H$34)",利用填充柄填充至L3:L9单元格区域；在M2单元格输入公式"=SUMPRODUCT((MONTH($B$2:$B$34)&"月"=$M$1)*($G$2:$G$34=K2),$H$2: $H$34)",利用填充柄填充至M3:M9单元格区域；在N2单元格输入公式"=SUMPRODUCT((MONTH($B$2:$B$34)&"月"=$N$1)*($G$2:$G$34=K2),$H$2:$H$34)",利用填充柄填充至N3:N9单元格区域，如图9-5所示。

总账科目	明细科目	1月	2月	3月	
管理费用	修理费	700.00	8,480.00	630.00	
管理费用	业务招待费	599.00	4,198.00	3,000.00	
管理费用	职工薪酬	300,000.00	300,000.00	300,000.00	
管理费用	办公费	500.00	2,680.00	720.00	
管理费用	无形资产摊销	2,703.71	2,703.71	2,703.71	
管理费用	差旅费	1,200.00	3,200.00	5,800.00	
管理费用	水电费	398.56	1,234.65	1,123.54	
管理费用	折旧	7,669.90	8,319.90	8,319.90	

图9-5 录入函数公式后的"管理费用"科目汇总表

❖ **注意：**

MONTH函数返回以序列号表示的日期中的月份。该函数语法为：MONTH(serial_number)，其参数可以是单个的单元格引用，也可以是多个单元格区域的引用。

Excel中的SUMPRODUCT函数有多种用法，基本用法是计算乘积之和，还有其他用法，如单一条件求和、多条件求和、单一条件计数、多条件计数、条件排名等。本例中使用了多条件求和的用法。

在汇总"管理费用"科目不同月份、不同明细科目下的发生额公式中，使用了两组条件分别进行判断，第一组条件为(MONTH($B$2:$B$34)&"月"=$L$1)，第二组条件为($G$2:$G$34=K2)。

第一组条件中的"MONTH($B$2:$B$34)"部分，先使用MONTH函数分别返回B2:B34单元格区域中日期的月份值，然后将函数结果连接字符"月"，使其变成类似"1月、1月…2月、2月…3月、3月…"的字符串。最后将这些字符串分别与L1单元格中的字符进行比较，返回逻辑值TRUE或FALSE。

第二组条件中，直接使用等号判断G2:G34单元格区域中的会计科目是否等于K2单元格中指定的科目名称，返回逻辑值TRUE或FALSE。

将两组条件的逻辑值结果相乘，如果两个条件同时符合，则最终结果返回1，否则返回0。

最后使用SUMPRODUCT函数进行求和汇总，得到两个条件同时符合的情况下对应的H2:H34单元格区域之和。

本例中，凭证日期均为同一年中的数据，因此不需要对年份进行判断。如果实际数据中包含多个年份的数据，则还需要使用YEAR函数对年份判断。YEAR函数返回日期的年份值，使用方法与MONTH函数完全相同。

2. 使用数据透视表汇总费用总额

相对于使用函数公式，使用数据透视表进行汇总更加简单、快捷。

【例9-2】承例9-1根据升达有限责任公司的会计凭证记录中筛选出来的2022年第一季度"管理费用"科目发生额记录，请使用数据透视表根据不同月份汇总管理费用各个明细科目的发生额。

具体操作步骤如下。

01 单击数据区域任意单元格，单击"插入"选项卡下的"数据透视表"按钮，在弹出的"来自表格或区域的数据透视表"对话框中，选择表格或区域为"按科目汇总费用总额!$A$1:$H$34"，选择放置数据透视表的位置为"新工作表"，单击"确定"按钮，在新工作表中插入数据透视表。

02 在数据透视表字段列表中，分别将"科目编码""总账科目""明细科目"字段拖动到"行标签"区域；将"凭证日期"字段拖动到"列标签"区域，Excel会根据日期自动按照月份进行组合；将"金额"字段拖动到"数值"区域，如图9-6所示。

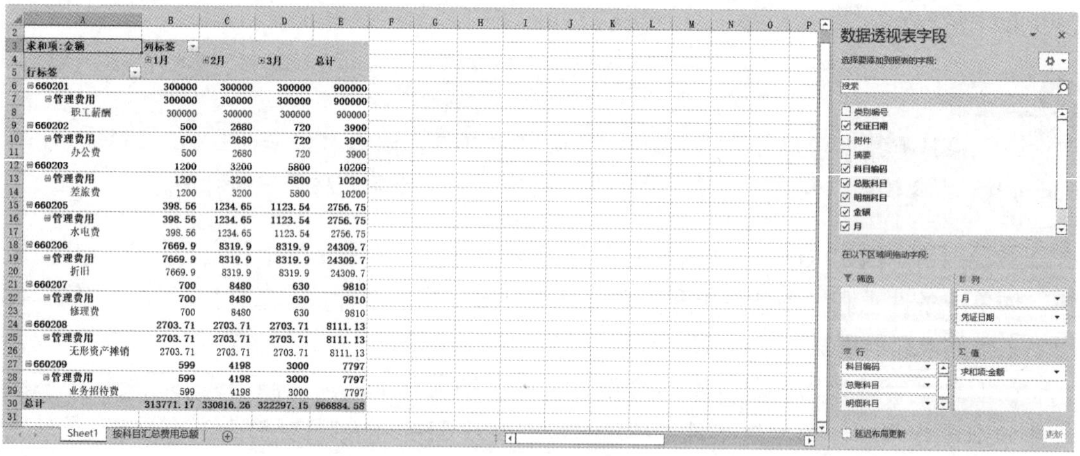

图9-6　数据透视表的字段设置

03 在"设计"选项卡下单击"分类汇总"下拉按钮，在下拉列表中选择"不显示分类汇总"命令，效果如图9-7所示。

04 在"设计"选项卡下单击"报表布局"下拉按钮，在下拉列表中选择"以表格形式显示"命令，效果如图9-8所示。

05 在"数据透视表分析"选项卡下单击"+/-按钮"，取消展开或折叠标志，效果如图9-9所示。

	A	B	C	D	E	F
2						
3	求和项:金额	列标签				
4		⊞1月	⊞2月	⊞3月	总计	
5	行标签					
6	⊟660201					
7	⊟管理费用					
8	职工薪酬	300000	300000	300000	900000	
9	⊟660202					
10	⊟管理费用					
11	办公费	500	2680	720	3900	
12	⊟660203					
13	⊟管理费用					
14	差旅费	1200	3200	5800	10200	
15	⊟660205					
16	⊟管理费用					
17	水电费	398.56	1234.65	1123.54	2756.75	
18	⊟660206					
19	⊟管理费用					
20	折旧	7669.9	8319.9	8319.9	24309.7	
21	⊟660207					
22	⊟管理费用					
23	修理费	700	8480	630	9810	
24	⊟660208					
25	⊟管理费用					
26	无形资产摊销	2703.71	2703.71	2703.71	8111.13	
27	⊟660209					
28	⊟管理费用					
29	业务招待费	599	4198	3000	7797	
30	总计	313771.17	330816.26	322297.15	966884.58	
31						

图9-7　设置数据透视表不显示分类汇总

	A	B	C	D	E	F	G	H
1								
2								
3	求和项:金额			月		凭证日期		
4				⊞1月	⊞2月	⊞3月	总计	
5	科目编码	总账科目	明细科目					
6	⊟660201	⊟管理费用	职工薪酬	300000	300000	300000	900000	
7	⊟660202	⊟管理费用	办公费	500	2680	720	3900	
8	⊟660203	⊟管理费用	差旅费	1200	3200	5800	10200	
9	⊟660205	⊟管理费用	水电费	398.56	1234.65	1123.54	2756.75	
10	⊟660206	⊟管理费用	折旧	7669.9	8319.9	8319.9	24309.7	
11	⊟660207	⊟管理费用	修理费	700	8480	630	9810	
12	⊟660208	⊟管理费用	无形资产摊销	2703.71	2703.71	2703.71	8111.13	
13	⊟660209	⊟管理费用	业务招待费	599	4198	3000	7797	
14	总计			313771.17	330816.26	322297.15	966884.58	
15								

图9-8　设置数据透视表以表格形式显示

	A	B	C	D	E	F	G	H
1								
2								
3	求和项:金额			月		凭证日期		
4				1月	2月	3月	总计	
5	科目编码	总账科目	明细科目					
6	660201	管理费用	职工薪酬	300000	300000	300000	900000	
7	660202	管理费用	办公费	500	2680	720	3900	
8	660203	管理费用	差旅费	1200	3200	5800	10200	
9	660205	管理费用	水电费	398.56	1234.65	1123.54	2756.75	
10	660206	管理费用	折旧	7669.9	8319.9	8319.9	24309.7	
11	660207	管理费用	修理费	700	8480	630	9810	
12	660208	管理费用	无形资产摊销	2703.71	2703.71	2703.71	8111.13	
13	660209	管理费用	业务招待费	599	4198	3000	7797	
14	总计			313771.17	330816.26	322297.15	966884.58	
15								

图9-9　取消数据透视表"+/−按钮"

在上述操作中，由于数据源中只有1至3月份的数据，因此生成的数据透视表也只能显示1至3月的汇总结果。如果要制作同时显示1至6月数据的汇总表格，可以按以下步骤操作。

01　重复上述操作步骤，插入数据透视表并设置透视表的报表布局，取消分类汇总、+/−按钮，并且以表格形式显示。

02 选中列标签的任意字段，如D4单元格，在"数据透视表分析"选项卡下单击"分组选择"命令，打开"组合"对话框。在"起始于"编辑框中输入开始日期"2022/1/1"，在"终止于"编辑框中输入截止日期"2022/6/30"，单击选中步长列表中的"月"，最后单击"确定"按钮，如图9-10所示。

03 右击数据透视表任意列字段标题，如D4单元格，在快捷菜单中选择"字段设置"命令，打开"字段设置"对话框，切换到"布局和打印"选项卡下，单击选中"显示无数据的项目"复选框，如图9-11所示。

图9-10　"组合"对话框　　　　　　　　　　图9-11　"字段设置"对话框

04 单击"确定"按钮，此时数据透视表的列标签字段会显示为1月至12月，如图9-12所示。

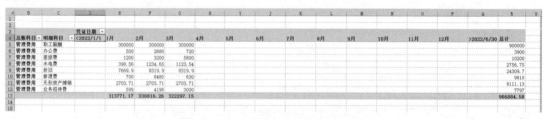

图9-12　显示无数据的项目的数据透视表

05 单击数据透视表列字段"凭证日期"的筛选按钮，在下拉列表取消"全选"的勾选，然后依次单击选中1月至6月的复选框，最后单击"确定"按钮。完成后的数据透视表效果如图9-13所示。

总账科目	明细科目	1月	2月	3月	4月	5月	6月	总计
管理费用	职工薪酬	300000	300000	300000				900000
管理费用	办公费	500	2680	720				3900
管理费用	差旅费	1200	3200	5800				10200
管理费用	水电费	398.56	1234.65	1123.54				2756.75
管理费用	折旧	7669.9	8319.9	8319.9				24309.7
管理费用	修理费	700	8480	630				9810
管理费用	无形资产摊销	2703.71	2703.71	2703.71				8111.13
管理费用	业务招待费	599	4198	3000				7797
		313771.17	330816.26	322297.15				966884.58

图9-13　完成后的数据透视表效果

知识链接

1. MONTH函数

MONTH函数为返回指定日期月份的函数。

【类型】日期与时间函数

【语法】MONTH(serial_number)

参数"serial_number"指定将要计算月份的日期。

【功能】返回月份值，是一个1(一月)到12(十二月)之间的数字

2. SUMPRODUCT函数

SUMPRODUCT函数为返回相应的数组或区域乘积的函数。

【类型】数学与三角函数

【语法】SUMPRODUCT(array1,array2,array3,...)

参数array1为必填项，其相应元素需要进行相乘并求和。

参数"array2,array3,..."是可选项，指的是2到255个数组参数，其相应元素需要进行相乘并求和。

【功能】在给定的几组数组中，将数组间对应的元素相乘，并返回乘积之和

9.1.2 年度生产成本分析

生产成本是指生产活动的成本，即企业为生产产品而发生的成本。生产成本是生产过程中各种资源利用情况的货币表示，是衡量企业技术和管理水平的重要指标，包括直接材料费、直接工资、其他直接费用及分配转入的间接费用。

实际工作中，年度生产成本分析包括各月或年度成本结构比例、各生产成本要素的比例等。通过产品成本的分析，能及时了解企业整体生产经营管理水平。

【例9-3】升达有限责任公司20×2年的年度生产成本基础数据见图9-14。要求：根据年度生产成本基础数据，计算每个月的各个成本项目占比、每个项目在各月份的占比情况。

	A	B	C	D	E	F	G	H	I	J	K	L	M	N
1	项目	1月	2月	3月	4月	5月	6月	7月	8月	9月	10月	11月	12月	
2	直接材料	823,564.42	790,004.50	865,594.21	894,468.23	920,145.26	915,964.20	906,654.23	852,416.54	832,564.35	869,456.31	924,563.54	901,254.39	
3	直接人工	76,985.23	86,456.31	84,563.20	74,562.34	85,644.30	90,125.60	89,456.30	75,489.50	76,489.60	69,756.40	92,456.45	90,045.60	
4	制造费用	104,589.20	94,683.50	59,864.60	87,456.50	79,643.20	69,754.42	96,478.63	48,945.35	86,794.56	79,548.56	78,649.54	96,753.80	
5	其他	6,877.50	7,569.60	5,894.60	7,563.35	5,967.42	6,975.49	8,467.35	4,932.85	5,974.37	8,647.56	4,975.64	8,622.00	
6														

图9-14 升达有限责任公司20×2年年度生产成本基础数据

将各月的成本项目以百分比形式显示，能够更直观地看出差异状况。创建数据透视表后，使用不同值显示方式，能够快速实现这一要求。

1.计算每个月的各个成本项目占比

本例中的基础数据使用了二维数据表的形式，因此在插入数据透视表时，需要使用"多重合并计算数据区域"功能，具体操作步骤如下。

01 加载"数据透视表和数据透视图向导"命令。Excel 2019功能区的选项卡中，并没

有"数据透视表和数据透视图向导"这个命令。因此，在使用数据透视表和数据透视图向导工具时，可以在快速访问工具栏中调出此工具。单击"文件"|"选项"|"快速访问工具栏"|"所有命令"，找到"数据透视表和数据透视图向导"命令，添加至自定义快速访问工具栏，单击"确定"即可，如图9-15所示。

图9-15　加载"数据透视表和数据透视图向导"命令

02 在快速访问工具栏中单击"数据透视表和数据透视图向导"命令，打开"数据透视表和数据透视图向导—步骤1(共3步)"对话框。单击选中"多重合并计算数据区域"单选按钮，然后单击"下一步"按钮，如图9-16所示。

图9-16　"数据透视表和数据透视图向导—步骤1(共3步)"对话框

03 在弹出的"数据透视表和数据透视图向导—步骤2a(共3步)"对话框中再次单击"下一步"按钮，如图9-17所示。

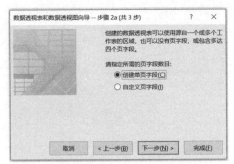

图9-17　"数据透视表和数据透视图向导—步骤2a(共3步)"对话框

04　在弹出的"数据透视表和数据透视图向导—第2b步，共3步"对话框中，单击"选定区域"右侧的折叠按钮，然后选中数据表中的A1:M5单元格区域，单击"添加"按钮，再单击"下一步"按钮，如图9-18所示。

图9-18　"数据透视表和数据透视图向导—第2b步，共3步"对话框

05　在弹出的"数据透视表和数据透视图向导—步骤3(共3步)"对话框中，单击选中"新工作表"单选按钮，然后单击"完成"按钮，如图9-19所示。

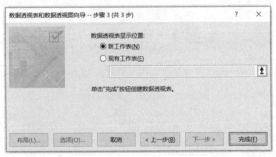

图9-19　"数据透视表和数据透视图向导—步骤3(共3步)"对话框

06　Excel在新工作表中生成一个数据透视表，样式如图9-20所示。

07　拖动"其他"行标签，即A5单元格的边框，将其拖动到底部；同时选中列标签"10月""11月"和"12月"的字段标题，并将其拖动到最右侧，效果如图9-21所示。

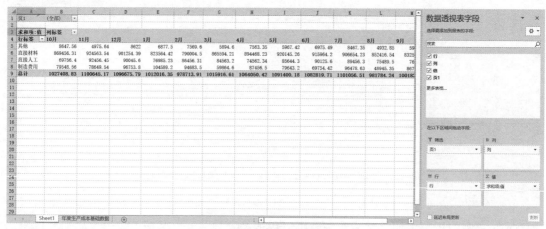

图9-20　插入的数据透视表

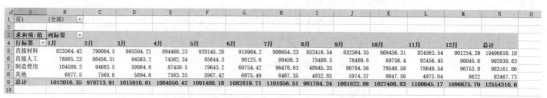

图9-21　调整数据透视表的行标签、列标签位置

08 右击筛选区域的B1单元格，在扩展菜单中单击"删除'页1'"，如图9-22所示。

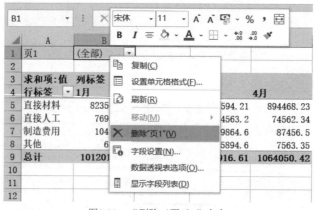

图9-22　"删除'页1'"命令

09 单击数据透视表左上角的"求和项：值"，输入一个空格。然后依次修改行标签和列标签为"项目"和"月份"，如图9-23所示。

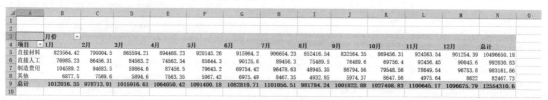

图9-23　修改数据透视表字段标题

10 右击数据透视表任意单元格，如B4单元格，在弹出的扩展菜单中选择"数据透视表选项"命令，打开"数据透视表选项"对话框，在"布局和格式"选项卡下勾选"合并

且居中排列带标签的单元格"复选框，最后单击"确定"按钮，如图9-24所示。

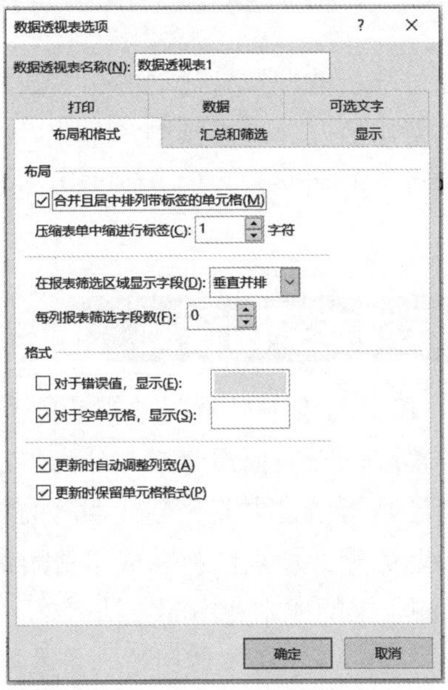

图9-24 "数据透视表选项"对话框

11 单击数据透视表值区域任意单元格，如C5单元格，在扩展菜单中依次选择"值显示方式"|"列汇总的百分比"。设置完成后，数据透视表中即可显示各月份不同成本的占比，如图9-25所示。

项目	1月	2月	3月	4月	5月	6月	7月	8月	9月	10月	11月	12月	总计
直接材料	81.38%	80.72%	85.20%	84.06%	84.31%	84.59%	82.34%	86.82%	83.10%	84.63%	84.00%	82.18%	83.61%
直接人工	7.61%	8.83%	8.32%	7.01%	7.85%	8.32%	8.12%	7.69%	7.64%	6.79%	8.40%	8.21%	7.90%
制造费用	10.33%	9.67%	5.89%	8.22%	7.30%	6.44%	8.76%	4.99%	8.66%	7.74%	7.15%	8.82%	7.83%
其他	0.68%	0.77%	0.58%	0.71%	0.55%	0.64%	0.77%	0.50%	0.60%	0.84%	0.45%	0.79%	0.66%
总计	100.00%	100.00%	100.00%	100.00%	100.00%	100.00%	100.00%	100.00%	100.00%	100.00%	100.00%	100.00%	100.00%

图9-25 每个月各个成本项目占比情况

2. 计算每个项目在各个月份的占比

具体操作步骤如下：单击数据透视表值区域任意单元格，在扩展菜单中依次选择"值显示方式"|"行汇总的百分比"，设置完成后，即可显示每个项目在各个月份的占比情况，如图9-26所示。

项目	1月	2月	3月	4月	5月	6月	7月	8月	9月	10月	11月	12月	总计
直接材料	7.85%	7.53%	8.25%	8.52%	8.77%	8.73%	8.64%	8.12%	7.93%	8.28%	8.81%	8.59%	100.00%
直接人工	7.76%	8.72%	8.52%	7.52%	8.63%	9.08%	9.02%	7.61%	7.71%	7.03%	9.32%	9.08%	100.00%
制造费用	10.64%	9.63%	6.09%	8.90%	8.10%	7.09%	8.81%	4.98%	8.83%	8.09%	7.00%	9.84%	100.00%
其他	8.34%	9.18%	7.15%	9.17%	7.24%	8.46%	10.27%	5.98%	7.24%	10.49%	6.03%	10.45%	100.00%
总计	8.06%	7.80%	8.09%	8.48%	8.69%	8.63%	8.77%	7.82%	7.98%	8.18%	8.77%	8.74%	100.00%

图9-26 每个项目在各个月份的占比情况

9.2 成本费用数据预测

成本费用预测是指企业通过分析前期经营活动的相关数据，采用特定的计算法来预测企业在未来一定时期内的成本费用情况。通过预测，企业可以做好前期采购和费用计划，从而保证生产经营活动的顺利进行。在此，我们分别采用高低点法和函数法进行成本费用预测。

9.2.1 高低点法进行成本费用预测

根据成本习性，固定成本和变动成本只是两种极端的类型，企业大量的费用项目属于混合成本，为了经营管理的需要，必须把混合成本分为固定与变动两个部分，高低点法就是其分解方法之一。高低点法是指以过去某一会计期间的总成本费用和业务量资料为依据，从中选取业务量最高点和业务量最低点，将总成本费用进行分解，得出成本性态的模型，进而根据预计的业务量预测未来的成本费用的方法。

【例9-4】升达有限责任公司20×2年成本费用与产量数据资料见表9-1，预计20×3年1月产销量为104件，要求利用高低点法预测1月份的成本费用。

表9-1　20×2年成本费用与产量数据表

月份	产销量/件	成本费用/元
1	96	39456
2	56	16130
3	58	26412
4	59	17321
5	54	16872
6	53	17316
7	62	19543
8	68	23143
9	46	15896
10	105	34519
11	111	35078
12	135	40257

具体操作步骤如下。

01 设计高低点法成本费用预测模型，如图9-27所示。

02 设置高低点产销量、成本费用计算公式。在单元格C17中输入公式"=MAX(B3:B14)"；在单元格C18中输入公式"=MIN(B3:B14)"；在单元格C19中输入公式"=VLOOKUP(C17,B3:C14,2,FALSE)"；在单元格C20中输入公式"=VLOOKUP(C18,B3:C14,2,FALSE)"。

03 设置单位变动成本、固定成本计算公式。在单元格C21中输入公式"=(C19-C20)/(C17-C18)"；在单元格C22中输入公式"=C19-C21*C17"。

04 设置预测成本费用计算公式。在单元格C24中输入公式"=C22+C21*C23"，制作完成的成本费用预测模型如图9-28所示。

	A	B	C	D
1	20×2年成本费用与产量数据资料			
2	月份	产销量/件	成本费用/元	
3	1	96	39456	
4	2	56	16130	
5	3	58	26412	
6	4	59	17321	
7	5	54	16872	
8	6	53	17316	
9	7	62	19543	
10	8	68	23143	
11	9	44	15896	
12	10	105	34519	
13	11	111	35078	
14	12	135	40257	
15				
16	高低点法成本费用预测模型			
17	高点产销量			
18	低点产销量			
19	高点成本费用			
20	低点成本费用			
21	单位变动成本			
22	固定成本			
23	预计20×3年1月产销量		104	
24	预计20×3年1月成本费用			
25				
26				

图9-27　高低点法成本费用预测模型

	A	B	C	D
1	20×2年成本费用与产量数据资料			
2	月份	产销量/件	成本费用/元	
3	1	96	39456	
4	2	56	16130	
5	3	58	26412	
6	4	59	17321	
7	5	54	16872	
8	6	53	17316	
9	7	62	19543	
10	8	68	23143	
11	9	44	15896	
12	10	105	34519	
13	11	111	35078	
14	12	135	40257	
15				
16	高低点法成本费用预测模型			
17	高点产销量		135	
18	低点产销量		44	
19	高点成本费用		40257	
20	低点成本费用		15896	
21	单位变动成本		267.7032967	
22	固定成本		4117.054945	
23	预计20×3年1月产销量		104	
24	预计20×3年1月成本费用		31958.1978	
25				

图9-28　高低点法成本费用预测计算结果

9.2.2　函数法进行成本费用预测

运用Excel提供的函数也可以进行成本费用的预测，如GROWTH函数、FORECAST函数、LINEST函数、TREND函数、SLOPE函数和INTERCEPT函数。在此只介绍TREND函数、LINEST函数和GROWTH函数，其他函数的用法请参阅有关函数的帮助。

【例9-5】升达有限责任公司20×2年成本费用与产量数据资料见表9-1，预计20×3年1月产销量为104件，要求利用函数法预测1月份的成本费用。假设2月至8月的产销量分别为108件、112件、116件、120件、124件、128件、132件时，要求利用函数法预测多期的成本费用。

在利用函数法进行成本费用预测之前，需要先建立函数法预测成本费用模型，如图9-29所示。

	A	B	C	D	E	F	G
1	20×2年成本费用与产量数据资料						
2	月份	产销量/件	成本费用/元		1、预测下期成本费用		
3	1	96	39456		产销量	成本费用	
4	2	56	16130		104		
5	3	58	26412				
6	4	59	17321		2、预测多期成本费用		
7	5	54	16872		产销量	成本费用	
8	6	53	17316		108		
9	7	62	19543		112		
10	8	68	23143		116		
11	9	44	15896		120		
12	10	105	34519		124		
13	11	111	35078		128		
14	12	135	40257		132		
15							

图9-29　函数法预测成本费用模型

1. 使用 TREND 函数进行成本费用预测

具体操作步骤如下。

01 预测下期成本费用，在单元格F4中输入公式"=TREND(C3:C14,B3:B14,E4)"。

02 预测多期成本费用，选中F8:F14单元格区域，在编辑栏中输入公式"=TREND (C3:C14,B3:B14,E8:E14)"，同时按【Ctrl+Shift+Enter】组合键。输入完成的成本费用预测模型如图9-30所示。

	A	B	C	D	E	F	G
1	20×2年成本费用与产量数据资料						
2	月份	产销量/件	成本费用/元		1、预测下期成本费用		
3	1	96	39456		产销量	成本费用	
4	2	56	16130		104	34044. 64535	
5	3	58	26412				
6	4	59	17321		2、预测多期成本费用		
7	5	54	16872		产销量	成本费用	
8	6	53	17316		108	35273. 38015	
9	7	62	19543		112	36502. 11496	
10	8	68	23143		116	37730. 84976	
11	9	44	15896		120	38959. 58456	
12	10	105	34519		124	40188. 31937	
13	11	111	35078		128	41417. 05417	
14	12	135	40257		132	42645. 78897	
15							

图9-30　TREND函数法预测成本费用计算结果

2. 使用 LINEST 函数进行成本费用预测

LINEST函数的功能是使用最小二乘法对已知数据进行最佳直线拟合，并返回描述此直线的数组，即返回线性回归方程的参数(附加回归统计值)。LINEST函数返回的附加回归统计值(根据数据的位置)说明如表9-2所示。

表9-2　LINEST函数回归统计值说明

参数m的估计值	参数b的估计值
参数m的标准误差	参数b的标准误差
判断系数R2	y值估计标准误差
F统计值	自由度
回归平方和	残差平方和

使用LINEST函数进行成本费用预测的具体操作步骤如下。

01 在H2:I7单元格区域内设置"参数值"表格，并添加表格框线，如图9-31所示。

	A	B	C	D	E	F	G	H	I	J
1	20×2年成本费用与产量数据资料									
2	月份	产销量/件	成本费用/元		1、预测下期成本费用			参数值		
3	1	96	39456		产销量	成本费用				
4	2	56	16130		104					
5	3	58	26412							
6	4	59	17321		2、预测多期成本费用					
7	5	54	16872		产销量	成本费用				
8	6	53	17316		108					
9	7	62	19543		112					
10	8	68	23143		116					
11	9	44	15896		120					
12	10	105	34519		124					
13	11	111	35078		128					
14	12	135	40257		132					
15										

图9-31　LINEST函数预测成本费用模型

02 选中 H3:I7 单元格区域，在编辑栏中输入公式 "=LINEST(C3:C14,B3:B14,,1)"，同时按【Ctrl+Shift+Enter】组合键。输入完成的参数值如图9-32所示。

从参数值计算结果可以看出，参数 m 的估计值为 307.18，参数 b 的估计值为 2097.54。

	参数值	
	307.1837009	2097.540459
	39.17559132	3136.025865
	0.860109415	3767.159708
	61.48443914	10
	872555942.3	141914922.6

图9-32　参数值计算结果

03 预测下期成本费用，在单元格 F4 中输入公式 "=H3*E4+I3"。

04 预测多期成本费用，在单元格 F8 中输入公式 "=$H$3*E8+$I$3"，利用填充柄将公式填充至 F9:F14 单元格区域。输入完成的成本费用预测模型如图9-33所示。

	A	B	C	D	E	F	G	H	I	J
1	20×2年成本费用与产量数据资料									
2	月份	产销量/件	成本费用/元		1、预测下期成本费用				参数值	
3	1	96	39456		产销量	成本费用		307.1837009	2097.540459	
4	2	56	16130		104	34044.64535		39.17559132	3136.025865	
5	3	58	26412					0.860109415	3767.159708	
6	4	59	17321		2、预测多期成本费用			61.48443914	10	
7	5	54	16872		产销量	成本费用		872555942.3	141914922.6	
8	6	53	17316		108	35273.38015				
9	7	62	19543		112	36502.11496				
10	8	68	23143		116	37730.84976				
11	9	44	15896		120	38959.58456				
12	10	105	34519		124	40188.31937				
13	11	111	35078		128	41417.05417				
14	12	135	40257		132	42645.78897				
15										

图9-33　LINEST函数法预测成本费用计算结果

从以上结果可以看出，使用 TREND 函数和使用 LINEST 函数预测成本费用的计算结果完全一致。

3. 使用 GROWTH 函数进行成本费用预测

具体操作步骤如下。

01 预测下期成本费用，在单元格 F4 中输入公式 "=GROWTH(C3:C14,B3:B14,E4)"。

02 预测多期成本费用，选中 F8:F14 单元格区域，在编辑栏中输入公式 "=GROWTH(C3:C14,B3:B14,E8:E14)"，同时按【Ctrl+Shift+Enter】组合键。输入完成的成本费用预测模型如图9-34所示。

	A	B	C	D	E	F	G
1	20×2年成本费用与产量数据资料						
2	月份	产销量/件	成本费用/元		1、预测下期成本费用		
3	1	96	39456		产销量	成本费用	
4	2	56	16130		104	33023.87179	
5	3	58	26412				
6	4	59	17321		2、预测多期成本费用		
7	5	54	16872		产销量	成本费用	
8	6	53	17316		108	34595.44825	
9	7	62	19543		112	36241.81464	
10	8	68	23143		116	37966.53012	
11	9	44	15896		120	39773.32327	
12	10	105	34519		124	41666.10009	
13	11	111	35078		128	43648.95246	
14	12	135	40257		132	45726.167	
15							

图9-34　GROWTH函数法预测成本费用计算结果

❖ 注意：

在使用 TREND 函数、LINEST 函数和 GROWTH 函数预测多期成本费用时，为什么要按【Ctrl+Shift+Enter】组合键来输入公式？在此，需熟悉一个概念——数组公式。

数组公式是指可以在数组的一项或多项上执行多个计算的公式，数组公式可以返回多个结果，也可以返回一个结果。位于多个单元格中的数组公式称为多单元格公式，位于单个单元格中的数组公式称为单个单元格公式。

输入数组公式时，首先必须选择用来存放结果的单元格区域(可以是一个单元格)，然后输入公式，接着按【Ctrl+Shift+Enter】组合键，Excel将在公式两边自动加上大括号"{}"。需要注意的是，不要自己输入大括号，否则Excel会认为输入的是一个正文标签。

编辑数组公式时，先选取数组区域并激活编辑栏，公式两边的大括号将消失，然后编辑公式，最后按【Ctrl+Shift+Enter】组合键。删除数组公式时，选取数组公式所在的全部区域后，按Delete键即可删除数组公式。

使用数组公式时，还需注意以下几个方面：必须在输入公式之前选择用于保存结果的单元格区域；不能更改数组公式中单个单元格的内容；可以移动或删除整个数组公式，但无法移动或删除其部分内容；不能向多单元格数组公式中插入空白单元格或删除其中的单元格；双击数组公式单元格区域或部分修改时，若不能退出编辑状态，可以按【Ctrl+Shift+Enter】组合键，若还不能退出，可以按Esc键。

知识链接

1. TREND函数

TREND函数为返回线性回归拟合线的一组纵坐标值(y值)的函数。

【类型】统计函数

【语法】TREND(Known_y's, Known_x's, New_x's, Const)

参数"Known_y's"是满足线性拟合直线y=mx+b的一组已知y值。

参数"Known_x's"是满足线性拟合直线y=mx+b的一组已知x值，为可选项。

参数"New_x's"为需要函数TREND返回对应y值的新x值。

参数"Const"为一逻辑值，用于指定是否将常量b强制设为0，如果Const为TRUE或省略，b将按正常计算；如果Const为FALSE，b将被设为0，m将被调整以使y=mx。

【功能】找到适合已知数组Known_y's和Known_x's的直线(用最小二乘法)，并返回指定数组New_x's在直线上对应的y值

2. LINEST函数

LINEST函数为返回线性回归方程的参数的函数。

【类型】统计函数

【语法】LINEST(Known_y's, Known_x's, Const, Stats)

参数"Known_y's"是满足线性拟合直线y=mx+b的一组已知y值。

参数"Known_x's"是满足线性拟合直线y=mx+b的一组已知x值，为可选项。

参数"Const"为一逻辑值，用于指定是否将常量b强制设为0，如果Const为TRUE或省略，b将按正常值计算；如果Const为FALSE，b将被设为0，并同时调整m值使y=mx。

参数"Stats"为一逻辑值，用于指定是否返回附加回归统计值，为TRUE时返回附加回归统计值，为FALSE或省略时则只返回系数m和常量b。

【功能】使用最小二乘法对已知数据进行最佳直线拟合，并返回描述此直线的数组

3. GROWTH函数

GROWTH函数为返回指数回归拟合曲线的一组纵坐标值(y值)的函数。

【类型】统计函数

【语法】GROWTH(Known_y's, Known_x's, New_x's, Const)

参数"Known_y's"是满足指数回归拟合曲线$y=b*m^x$的一组已知y值。

参数"Known_x's"满足指数回归拟合曲线$y=b*m^x$的一组已知x值，个数与y值相同，为可选参数，如果省略known_x's，则假设该数组为{1, 2, 3, ...}，其大小与known_y's相同。

参数"New_x's"为需要通过GROWTH函数返回的对应y值的一组新x值，如果省略new_x's，则假设它和known_x's相同。

参数"Const"为一逻辑值，用于指定是否将系数b强制设为1，如果Const为TRUE，b将按正常计算；如果Const为FALSE或省略，b将设为1，m值将被调整以满足$y=m^x$。

【功能】根据现有的x值和y值，GROWTH函数返回一组新的x值对应的y值(指数曲线)

9.3 思考练习

1. 填空题

(1) MONTH函数如果被引用的是空单元格，则会返回_____，因此在实际使用时，可以加上非空单元格的判断条件。

(2) 在Excel费用明细表中，列标题为"日期""部门""姓名""报销金额"等，欲按照部门统计报销金额，有多种方法，如_____、_____等。

(3) SUMPRODUCT函数的基础功能是将数组间对应的元素相乘，并返回_____。

(4) 在Excel中，输入数组公式后，要同时按下组合键_____。

2. 实操演练

升达有限责任公司20×3年1～6月份的营业额和营业费用如表9-3所示，6～12月的预计营业额如表9-4所示。要求分别使用高低点法和函数法对其6～12月份的营业费用进行预测。

表9-3　20×3年1～6月份的营业额和营业费用表

月份	1	2	3	4	5	6
营业额/元	85 465	98 000	150 000	125 000	142 000	158 000
营业费用/元	5 800	6 700	7 200	10 250	11 000	15 000

表9-4　20×3年6～12月份的预计营业额

月份	7	8	9	10	11	12
预计营业额/元	165 000	170 000	180 000	190 000	195 000	200 000

任务 10

Excel 在利润管理中的应用

学习目标：

1. 学会利用Excel建立目标利润分析模型；

2. 学会利用Excel进行本量利分析；

3. 学会利用Excel建立利润敏感性分析模型；

4. 学会利用Excel进行利润最大化规划求解。

在计算机环境中，通过Excel强大的数据处理及数据动态链接功能，可以建立具有实时和自动计算能力的利润分析模型和图表，只需用鼠标单击微调按钮来调整各个因素的值，就可以非常灵活、方便、高效地进行多因素组合分析企业利润。同时，Excel还具备单变量求解、规划求解等功能，可以解决利润管理中的复杂问题，下面将介绍这些功能的具体应用。

10.1 目标利润分析

在短期规划中，通常把单价、单位变动成本和固定成本视为稳定的常量，只有销量和利润两个自变量。给定销量时，可利用方程式直接计算出预期利润；给定目标利润时，可直接计算出应达到的销售量。Excel提供的单变量求解工具可以很方便地完成这类问题的计算，单变量求解是一种典型的逆运算，可用作假设分析的工具。用户可以在工作表上建立起所需的数据模型，通过变动某关键变量立刻得到相应的结果，根据利润与收入、成本、费用之间的因果关系，可以在Excel中建立分析模型。通过选择数据选项卡下的"模拟分析"，找到"单变量求解"命令，即可使用单变量求解功能。

【例10-1】升达有限责任公司生产和销售某种产品，产品的单位售价为100元，单位变动成本为30元，固定成本为50 000元，该公司20×2年的目标利润预计为300 000元，要想实现该目标，销量至少为多少件？试利用单变量求解工具进行分析。

具体操作步骤如下。

01 在工作表中建立目标利润分析模型，并设置B7单元格的公式为"=B3*(B4-B5)-B6"，如图10-1所示。

02 选择"数据"选项卡下的"模拟分析"，找到"单变量求解"命令，在弹出的"单变量求解"对话框中，在"目标单元格"编辑框中输入"$B$7"，在"目标值"编辑框中输入"300000"，在"可变单元格"编辑框中输入"$B$3"，如图10-2所示。

图10-1 目标利润分析模型　　　　　　　图10-2 "单变量求解"对话框

03 单击"确定"按钮，待求解完成后，再次单击确定即可，目标利润预计为300 000元时，要想实现该目标，销量至少为5 000件，如图10-3所示。

图10-3 单变量求解完成

10.2 本量利分析

本量利分析是研究产品成本、销售量和利润三者之间关系的一种专门方法。它揭示了单价、变动成本、固定成本、销售数量、利润等因素之间的内在联系，是企业管理人员制订经营计划、编制预算、进行短期决策的基本方法。

10.2.1 制作本量利分析模型

在现实经济生活中，成本、销售数量、价格和利润之间的关系非常复杂，因此，本量利分析理论是建设在一定的假设基础上的，通过这些基本假设来限定本量利分析的范围。

本量利分析的四个假设：一是企业所有的成本均可分为变动成本和固定成本(即成本按性态分类)；二是销售收入与业务量呈完全线性关系(即单价不变)；三是每期的生产量与销售量相等；四是产品的销售结构比例不变。

【例10-2】承例10-1，假设开达有限责任公司现有或预计的产销量为3 000件，其他相关数据不变，要求在Excel中建立本量利分析的模拟计算模型。

具体操作步骤如下。

01 在工作表中建立本量利分析的模拟计算模型。在表格中依次输入需要计算的指标名称，如销售收入、变动成本总额、单位边际贡献、盈亏临界点销量、盈亏临界点销售额、实现目标利润销量、实现目标利润销售额、安全边际量、安全边际额、安全边际率和盈亏临界点作业率等，并录入相关已知数据，如图10-4所示。

	A	B	C	D
1		**本量利分析**		
2		现有或预计产销量	3000	
3		单位售价	100	
4		单位变动成本	30	
5		固定成本总额	50000	
6		目标利润	300000	
7				
8		销售收入		
9		变动成本总额		
10		单位边际贡献		
11		盈亏临界点销量		
12		盈亏临界点销售额		
13		实现目标利润销量		
14		实现目标利润销售额		
15		安全边际量		
16		安全边际额		
17		安全边际率		
18		盈亏临界点作业率		
19				

图10-4 本量利分析的模拟计算模型

02 计算销售收入。销售收入=预计产销量×单位售价。在C8单元格中输入公式"=C2*C3"。

03 计算变动成本总额。变动成本总额=预计产销量×单位变动成本。在C9单元格中输入公式"=C2*C4"。

04 计算单位边际贡献。单位边际贡献是指销售收入减去变动成本后的余额。边际贡献是运用盈亏分析原理，进行产品生产决策的一个重要指标。通常，边际贡献又称为"边际利润"或"贡献毛益"等。

边际贡献一般可分为单位产品的边际贡献和全部产品的边际贡献，其中单位边际贡献的计算方法为：单位边际贡献=销售单价-单位变动成本。在C10单元格中输入公式"=C3-C4"。

05 计算盈亏临界点销量。盈亏临界点又称零利润点、保本点、盈亏平衡点、损益分歧点、收益转折点，通常是指全部销售收入等于全部成本时的产量。以盈亏临界点为界限，当销售收入高于盈亏临界点时企业盈利；反之，企业亏损。盈亏临界点可以用销售量来表示，即盈亏临界点的销量；也可以用销售额来表示，即盈亏临界点的销售额。

盈亏临界点销量的计算公式为：盈亏临界点销量=固定成本/(单位售价-单位变动成本)。在C11单元格中输入公式"=ROUND(C5/(C3-C4),0)"。

06 计算盈亏临界点销售额。盈亏临界点销售额=盈亏临界点销量×单位售价。在C12单元格中输入公式"=ROUND(C11*C3,0)"。

07 计算实现目标利润销量。实现目标利润销量也称为保利点，是指在单价和成本水平确定的情况下，为确保预先确定的目标利润能够实现而达到的销售量。

目标利润销量=(固定成本总额+目标利润)/(单位售价−单位变动成本)。在C13单元格中输入公式"=ROUND((C5+C6)/(C3−C4),0)"。

08 计算实现目标利润销售额。实现目标利润销售额=单位售价×实现目标利润销量。在C14单元格中输入公式"=ROUND(C3*C13,0)"。

09 计算安全边际量。安全边际是指盈亏临界点以上的销售量，即现有或预期销售量超过盈亏临界点销售量的差额。此差距说明现有或预计可达到的销售量再降低多少，企业才会发生损失。差距越大，则企业发生亏损的可能性越小，企业的经营就越安全。安全边际=预计产销量−盈亏临界点销量。在C15单元格中输入公式"=C2−C11"。

10 计算安全边际额。安全边际额=安全边际量×单位售价。在C16单元格中输入公式"=ROUND(C15*C3,0)"。

11 计算安全边际率。安全边际率是指安全边际量与实际或预计的销售量的比例，用来评价企业的经营安全程度。安全边际率=安全边际量/实际或预计的销售量。在C17单元格中输入公式"=C15/C2"，并设置单元格格式为"百分比"。

12 计算盈亏临界点作业率。盈亏临界点作业率也称为保本作业率，是指保本点业务量占实际或预计销售业务量的百分比。盈亏临界点作业率=盈亏临界点的销售量/正常开工的作业量。在C18单元格中输入公式"=C11/C2"，并设置单元格格式为"百分比"。

本量利分析的计算结果如图10-5所示。

	A	B	C	D
1		本量利分析		
2		现有或预计产销量	3000	
3		单位售价	100	
4		单位变动成本	30	
5		固定成本总额	50000	
6		目标利润	300000	
7				
8		销售收入	300000	
9		变动成本总额	90000	
10		单位边际贡献	70	
11		盈亏临界点销量	714	
12		盈亏临界点销售额	71400	
13		实现目标利润销量	5000	
14		实现目标利润销售额	500000	
15		安全边际量	2286	
16		安全边际额	228600	
17		安全边际率	76.20%	
18		盈亏临界点作业率	23.80%	
19				

图10-5　本量利分析的计算结果

13 插入滚动条。在工作表中建立好本量利分析计算模型之后，可以通过调整预计产销量、单位售价及单位变动成本等数据，来观察其他各项指标的变动规律。

在自定义快速访问工具栏中添加"滚动条(窗体控件)"命令，单击"滚动条(窗体控件)"按钮，将滚动条设置在D2单元格中，调节滚动条的大小，使其充满该单元格。在滚动条上右击，在弹出的菜单中选择"设置控件格式"。将"当前值"设置为"3000"，"最小值"设置为"1000"，"最大值"设置为"9000"，"步长"设置为"100"，"页步长"设置为"200"，"单元格链接"为C2单元格，如图10-6所示。

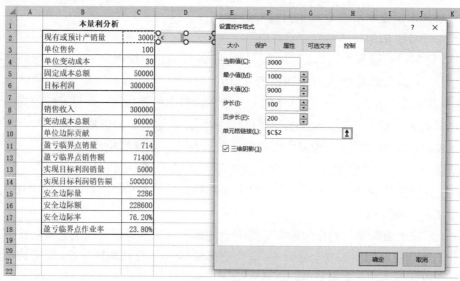

图10-6 插入滚动条并设置控件格式

按相同步骤，在D3单元格中插入滚动条。将"当前值"设置为"100"，"最小值"设置为"20"，"最大值"设置为"200"，"步长"设置为"10"，"页步长"设置为"20"，"单元格链接"为C3单元格。

在D4单元格中插入滚动条。将"当前值"设置为"30"，"最小值"设置为"10"，"最大值"设置为"80"，"步长"设置为"10"，"页步长"设置为"20"，"单元格链接"为C4单元格。

在D5单元格中插入滚动条。将"当前值"设置为"5000"，"最小值"设置为"1000"，"最大值"设置为"8000"，"步长"设置为"100"，"页步长"设置为"200"。由于Excel中滚动条滚动值的最大范围介于0至30000，所以设置滚动条的"单元格链接"为C5单元格，同时修正C5单元格的公式为"=D5*10"，这样就可以使固定成本总额的范围介于50000至80000。

滚动条全部添加完成之后，效果如图10-7所示。

	A	B	C	D	E
1		本量利分析			
2		现有或预计产销量	3000	< ▮ >	
3		单位售价	100	< ▮ >	
4		单位变动成本	30	< ▮ >	
5		固定成本总额	50000	< ▮ >	
6		目标利润	300000		
7					
8		销售收入	300000		
9		变动成本总额	90000		
10		单位边际贡献	70		
11		盈亏临界点销量	714		
12		盈亏临界点销售额	71400		
13		实现目标利润销量	5000		
14		实现目标利润销售额	500000		
15		安全边际量	2286		
16		安全边际额	228600		
17		安全边际率	76.20%		
18		盈亏临界点作业率	23.80%		
19					

图10-7 使用滚动条调整本量利分析的范围

10.2.2　制作本量利分析动态图

制作本量利分析动态图，可以将成本、销量、利润的关系反映在直角坐标系中，用图表展示本量利各个因素间的相互关系，这样不仅形象直观、一目了然，而且容易理解。

【例10-3】承例10-2，要求根据上例的相关已知数据，制作本量利分析动态图。

具体的操作步骤如下。

[01] 制作绘图基础数据表格。以任务第10.2.1小节制作的本量利分析模型工作表为基础，继续在E2:H13单元格区域输入绘图用的基础数据，并依次输入列标题"产量""成本""收入"和"利润"，同时在E3:E13单元格区域输入线性分布的模拟产量，如图10-8所示。

	A	B	C	D	E	F	G	H	I
1		本量利分析							
2		现有或预计产销量	3000	‹ ▌ ›	产量	成本	收入	利润	
3		单位售价	100	‹ ▌ ›	0				
4		单位变动成本	30	‹ ▌ ›	500				
5		固定成本总额	50000	‹ ▌ ›	1000				
6		目标利润	300000		1500				
7					2000				
8		销售收入	300000		2500				
9		变动成本总额	90000		3000				
10		单位边际贡献	70		3500				
11		盈亏临界点销量	714		4000				
12		盈亏临界点销售额	71400		4500				
13		实现目标利润销量	5000		5000				
14		实现目标利润销售额	500000						
15		安全边际量	2286						
16		安全边际额	228600						
17		安全边际率	76.20%						
18		盈亏临界点作业率	23.80%						
19									

图10-8　准备绘图的基础数据

[02] 计算成本列数据。成本=产量×单位变动成本+固定成本总额。在F3单元格中输入公式"=E3*$C$4+$C$5"，计算不同产量下的成本，利用填充柄将F3单元格的公式向下填充到F13单元格。

[03] 计算收入列数据。收入=产量×单位售价。在G3单元格中输入公式"=E3*$C$3"，计算不同产量下的收入，利用填充柄将G3单元格的公式向下填充到G13单元格。

[04] 计算利润列数据。利润=收入-成本。在H3单元格中输入公式"=G3-F3"，计算不同产量下的利润，利用填充柄将H3单元格的公式向下填充到H13单元格。计算完成的结果如图10-9所示。

[05] 选中基础数据G2:H13单元格区域，在"插入"选项卡下单击"图表"功能组中的"插入散点图(X、Y)或气泡图"下拉按钮，在下拉列表中选择"带平滑线的散点图"，生成的散点图如图10-10所示。

产量	成本	收入	利润
0	50000	0	−50000
500	65000	50000	−15000
1000	80000	100000	20000
1500	95000	150000	55000
2000	110000	200000	90000
2500	125000	250000	125000
3000	140000	300000	160000
3500	155000	350000	195000
4000	170000	400000	230000
4500	185000	450000	265000
5000	200000	500000	300000

图10-9　计算完成的基础数据

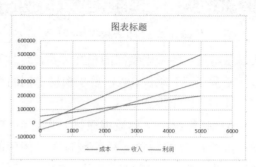

图10-10　插入散点图

06 准备盈亏平衡线辅助数据。在工作表空白区域分别准备两组盈亏平衡线的辅助数据，这两组数据实际是四个坐标点组成的两条直线，即水平线和垂直线。第一组数据坐标(0，盈亏临界点销售额)和坐标(盈亏临界点销售量，盈亏临界点销售额)，两点连接形成水平线；第二组数据坐标(盈亏临界点销售量，0)和坐标(盈亏临界点销售量，盈亏临界点销售额)，两点连接形成垂直线。

因此，第一组数据的坐标分别在F17单元格对应的X值内输入"0"，在G17单元格对应的Y值内输入公式"=C12"；在F18单元格对应的X值内输入公式"=C11"，在G18单元格对应的Y值内输入公式"=C12"。

第二组数据的坐标分别在F20单元格对应的X值内输入"=C11"，在G20单元格对应的Y值内输入"0"；在F21单元格对应的X值内输入公式"=C11"，在G21单元格对应的Y值内输入公式"=C12"。输入完成后的数据如图10-11所示。

	A	B	C	D	E	F	G	H	I
1		**本量利分析**							
2		现有或预计产销量	3000	◄　□　►	产量	成本	收入	利润	
3		单位售价	100	◄　□　►	0	50000	0	−50000	
4		单位变动成本	30	◄　□　►	500	65000	50000	−15000	
5		固定成本总额	50000	◄　□　►	1000	80000	100000	20000	
6		目标利润	300000		1500	95000	150000	55000	
7					2000	110000	200000	90000	
8		销售收入	300000		2500	125000	250000	125000	
9		变动成本总额	90000		3000	140000	300000	160000	
10		单位边际贡献	70		3500	155000	350000	195000	
11		盈亏临界点销量	714		4000	170000	400000	230000	
12		盈亏临界点销售额	71400		4500	185000	450000	265000	
13		实现目标利润销量	5000		5000	200000	500000	300000	
14		实现目标利润销售额	500000						
15		安全边际量	2286			**盈亏平衡线辅助数据**			
16		安全边际额	228600			**X轴**	**Y轴**		
17		安全边际率	76.20%			0	71400		
18		盈亏临界点作业率	23.80%			714	71400		
19									
20						714	0		
21						714	71400		
22									

图10-11　准备盈亏平衡线辅助数据

07 在图表中添加平衡线数据系列。右击绘图区，在弹出的快捷菜单中单击"选择数据"命令，打开"选择数据源"对话框，如图10-12所示。

08 在"选择数据源"对话框中单击"添加"按钮，打开"编辑数据系列"对话框。在"编辑数据系列"对话框中，单击"X轴系列值"右侧的折叠按钮，选择第一组X轴数据，即F17:F18单元格区域；清除"Y轴系列值"编辑框内的默认内容，单击右侧的折叠按钮，选择第一组Y轴数据，即G17:G18单元格区域，如图10-13所示。

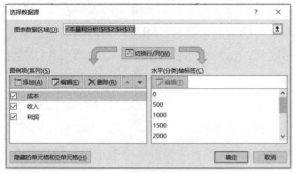

图10-12 "选择数据源"对话框

图10-13 "编辑数据系列"对话框

09 单击"确定"按钮，返回"选择数据源"对话框，"图例项(系列)"中会增加"系列4"，再次单击"确定"按钮。添加第一组X轴和Y轴数据后，可以在图表中添加一个水平方向的数据系列。

10 按上述步骤，在"选择数据源"对话框中再次单击"添加"按钮，添加第二组X轴数据，即F20:F21单元格区域；清除"Y轴系列值"编辑框内的默认内容，添加第二组Y轴数据，即G20:G21单元格区域，单击"确定"按钮，返回"选择数据源"对话框，"图例项(系列)"中会增加"系列5"，再次单击"确定"按钮关闭对话框。添加第二组X轴和Y轴数据后，可以在图表中添加一个垂直方向的数据系列，如图10-14所示。

11 单击选中图例项，再次单击选中其中的图例系列4，按"Delete"键删除。同样的方法，选中图例系列5，按"Delete"键删除，如图10-15所示。

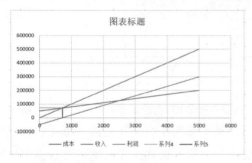

图10-14 添加水平和垂直盈亏平衡线

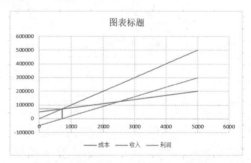

图10-15 删除图例"系列4"和"系列5"

12 单击选中图表水平轴，在"设置坐标轴格式"对话框中，坐标轴标签设置为"低"，此时的水平轴标签将显示在图表最底部；单击图表标题，输入"本量利分析动态图"，如图10-16所示。

至此，本量利分析动态图制作完成，通过调整D2至D5单元格中的滚动条，图表中的各个数据系列会随之发生变化。

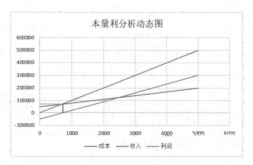

图10-16 制作完成的本量利分析动态图

10.3　利润敏感性分析

利润的敏感性分析，是指研究与分析各个因素变动对利润变化的影响程度。利润对某些因素的变化十分敏感，我们称这类因素为敏感因素；与此相反，利润对某些因素的变化反应较为迟钝，这类因素被称为不敏感因素。反映敏感程度的指标是敏感系数，其计算公式为

敏感系数=目标值变动百分比/参数值变动百分比

在Excel中可以通过建立动态分析模型来分析各因素变动对利润的影响情况，在模型中可以通过拖动滚动条或数值调节按钮来随意查看各因素变动时的成本、收入和利润值。

【例10-4】承例10-2，升达有限责任公司生产和销售某种产品，现有或预计的产销量为3 000件，产的单位售价为100元/件，单位变动成本为30元/件，固定成本为50 000元。假设这几种影响利润的因素的变化范围为-50%~50%，试在Excel中进行利润敏感分析。

具体的操作步骤如下。

01　在工作表中设置如图10-17所示的利润敏感性分析模型，设置单元格区域D4:D7、C12:C15、E12的格式为百分比。

	A	B	C	D	E	F
1	利润敏感性分析模型					
2	影响利润因素变动分析					
3	影响利润因素	当前数值	数值调节滚动条	变动百分比	变动后数值	
4	销售量/件	3000				
5	产品单价（元/件）	100				
6	单位变动成本（元/件）	30				
7	固定成本/元	50000				
8	当前利润					
9	各因素变动对利润的影响					
10	影响利润因素	单因素变动对利润的影响		多因素变动对利润的综合影响		
11		变动后利润	利润变动幅度	变动利润	利润变动幅度	
12	销售量/件					
13	产品单价（元/件）					
14	单位变动成本（元/件）					
15	固定成本/元					
16						

图10-17　利润敏感性分析模型

02　插入并设置滚动条格式。在快速访问工具栏中添加"滚动条(窗体控件)"命令，单击该按钮，将滚动条设置在C4单元格中，调节滚动条的大小，使其充满该单元格。在滚动条上右击，在弹出的菜单中选择"设置控件格式"。在"设置控件格式"对话框中，将"当前值"设置为"0"，"最小值"设置为"0"，"最大值"设置为"100"，"步长"设置为"1"，"页步长"设置为"2"，"单元格链接"设置为C4单元格，如图10-18所示。同理，在C5、C6、C7单元格中设置相同的滚动条。

03　设置变动百分比单元格的公式，计算变动后数值和当前利润值。由于影响利润的因素的变化范围为-50%~50%，结合滚动条的设置，在单元格D4中输入公式"=(C4-50)/100"，此时拖动滚动条，D4单元格的变化范围为-50%~50%，将此公式利用填充柄复制到D5:D7单元格区域。在单元格E4中输入公式"=B4*(1+D4)"，再将此公式利用填充柄复制到E5:E7单元格区域。

图10-18 "设置控件格式"对话框

04 设置当前利润公式。在单元格B8中输入公式"=B4*(B5-B6)-B7"。

05 设置单因素变动对利润的影响计算公式。假定在考虑某个因素变动时,其他因素都不变。在单元格B12中输入公式"=E4*(B5-B6)-B7",以此类推,计算出单元格B13、B14、B15变动后利润的值;在单元格C12中输入公式"=(B12-$B$8)/$B$8",利用填充柄将该公式复制到C13:C15单元格区域。

06 设置多因素变动对利润的综合影响计算公式。在单元格D12中输入公式"=E4*(E5-E6)-E7";在单元格E12中输入公式"=(D12-B8)/B8"。最终结果如图10-19所示。

	A	B	C	D	E	F
1	利润敏感性分析模型					
2	影响利润因素变动分析					
3	影响利润因素	当前数值	数值调节滚动条	变动百分比	变动后数值	
4	销售量/件	3000		−50.0%	1500	
5	产品单价(元/件)	100		−50.0%	50	
6	单位变动成本(元/件)	30		−50.0%	15	
7	固定成本/元	50000		−50.0%	25000	
8	当前利润		160000			
9	各因素变动对利润的影响					
10	影响利润因素	单因素变动对利润的影响		多因素变动对利润的综合影响		
11		变动后利润	利润变动幅度	变动后利润	利润变动幅度	
12	销售量/件	55000	−65.63%	27500	−82.81%	
13	产品单价(元/件)	10000	−93.75%			
14	单位变动成本(元/件)	205000	28.13%			
15	固定成本/元	185000	15.63%			
16						

图10-19 利润敏感性分析模型计算结果

10.4 利润最大化规划求解

如要实现资源的合理配置,正确使用"规划求解"工具是关键。通过分析生产条件,对直接或间接与目标单元格中的公式相关的单元格进行处理,从而得到实现最大利润的生产方案。

【例10-5】升达有限责任公司生产产品的基本资料如表10-1所示。同时,依据该公司销售量和期初库存数据,以及单位成本、单位毛利、生产时间等数据,得到下述条件限制：每月的生产成本不得超过50万元，耗费的生产时间不得超过600小时，各产品的目标产量和期初库存量的总和不得低于预计销量，各产品的最高产量不得超过预计销量的10%(生产能力限制见表10-2)。那么，如何对四种产品的实际产量进行分配，使得每月的利润最大？试在Excel中利用规划求解分析工具，建立利润最大化模型进行分析。

表10-1　产品基本资料

产品	A产品	B产品	C产品	D产品
单位成本/元	120	150	100	70
单位毛利/元	40	30	50	30
生产时间/小时	0.15	0.2	0.15	0.1

表10-2　生产能力限制

产品	约束值	约束条件	实际产量	约束条件	约束值
A产品	140	<=		<=	1845
B产品	70	<=		<=	1570
C产品	255	<=		<=	1650
D产品	77	<=		<=	1826

具体的操作步骤如下。

01 根据产品基本资料列出规划求解方程。

目标函数：$\max\{\pi\} = 40 \times Q1 + 30 \times Q2 + 50 \times Q3 + 30 \times Q4$

约束条件：$120 \times Q1 + 150 \times Q2 + 100 \times Q3 + 70 \times Q4 <= 500000$

$\qquad\qquad 0.15 \times Q1 + 0.2 \times Q2 + 0.15 \times Q3 + 0.1 \times Q4 <= 600$

$\qquad\qquad 140 \leqslant Q1 \leqslant 1845$

$\qquad\qquad 70 \leqslant Q2 \leqslant 1570$

$\qquad\qquad 255 \leqslant Q3 \leqslant 1650$

$\qquad\qquad 77 \leqslant Q3 \leqslant 1826$

其中：Q1、Q2、Q3、Q4分别为产品A、B、C、D的实际产量，且为整数。

02 根据案例资料及方程，建立利润最大化规划求解模型，如图10-20所示。

03 设置实际产量计算公式。实际产量E11单元格中输入公式"=D18"，E12单元格中输入公式"=E18"，E13单元格中输入公式"=F18"，E14单元格中输入公式"=G18"；其中，D18、E18、F18、G18单元格为可变单元格。

04 设置实际生产成本计算公式。实际生产成本D19单元格中输入公式"=SUMPRODUCT(D18:G18,D3:G3)"。

05 设置实际生产时间计算公式。实际生产时间D20单元格中输入公式"=SUMPRODUCT(D18:G18,D5:G5)"。

06 设置利润计算公式。利润D21单元格中输入公式"=SUMPRODUCT(D18:G18,D4:G4)"。

公式设置完成的效果如图10-21所示。

	A产品	B产品	C产品	D产品
		利润最大化规划求解模型		
产　品	A产品	B产品	C产品	D产品
单位成本	120	150	100	70
单位毛利	40	30	50	30
生产时间	0.15	0.2	0.15	0.1

（图10-20 与 图10-21 并列两张表格）

图10-20　利润最大化规划求解模型

图10-21　设置实际产量、实际生产成本、实
际生产时间、利润的计算公式

07 规划求解参数设置。找到数据选项卡下的"规划求解"命令，弹出"规划求解参数"对话框。设置目标为"$D$21"，求"最大值"；可变单元格为实际产量"$D$18:$G$18"单元格区域。设置完成之后添加约束条件，单击"添加"，打开"添加约束"对话框即可添加条件，根据模型当中的约束条件进行添加。

生产能力限制，依据模型中的生产能力限制条件，依次添加实际产量的最大约束值和最小约束值，同时，实际产量为整数。如图10-22、图10-23和图10-24所示，设置完成之后单击"添加"按钮继续添加约束条件。

图10-22　设置生产能力限制最大约束值

图10-23　设置生产能力限制最小约束值

图10-24　设置实际产量为整数

生产成本限制，实际生产成本不得超过500 000元，如图10-25所示，设置完成之后单击"添加"按钮。

生产时间限制，实际生产时间不得超过600小时，如图10-26所示，设置完成之后单击"确定"按钮。

图10-25　设置生产成本限制

图10-26　设置生产时间限制

约束条件设置完毕之后，返回"规划求解参数"对话框，选择求解方法为"单纯线性规划"，如图10-27所示。

图10-27　规划求解参数最终设置效果

08 建立分析报告。上一步骤单击"求解"后，在"规划求解结果"对话框中，选中"报告"列表框中的"运算结果报告"选项，如图10-28所示。然后单击"确定"按钮，Excel会自动插入一张"运算结果报告1"工作表，同时计算出最优的实际产量，使利润达到最大，如图10-29所示。

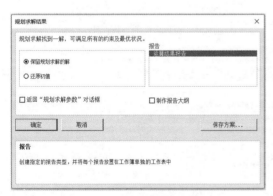

图10-28　"规划求解结果"对话框

图10-29　规划求解计算出最佳实际产量

> ❖ **注意**：
>
> 使用规划求解功能计算后，除了可以显示出求解结果，还可以建立分析报告以供参考，如运算结果报告、敏感性报告和极限值报告。要建立分析报告，只需在"规划求解结果"对话框的"报告"列表框中选择需要的选项即可。需要注意的是，具有整数约束条件的问题不生成敏感性报告及极限值报告。

[09] 方案管理。在"规划求解结果"对话框中，选择"保存方案"选项，打开"保存方案"对话框。输入方案名称"利润最大化规划求解模型"，单击"确定"即可，如图10-30所示。

图10-30 保存方案

如果要查看方案，则需选择"数据"选项卡下"预测"功能组的"模拟分析"按钮，打开"方案管理器"对话框，可以进行显示方案结果、添加新方案、删除和编辑方案、查看方案摘要等操作。

10.5 思考练习

1. 填空题

(1) Excel 2019的单变量求解中，需设置＿＿＿＿＿＿＿＿、＿＿＿＿＿＿＿＿、＿＿＿＿＿＿＿＿选项。

(2) 利润规划中最主要的分析方法是＿＿＿＿＿＿＿＿。

(3) 为了建立本量利分析理论，必须对成本、销售数量、价格和利润的关系做一些基本假设，由此来限定本量利分析的范围，主要包括＿＿＿＿＿＿＿＿假设、＿＿＿＿＿＿＿＿假设、＿＿＿＿＿＿＿＿假设和＿＿＿＿＿＿＿＿假设。

(4) 求解在成本最小情况下，使利润最大化，Excel的＿＿＿＿＿＿＿＿功能可以帮助用户得到各类规划的最佳解决方案。

2. 实操演练

(1) 升达有限责任公司生产的某种产品，每月销量为2 000件，产品单价为60元/件，单位变动成本36元/件，每月固定成本8 000元。假设各因素变动百分比上下浮动范围是-50%～50%，试在Excel中进行利润敏感分析。

如果销售单价提高10%，将导致销量下降15%；如果销售单价降低5%，可以增加销售量25%。根据以上情况，分析哪种措施对该公司更有利。

(2) 升达有限责任公司生产D产品、E产品、F产品的情况如下：生产D产品的单位成本为320元/件，单位毛利为280元/件，单位时间为5分钟；生产E产品的单位成本为380元/件，单位毛利为300元/件，单位时间为10分钟；生产F产品的单位成本为450元/件，单位毛利为350元/件，单位时间为15分钟。每日的生产成本最高限额为12 000元，每日的生产时间总额不能超过15小时，三种产品的每日产量最低限额均为10件。那么，如何对四种产品的实际产量进行分配，使得每日的利润最大？试在Excel中利用规划求解分析工具，建立利润最大化模型进行分析。

任务 11

Excel 在工资管理中的应用

学习目标：

1. 学会利用Excel建立工资管理系统；
2. 学会利用Excel的公式及函数设置工资结算单项目；
3. 学会利用Excel的筛选、数据透视表功能进行工资数据的查询和分析；
4. 学会利用Excel的排序、页面设置功能打印工资条。

工资管理是指管理公司员工每月的各项薪酬，具体包括基本工资、岗位工资、绩效工资、考勤、工龄工资、应发工资、代扣社保和公积金、个税预扣预缴及实发工资等。单位性质不同，工资管理的计算项目也不相同。

但是，用手工计算这些数据工作效率低，也容易出错。利用Excel进行工资管理能提高工作效率并规范管理内容。一旦建立了工资管理系统，每月核算员工薪酬时，只需要更改少量的数据即可自动计算出每位员工的最终实发工资，同时为查询、汇总、管理工资数据提供了极大的方便。

【例11-1】为了随时了解职工工资情况，及时对工资数据进行汇总分析，便于公司进行薪酬管理与控制，2022年8月，升达有限责任公司开始尝试使用Excel进行工资管理。

通过对升达有限责任公司的工资数据进行分析，初步定下本任务的实施步骤为：第一步，录入工资管理基础数据；第二步，设置工资结算单格式和工资项目；第三步，工资数据的查询与统计分析；第四步，编制工资费用分配表；第五步，打印工资条。

11.1　录入工资管理基础数据

11.1.1　制作员工基本信息表

1. 设置员工基本信息表格式

员工基本信息表主要包括员工的工号、姓名、性别、所属部门、入职时间、工龄、职工类别、基本工资等信息，该表可以有效地查看员工的基本信息，并为计算员工工资提供依据。设置员工基本信息表格式操作步骤如下。

01 新建"工资表"工作簿，将"Sheet1"工作表重命名为"员工基本信息表"。

02 在"员工基本信息表"工作表中，选中A1:H1单元格区域，选择对齐方式为"合并后居中"，输入表格标题为"升达有限责任公司员工基本信息表"，字体为"宋体"，字号为"12"，字体加粗。

03 选中A2:H32单元格区域，插入表格，设置表格内字体为"宋体"，字号为"12"，对齐方式为"居中"。

04 在A2:H2单元格区域内依次录入"工号""员工姓名""性别""所属部门""入职时间""工龄""职工类别""基本工资"项目，字体加粗、加黄色底纹。

05 设置"工号"所在A列单元格格式的数字类型为"文本"类型。员工基本信息表格式如图11-1所示。

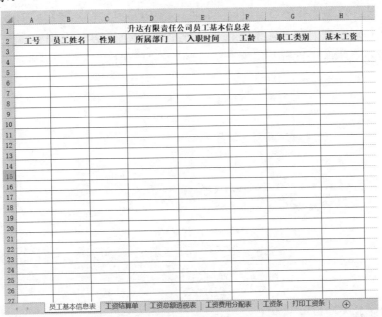

图11-1　升达有限责任公司员工基本信息表

2. 对数据列添加数据验证

为了方便员工信息的录入，同时防止录入错误，可对某些数据列添加数据验证。设置单元格的数据验证操作步骤如下。

01 对"性别"所在列添加数据验证。选中C3单元格，在"数据"选项卡的"数据工具"组中，单击"数据验证"选项，打开"数据验证"对话框。在"允许"下拉列表框中选择"序列"选项，在"来源"编辑框中编辑类别来源为"男,女"，注意其中的逗号为英文状态下的逗号，如图11-2所示。单击"确定"按钮后，将C3单元格的数据验证设置利用填充柄填充至C32单元格。

02 对"所属部门"所在列添加数据验证。选中D3单元格，按相同的方法设置"所属部门"列的选择填充序列为"行政部,财务部,技术部,采购部,销售部,生产一车间,生产二车间,生产三车间"，并将D3单元格的数据验证设置利用填充柄填充至D32单元格。如图11-3所示。

图11-2　设置"性别"列数据验证

图11-3　设置"所属部门"列数据验证

03 对"职工类别"所在列添加数据验证。选中G3单元格，按相同的方法设置"职工类别"列的选择填充序列为"总经理,部门经理,管理人员,采购人员,销售人员,生产人员"，并将G3单元格的数据验证设置利用填充柄填充至G32单元格。如图11-4所示。

图11-4　设置"职工类别"列数据验证

3. 录入员工基本信息表

录入员工的基本数据后，即可随时在表格中查看员工的信息，便于公司进行查看与管理。

01 录入"工号"所在A列单元格数据。选中A3单元格录入"001"，利用填充柄将工号填充至A32单元格。

02 分别在"员工姓名""性别""所属部门""入职时间""职工类别""基本工资"列添加员工的基本信息。

03 设置"工龄"所在 F 列单元格函数。选中 F 3 单元格，录入公式"=INT(DAYS360(E3,TODAY())/360)"，利用填充柄填充至F4:F32单元格区域。需要注意的是，使用DAYS360函数计算员工工龄时，是通过计算当前日期与员工入职日期之间的天数，按一年360天的标准相除，然后使用INT函数向下取整，即可得到员工的工龄。

04 美化员工基本信息表。设置员工基本信息表的表格边框，调整合适的列宽和行高。录入完毕的员工基本信息表如图11-5所示。

工号	员工姓名	性别	所属部门	入职时间	工龄	职工类别	基本工资
			升达有限责任公司员工基本信息表				
001	贺涵	男	行政部	2005/11/1	16	总经理	5000
002	张婷	女	行政部	2006/11/1	15	管理人员	3600
003	龙倩	女	行政部	2013/11/1	8	管理人员	3200
004	白玫	女	技术部	2005/11/1	16	部门经理	4600
005	邵景	男	技术部	2009/11/1	12	管理人员	4000
006	严妮	女	采购部	2005/11/1	16	部门经理	4200
007	贺盛开	男	采购部	2010/11/1	11	采购人员	3600
008	洪晖	男	采购部	2012/11/1	9	采购人员	3200
009	洪玫	女	销售部	2005/11/1	16	部门经理	4200
010	毛森	男	销售部	2007/11/1	14	销售人员	3800
011	侯芮	男	销售部	2008/11/1	13	销售人员	3600
012	白薇薇	女	财务部	2006/11/1	15	部门经理	4600
013	孔伟	男	财务部	2008/11/1	11	管理人员	3800
014	顾粒	女	财务部	2012/11/1	9	管理人员	3600
015	牛芳芳	女	财务部	2012/11/1	9	管理人员	3600
016	赵新	男	生产一车间	2005/11/1	16	部门经理	4200
017	严如	男	生产一车间	2006/11/1	15	生产人员	3500
018	钱姗姗	女	生产一车间	2008/11/1	13	生产人员	3300
019	郝骏	男	生产一车间	2009/11/1	12	生产人员	3100
020	白百合	女	生产一车间	2009/11/1	12	生产人员	3100
021	雷乐乐	男	生产一车间	2010/11/1	11	生产人员	3100
022	贺一文	男	生产一车间	2010/11/1	11	生产人员	3100
023	欧阳锋	男	生产一车间	2010/11/1	11	生产人员	3100
024	薛倩	女	生产二车间	2005/11/1	16	部门经理	4000
025	施元	男	生产二车间	2006/11/1	15	生产人员	3500
026	万进步	男	生产二车间	2008/11/1	13	生产人员	3300
027	顾里	女	生产二车间	2008/11/1	13	生产人员	3100
028	段钰	女	生产三车间	2005/11/1	16	部门经理	4000
029	李力军	男	生产三车间	2008/11/1	13	生产人员	3300
030	郭姗	女	生产三车间	2010/11/1	11	生产人员	3100

员工基本信息表　工资结算单　工资总额透视表　工资费用分配表　工资条　打印工资条

图11-5　录入完毕的员工基本信息表

11.1.2　建立岗位工资标准和绩效工资标准

根据升达有限责任公司规定的工资制度，员工的岗位工资根据其所属职工类别的不同而定，绩效工资则根据其所在部门而定。在"员工基本信息表"工作表中建立"岗位工资标准"和"绩效工资标准"，效果如图11-6所示。

岗位工资标准		绩效工资标准	
职工类别	岗位工资	所属部门	绩效工资
总经理	3200	行政部	1500
部门经理	2800	技术部	1700
管理人员	2200	采购部	2100
采购人员	2000	销售部	2100
销售人员	2000	财务部	1500
生产人员	1900	生产一车间	1300
		生产二车间	1300
		生产三车间	1300

图11-6　岗位工资标准和绩效工资标准

11.2 设置工资结算单格式和工资项目

企业与职工进行工资结算时，需要编制工资结算凭证，即工资结算单(也叫工资表)。工资结算单详细地记录了工资的各个组成部分，以及应付工资的计算、代扣款项的计算和实发工资的计算。

本例中，首先要根据升达有限责任公司的实际情况确定工资表的组成部分，设置工资结算单格式；然后再计算员工的各部分工资，如岗位工资、绩效工资、考勤、工龄工资、应发工资、代扣社保和公积金、个税预扣预缴及实发工资等。

11.2.1 设置工资结算单格式

结合相关资料，本例中设计的升达有限责任公司工资结算单不仅包括员工基本信息表当中的"工号""员工姓名""所属部门""职工类别""基本工资"等项目，还包括"岗位工资""绩效工资""请假天数""请假扣款""工龄工资""应发工资""代扣社保和公积金""个税预扣预缴"及"实发工资"等项目。设置工资结算单格式的操作步骤如下。

01 打开"工资表"工作簿，将"Sheet2"工作表重命名为"工资结算单"。

02 打开"员工基本信息表"工作表，选中A2:B32、D2:D32、G2:H32单元格区域，将内容全部复制到"工资结算单"工作表中的A列至E列。

03 选中F1:Q1单元格区域，依次输入工资的各个组成项目名称，并使用格式刷复制A1:E1单元格区域的格式到F1:Q1单元格区域，调整列宽和行高至合适位置。

04 选中A1:Q32单元格区域，添加表格框线。最终效果如图11-7所示。

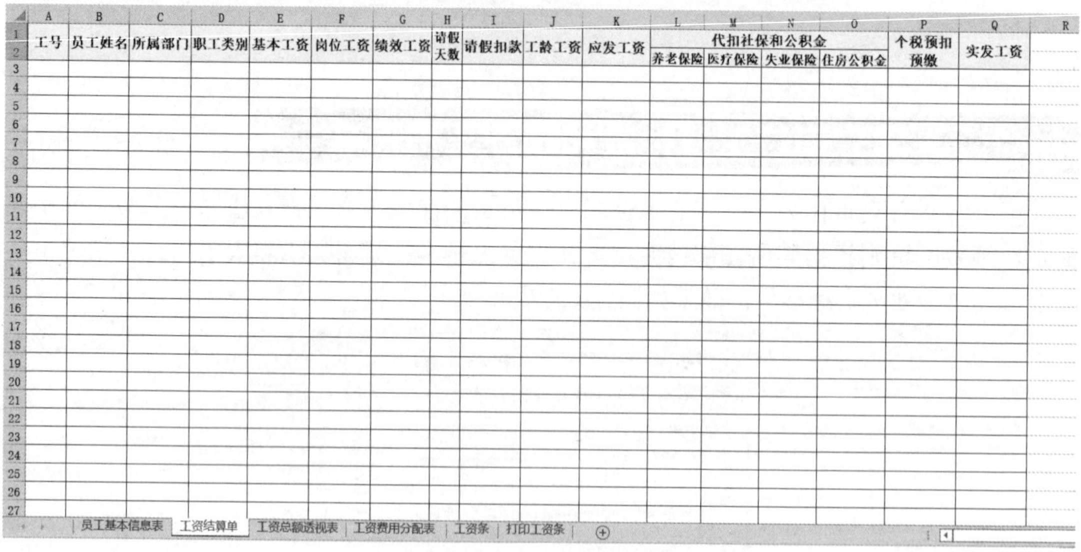

图11-7 设置工资结算单格式

11.2.2　设置工资项目

工资结算单上的工资项目可以分为以下三类：第一类，数据来源于其他工作表或直接录入，如"工号""员工姓名""所属部门""职工类别""基本工资"可以直接从基本工资信息表中复制，"请假天数"可以直接根据考勤表录入；第二类，工资项目"岗位工资""绩效工资""个税预扣预缴"可以根据函数计算取得；第三类，工资项目"请假扣款""应发工资""代扣社保和公积金""实发工资"可以利用公式计算取得。设置工资项目的操作步骤如下。

1. 设置"岗位工资"项目

根据升达有限责任公司规定的工资制度，员工的"岗位工资"根据其所属"职工类别"的不同而定，具体要求见"岗位工资标准"表，操作步骤如下。

01 选择F3单元格，单击功能区中的"公式"选项卡下的"插入函数"按钮，打开"插入函数"对话框，选择IF函数。设置IF函数中的各参数，如图11-8所示。

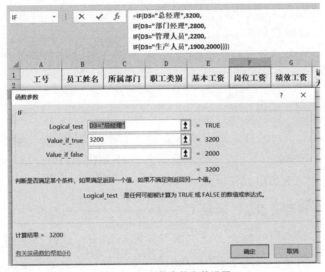

图11-8　IF函数中的参数设置

02 需要注意的是，F3单元格中的IF函数公式含义为：如果D3单元格的值为"总经理"，则返回值为"3200"，否则又有4种情况，所以在第3个参数里继续单击IF函数做进一步判断；如果D3单元格的值为"部门经理"，则返回值为"2800"，如果不是，则继续单击IF函数进行判断；如果D3单元格的值为"管理人员"，则返回值为"2200"，如果不是，则继续单击IF函数进行判断；如果D3单元格的值为"生产人员"，则返回值为"1900"，如果不是，那就只剩下最后一种情况，D3单元格的值是"采购人员"或者"销售人员"，则IF函数值为"2000"。

03 利用填充柄将F3单元格的公式复制到F4:F32单元格区域。

2. 设置"绩效工资"项目

根据升达有限责任公司规定的工资制度，员工的绩效工资根据其所在部门而定，具体要求见"绩效工资标准"表。

操作步骤如下：选择G3单元格，公式设置为"=IF(OR(C3="行政部",C3="财务部"),1500,IF(C3="技术部",1700,IF(OR(C3="采购部",C3="销售部"),2100,1300)))"，利用填充柄将G3单元格的公式复制到G4:G32单元格区域。

3. 设置"请假扣款"项目

根据升达有限责任公司的规定，每请假一天扣款100元。2022年8月人事处考勤表登记：龙倩请假1天，严如请假1天，郝骏请假2天。请假扣款的计算公式为

请假扣款=请假天数×100

操作步骤如下：选择I3单元格，公式设置为"=H3*100"，利用填充柄将I3单元格的公式复制到I4:I32单元格区域。

4. 设置"工龄工资"项目

工龄工资是根据员工在企业工作的年限，按照规定标准支付给员工的工资，是企业为了挽留人才、体现企业员工贡献的一种工资形式。下面将通过"员工基本信息表"中的工龄字段值来计算"工资结算单"中的工龄工资。

操作步骤如下：选择J3单元格，公式设置为"=员工基本信息表!F3*50"，利用填充柄将J3单元格的公式复制到J4:J32单元格区域。

5. 设置"应发工资"项目

应发工资为基本工资、岗位工资、绩效工资、工龄工资之和减去请假扣款之后所得。

操作步骤如下：选择K3单元格，公式设置为"=E3+F3+G3-I3+J3"，利用填充柄将K3单元格的公式复制到K4:K32单元格区域。

6. 设置"代扣社保和公积金"项目

根据升达有限责任公司的规定，"五险"按照公司所在地社会平均工资作为社保缴费基数，假设当地上年的社会平均工资为3409元；"一金"按照基本工资、岗位工资总和的12%扣除。"五险"包括：养老保险、医疗保险、失业保险、工伤保险、生育保险。"一金"是指住房公积金。其中，养老保险、医疗保险、失业保险和住房公积金由企业和个人共同缴纳保费，工伤保险和生育保险完全由企业承担，个人不需要缴纳。基本养老保险个人缴费比例为8%，基本医疗保险个人缴费比例为2%，失业保险个人缴费比例为0.3%，住房公积金个人缴费比例为12%。设置"代扣社保和公积金"项目的操作步骤如下。

01 选择L3单元格，公式设置为"=3409*0.08"，利用填充柄将L3单元格的公式复制到L4:L32单元格区域。

02 选择M3单元格，公式设置为"=3409*0.02"，利用填充柄将M3单元格的公式复制到M4:M32单元格区域。

03 选择N3单元格，公式设置为"=3409*0.003"，利用填充柄将N3单元格的公式复制到N4:N32单元格区域。

04 选择O3单元格，公式设置为"=(E3+F3)*0.12"，利用填充柄将O3单元格的公式复

制到O4:O32单元格区域。

7. 设置"个税预扣预缴"项目

我国2019年版《个人所得税法》规定，扣缴义务人向居民个人支付工资、薪金所得时，应当按照累计预扣法计算预扣税款，并按月办理全员全额扣缴申报。

(1) 个人所得税的应纳税所得额。

根据《个人所得税法》的规定，居民个人工资、薪金所得减除费用及专项扣除、专项附加扣除和依法确定的其他扣除后的余额，为应纳税所得额。其中，减除费用为每月5000元；专项扣除主要是"三险一金"，包括基本养老保险费、基本医疗保险费、失业保险费与住房公积金；专项附加扣除主要包括子女教育、继续教育、大病医疗、住房贷款利息、住房租金、赡养老人、3岁以下婴幼儿护照等项目；其他扣除主要包括职业年金、商业健康保险、税延养老保险与准予扣除的捐赠额等。其中，"三险一金"与职业年金称为"三险两金"(有的单位可能只代扣代缴"三险"，而不扣缴"两金")。

(2) 个人所得税的税率。

根据《个人所得税法》的规定，居民个人工资、薪金所得预扣预缴税额的预扣率、速算扣除数，如表11-1所示。

表11-1　居民个人工资、薪金所得税税率表

级数	累计预扣预缴应纳税所得额	预扣率/%	速算扣除数
1	不超过36 000元的部分	3	0
2	超过36 000元至144 000元的部分	10	2 520
3	超过144 000元至300 000元的部分	20	16 920
4	超过300 000元至420 000元的部分	25	31 920
5	超过420 000元至660 000元的部分	30	52 920
6	超过660 000元至960 000元的部分	35	85 920
7	超过960 000元的部分	45	181 920

(3) 个人所得税的计算公式。

本期应预扣预缴税额=(累计预扣预缴应纳税所得额×预扣率-速算扣除数)-累计减免额-累计已预扣预缴税额

累计预扣预缴应纳税所得额=累计收入-累计免税收入-累计减除费用-累计专项扣除-累计专项附加扣除-累计依法确定的其他扣除

(4) 假设2022年升达有限责任公司每位员工的基本工资、岗位工资、绩效工资不做调整，同时升达有限责任公司每年新员工入职时间为11月1日，所以2022年1月至8月每位员工的工龄工资不变，因此，2022年1月至8月每位员工的应发工资、预扣预缴个税金额不变。需要注意的是，专项附加扣除均由各个员工在2023年度个人所得税综合所得年度汇算中自行申报，并进行税前扣除。

(5) 新增R列为"一月份应纳税所得额"，选择R3单元格，公式设置为"=K3-5000-SUM(L3:O3)"，利用填充柄将R3单元格的公式复制到R4:R32单元格区域。

(6) 新增S列为"一月份预扣预缴额"，选择S3单元格，公式设置为"=IF(R3<=0,0,IF(R3<=36000,R3*0.03,IF(R3<=144000,R3*0.1-2520,IF(R3<=300000,R3*0.2-

16920,IF(R3<=420000,R3*0.25-31920,IF(R3<=660000,R3*0.3-52920,IF(R3<=960000,R3*0.35-85920,R3*0.45-181920)))))))",利用填充柄将S3单元格的公式复制到S4:S32单元格区域。

（7）新增T"累计预扣预缴应纳税所得额",选择T3单元格,公式设置为"=K3*8-5000*8-SUM(L3:O3)*8",利用填充柄将T3单元格的公式复制到T4:T32单元格区域。

（8）选择P3单元格,根据"本期应预扣预缴税额"计算公式,公式设置为"=IF(T3<=0,0,IF(T3<=36000,T3*0.03,IF(T3<=144000,T3*0.1-2520,IF(T3<=300000,T3*0.2-16920,IF(T3<=420000,T3*0.25-31920,IF(T3<=660000,T3*0.3-52920,IF(T3<=960000,T3*0.35-85920,T3*0.45-181920)))))))-S3*7",利用填充柄将P3单元格的公式复制到P4:P32单元格区域。

8. 设置"实发工资"项目

实发工资的计算公式为：

实发工资=应发工资-代扣社保和公积金-个税预扣预缴

操作步骤如下：选择Q3单元格,公式设置为"=K3-SUM(L3:O3)-P3",利用填充柄将Q3单元格的公式复制到Q4:Q32单元格区域。

"工资结算单"全部字段项目设置完毕后,最终效果如图11-9所示。

工号	员工姓名	所属部门	职工类别	基本工资	岗位工资	绩效工资	请假天数	请假扣款	工龄工资	应发工资	养老保险	医疗保险	失业保险	住房公积金	个税预扣预缴	实发工资	一月份应纳税所得额	一月份预扣预缴额	累计预扣预缴应纳税所得额
001	贺涵	行政部	总经理	5000	3200	1500		0	800	10500.00	272.72	68.18	10.23	984	124.95	9039.93	4,164.87	124.95	33318.98
002	张琳	行政部	管理人员	3600	2200	1500		0	750	8050.00	272.72	68.18	10.23	696	60.09	6942.79	2,002.87	60.09	16022.98
003	龙倩	行政部	管理人员	3200	2200	1500	1	100	400	7200.00	272.72	68.18	10.23	648	36.03	6164.85	1,200.87	36.03	9606.98
004	白玫	技术部	部门经理	4600	2800	1700		0	800	9900.00	272.72	68.18	10.23	888	109.83	8551.05	3,660.87	109.83	29286.98
005	邵熹	技术部	管理人员	4000	2200	1700		0	600	8500.00	272.72	68.18	10.23	744	72.15	7332.73	2,404.87	72.15	19238.98
006	严彪	采购部	部门经理	4200	2800	2100		0	800	9900.00	272.72	68.18	10.23	840	111.27	8597.61	3,708.87	111.27	29670.98
007	贺盛开	采购部	管理人员	3600	2000	2100		0	550	8250.00	272.72	68.18	10.23	672	66.81	7160.07	2,226.87	66.81	17814.98
008	洪辉	采购部	采购人员	3200	2000	2100		0	450	7750.00	272.72	68.18	10.23	624	53.25	6721.63	1,774.87	53.25	14198.98
009	洪玫	销售部	销售人员	4200	2800	2100		0	800	9900.00	272.72	68.18	10.23	840	111.27	8597.61	3,708.87	111.27	29670.98
010	毛淼	销售部	销售人员	3800	2000	2100		0	700	8600.00	272.72	68.18	10.23	696	76.59	7476.29	2,552.87	76.59	20422.98
011	侯芮	销售部	销售人员	3600	2000	2100		0	650	8350.00	272.72	68.18	10.23	672	69.81	7257.07	2,326.87	69.81	18614.98
012	白薇薇	财务部	部门经理	4600	2800	1500		0	750	9650.00	272.72	68.18	10.23	888	102.33	8308.55	3,410.87	102.33	27286.98
013	孔伟	财务部	管理人员	3800	2200	1500		0	550	8050.00	272.72	68.18	10.23	720	59.37	6919.51	1,978.87	59.37	15830.98
014	顾敏	财务部	管理人员	3600	2200	1500		0	450	7750.00	272.72	68.18	10.23	696	51.09	6651.79	1,702.87	51.09	13622.98
015	牛芳芳	财务部	管理人员	3600	2200	1500		0	450	7750.00	272.72	68.18	10.23	696	51.09	6651.79	1,702.87	51.09	13622.98
016	赵新	生产车间	部门经理	4200	2800	1300		0	800	9100.00	272.72	68.18	10.23	840	87.27	7821.61	2,908.87	87.27	23270.98
017	严如	生产车间	生产人员	3700	1900	1300	1	100	750	7350.00	272.72	68.18	10.23	648	40.53	6310.35	1,350.87	40.53	10806.98
018	钱娜娜	生产车间	生产人员	3300	1900	1300		0	650	7150.00	272.72	68.18	10.23	624	35.25	6139.63	1,174.87	35.25	9398.98
019	郝骏	生产车间	生产人员	3100	1900	1300	2	200	600	6700.00	272.72	68.18	10.23	600	22.47	5726.41	748.87	22.47	5990.98
020	白百合	生产车间	生产人员	3100	1900	1300		0	600	6900.00	272.72	68.18	10.23	600	28.47	5920.41	948.87	28.47	7590.98
021	雷乐乐	生产车间	生产人员	3100	1900	1300		0	550	6850.00	272.72	68.18	10.23	600	26.97	5871.91	898.87	26.97	7190.98
022	贺一文	生产车间	生产人员	3100	1900	1300		0	550	6850.00	272.72	68.18	10.23	600	26.97	5871.91	898.87	26.97	7190.98
023	欧阳锋	生产车间	生产人员	3100	1900	1300		0	550	6850.00	272.72	68.18	10.23	600	26.97	5871.91	898.87	26.97	7190.98
024	薛倩	生产二车间	部门经理	4000	2800	1300		0	750	8900.00	272.72	68.18	10.23	816	81.99	7650.89	2,732.87	81.99	21862.98
025	施元	生产二车间	生产人员	3300	1900	1300		0	750	7450.00	272.72	68.18	10.23	648	43.53	6407.35	1,450.87	43.53	11606.98
026	万进步	生产二车间	生产人员	3300	1900	1300		0	650	7150.00	272.72	68.18	10.23	624	35.25	6139.63	1,174.87	35.25	9398.98
027	顾里	生产三车间	生产人员	3300	1900	1300		0	650	6950.00	272.72	68.18	10.23	600	29.97	5968.91	998.87	29.97	7990.98
028	段钰	生产三车间	部门经理	4000	2800	1300		0	800	8900.00	272.72	68.18	10.23	816	81.99	7650.89	2,732.87	81.99	21862.98
029	李力军	生产三车间	生产人员	3100	1900	1300		0	650	6850.00	272.72	68.18	10.23	600	35.25	6139.63	1,174.87	35.25	9398.98
030	郭娜	生产三车间	生产人员	3100	1900	1300		0	550	6850.00	272.72	68.18	10.23	600	26.97	5871.91	898.87	26.97	7190.98
										241200									

员工基本信息表　工资结算单　工资总额透视表　工资费用分配表　工资条　打印工资条

图11-9　"工资结算单"最终效果图

知识链接

1. OR函数

OR函数为多条件判断函数之一,相当于数学中的"或"。

【类型】逻辑类函数

【语法】OR(Logical1,Logical2……)

Logical1判断条件1;

Logical2判断条件2;

……

【功能】其参数组中，其中任何一个逻辑值为TRUE，则返回TRUE

11.3　工资数据的查询与统计分析

因为工作需要，财务部门或薪资管理人员经常需要了解一下某个部门或职工的工资情况，并按照一定顺序进行排序、分类汇总。那么我们利用排序、筛选功能，对工资数据进行查询，使用数据透视表和数据透视图对工资数据进行简单的处理和分析。

在工资数据的查询与统计分析开始前，需要调整"工资结算单"的标签行，需将其调整至一行，并取消合并单元格，以便数据的统计分析，具体如图11-10所示。

	工号	员工姓名	所属部门	职工类别	基本工资	岗位工资	绩效工资	请假天数	请假扣款	工龄工资	应发工资	养老保险	医疗保险	失业保险	住房公积金	个税预扣预缴	实发工资	一月份应纳税所得额	一月份预扣预缴额	累计预扣预缴应纳税所得额
1																				
2	001	贺涵	行政部	总经理	5000	3200	1500		0	800	10500.00	272.72	68.18	10.23	984	124.95	9039.93	4,164.87	124.95	33318.98
3	002	张婷	行政部	管理人员	3600	2200	1500		0	750	8050.00	272.72	68.18	10.23	696	60.09	6942.79	2,002.87	60.09	16022.98
4	003	龙倩	行政部	管理人员	3200	2200	1500	1	100	400	7200.00	272.72	68.18	10.23	648	36.03	6164.85	1,200.87	36.03	9606.98
5	004	白玫	技术部	部门经理	4600	2800	1700		0	800	9900.00	272.72	68.18	10.23	888	109.83	8551.05	3,660.87	109.83	29286.98
6	005	邵景	技术部	管理人员	4000	2200	1700		0	600	8500.00	272.72	68.18	10.23	744	72.15	7332.73	2,404.87	72.15	19238.98
7	006	严魁	采购部	部门经理	4200	2800	2100		0	800	9900.00	272.72	68.18	10.23	840	111.27	8597.61	3,708.87	111.27	29670.98
8	007	贺盛开	采购部	采购人员	3600	2000	2100		0	550	8250.00	272.72	68.18	10.23	672	66.81	7160.07	2,226.87	66.81	17814.98
9	008	洪晖	采购部	采购人员	3200	2000	2100		0	450	7750.00	272.72	68.18	10.23	624	53.25	6721.63	1,774.87	53.25	14198.98
10	009	洪玫	销售部	部门经理	4200	2800	2100		0	800	9900.00	272.72	68.18	10.23	840	111.27	8597.61	3,708.87	111.27	29670.98

图11-10　调整"工资结算单"的标签行

11.3.1　工资结算单数据排序

排序是指将数据区域中的记录，按字段名的数据值大小进行排列。从小到大排序称为升序，从大到小排序称为降序，用来排序的字段或条件称为排序关键字。

在Excel中进行排序，数字和日期按数值大小进行排列；字母按字母顺序进行排列；汉字转化为汉语拼音，并根据首个汉字字母比较规则进行比较排序。

1. 利用功能区中的"升序""降序"按钮进行排序

利用降序按钮对升达有限责任公司工资结算单按"基本工资"由高到低进行降序排列。具体操作步骤如下。

01 选择"基本工资"E列，单击功能区中的"数据"选项卡下"排序和筛选"功能组中的"降序"按钮。

02 在弹出的"排序提醒"对话框中，选中"扩展选定区域"单选按钮，如图11-11所示。

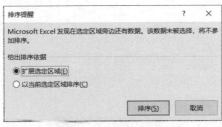

图11-11　"排序提醒"对话框

❖ **注意：**

选中"扩展选定区域"单选按钮，则基本工资对应的其他列随排序位重的变化而变化。

03 最后单击"排序"按钮，排序后人员编号的顺序发生变化，前9条记录如图11-12所示。

工号	员工姓名	所属部门	职工类别	基本工资	岗位工资	绩效工资	请假天数	请假扣款	工龄工资	应发工资	养老保险	医疗保险	失业保险	住房公积金	个税预扣预缴	实发工资	一月份应纳税所得额	一月份预扣预缴额	累计预扣预缴应纳税所得额
001	贺涵	行政部	总经理	5000	3200	1500		0	800	10500.00	272.72	68.18	10.23	984	124.95	9039.93	4,164.87	124.95	33318.98
004	白玫	技术部	部门经理	4600	2800	1700		0	800	9900.00	272.72	68.18	10.23	888	109.83	8551.05	3,660.87	109.83	29286.98
012	白薇薇	财务部	部门经理	4600	2800	1500		0	750	9650.00	272.72	68.18	10.23	888	102.33	8308.55	3,410.87	102.33	27286.98
006	严毅	采购部	部门经理	4200	2800	2100		0	800	9900.00	272.72	68.18	10.23	840	111.27	8597.61	3,708.87	111.27	29670.98
009	洪玫	销售部	部门经理	4200	2800	2100		0	800	9900.00	272.72	68.18	10.23	840	111.27	8597.61	3,708.87	111.27	29670.98
016	赵新	生产一车间	部门经理	4200	2800	1300		0	800	9100.00	272.72	68.18	10.23	840	87.27	7821.61	2,908.87	87.27	23270.98
005	邵泉	技术部	管理人员	4000	2200	1700		0	600	8500.00	272.72	68.18	10.23	744	72.15	7332.73	2,404.87	72.15	19238.98
024	薛倩	生产二车间	部门经理	4000	2800	1300		0	800	8900.00	272.72	68.18	10.23	816	81.99	7650.89	2,732.87	81.99	21862.98
028	段钰	生产三车间	部门经理	4000	2800	1300		0	800	8900.00	272.72	68.18	10.23	816	81.99	7650.89	2,732.87	81.99	21862.98

图11-12　"降序"排序结果(部分)

2. 利用功能区中的"排序"命令按钮

利用"排序"命令对升达有限责任公司工资结算单按"基本工资"由高到低进行降序排列。具体操作步骤如下。

01 选择"工资结算单"工作表数据区域中的一个单元格，单击功能区中的"数据"选项卡下"排序和筛选"功能组中的"排序"按钮，弹出"排序"对话框。

02 单击对话框中"主要关键字"下拉列表框的向下箭头，主要关键字选择"基本工资"选项，排序依据选择"单元格值"选项，次序选择"升序"选项，如图11-13所示。

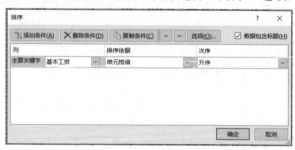

图11-13　"排序"对话框

03 单击"确定"按钮，按基本工资"升序"排序，如图11-14所示。

工号	员工姓名	所属部门	职工类别	基本工资	岗位工资	绩效工资	请假天数	请假扣款	工龄工资	应发工资	养老保险	医疗保险	失业保险	住房公积金	个税预扣预缴	实发工资	一月份应纳税所得额	一月份预扣预缴额	累计预扣预缴应纳税所得额
019	郝骏	生产一车间	生产人员	3100	1900	1300	2	200	600	6700.00	272.72	68.18	10.23	600	22.47	5726.41	748.87	22.47	5990.98
020	白百合	生产一车间	生产人员	3100	1900	1300			600	6900.00	272.72	68.18	10.23	600	28.47	5920.41	948.87	28.47	7590.98
021	雷乐乐	生产一车间	生产人员	3100	1900	1300			550	6850.00	272.72	68.18	10.23	600	26.97	5871.91	898.87	26.97	7190.98
022	贺一文	生产一车间	生产人员	3100	1900	1300			550	6850.00	272.72	68.18	10.23	600	26.97	5871.91	898.87	26.97	7190.98
023	欧阳锋	生产一车间	生产人员	3100	1900	1300			550	6850.00	272.72	68.18	10.23	600	26.97	5871.91	898.87	26.97	7190.98
027	顾里	生产二车间	生产人员	3100	1900	1300			650	6950.00	272.72	68.18	10.23	600	29.97	5968.91	998.87	29.97	7990.98
030	郭嫣	生产三车间	生产人员	3100	1900	1300			550	6850.00	272.72	68.18	10.23	600	26.97	5871.91	898.87	26.97	7190.98
003	龙倩	行政部	管理人员	3200	2200	1500	1	100	400	7200.00	272.72	68.18	10.23	648	36.03	6164.85	1,200.87	36.03	9606.98
008	洪晖	采购部	采购人员	3200	2000	2100			450	7750.00	272.72	68.18	10.23	624	53.25	6721.63	1,774.87	53.25	14198.98

图11-14　"升序"排序结果(部分)

11.3.2　工资结算单数据分类汇总

分类汇总是指对所有资料进行分类并汇总，即将所有资料按照同一类别放到一起，再进行同类数据的计算、统计等操作。需要注意的是，分类汇总前必须进行排序。分类汇总选择的分类项即为分类字段，其他需要统计的字段称为选定汇总项，汇总方式可以是求和、求最大值、最小值、统计个数等。

接下来对升达有限责任公司工资结算单按"职工类别"为分类字段汇总显示实发工资的合计数。具体操作步骤如下。

01 选择"工资结算单"工作表数据区域中的一个单元格，打开"数据"选项卡下的"排序"按钮，弹出"排序"对话框。单击对话框中"主要关键字"下拉列表框的向下箭头，选取主要关键字"职工类别"，排序依据选择"单元格值"，次序选择"自定义序列"，打开"自定义序列"对话框。

02 在输入序列中录入"总经理,部门经理,管理人员,销售人员,采购人员,生产人员"，需要注意的是，输入的自定义序列使用英文状态下的逗号隔开。单击"添加"按钮，如图11-15所示。

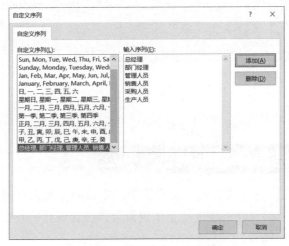

图11-15　"自定义序列"对话框

03 单击"确定"按钮，按职工类别"自定义序列"排序。

04 选择数据区域中的任意一个单元格，单击"数据"选项卡下"分级显示"功能组中的"分类汇总"按钮，打开分类汇总对话框，如图11-16所示。

图11-16　"分类汇总"对话框

05 设置分类字段为"职工类别"，汇总方式为"求和"，选定汇总项为"实发工资"，单击"确定"按钮，分类汇总效果如图11-17所示。

图11-17　按职工类别进行分类汇总

06 如果需要取消分类汇总，则打开分类汇总对话框，选择"全部删除"即可。

11.3.3　工资结算单数据筛选

财务数据往往是复杂的、繁多的，工作人员经常需要在密密麻麻的数据中找出一些符合条件的数据。Excel的筛选功能可以使工作表只显示符合条件的数据而隐藏其他数据，是一种查找数据的快速方法。

1. 根据员工姓名筛选员工工资情况

使用自动筛选功能查询姓名为"雷乐乐"的员工工资情况，操作步骤如下。

01 选择"工资结算单"数据清单内的任一单元格，单击功能区中的"数据"选项卡下"排序和筛选"功能组中的"筛选"按钮，进入筛选状态，每个字段名称的右侧会出现一个下拉三角按钮，如图11-18所示。

图11-18　进入筛选状态

02 单击字段名称为"员工姓名"列右侧的下拉三角按钮，出现筛选对话框。单击"文本筛选"选择框中的"全选"复选框，去掉全部对号，再重新选择"雷乐乐"复选框，如图11-19所示。

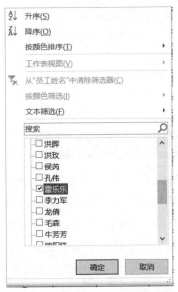

图11-19　"文本筛选"选择框中的重选

03 单击"确定"按钮，结果如图11-20所示。

图11-20　根据员工姓名筛选员工工资情况的筛选结果

❖ **注意:**

如果要退出筛选状态，则再次单击功能区中的"数据"|"排序和筛选"|"筛选"按钮。

2. 根据员工所属部门筛选员工工资情况

使用自动筛选功能查询所属部门为"采购部"的员工工资情况，操作步骤如下。

01 单击"所属部门"列右侧的下拉三角按钮，选择"文本筛选"右侧的"等于(E)…"。

02 打开"自定义自动筛选方式"对话框，选择"所属部门"为"等于""采购部"，如图11-21所示。

图11-21　文本筛选

03 单击"确定"按钮，结果如图11-22所示。

工号	员工姓名	所属部门	职工类别	基本工资	岗位工资	绩效工资	请假天数	请假扣款	工龄工资	应发工资	养老保险	医疗保险	失业保险	住房公积金	个税预扣预缴	实发工资	一月份应纳税所得额	一月份预扣预缴额	累计预扣预缴应纳税所得额
006	严妮	采购部	部门经理	4200	2800	2100	0	800	9900.00	272.72	68.18	10.23	840	111.27	8597.61	3,708.87	111.27	29670.98
007	贺盛开	采购部	采购人员	3600	2000	2100	0	550	8250.00	272.72	68.18	10.23	672	66.81	7160.07	2,226.87	66.81	17814.98
008	洪晖	采购部	采购人员	3200	2000	2100	0	450	7750.00	272.72	68.18	10.23	624	53.25	6721.63	1,774.87	53.25	14198.98

图11-22　根据员工所属部门筛选员工工资情况的筛选结果

11.3.4　工资结算单数据统计分析

数据透视表是一种可以快速汇总分析大量数据表格的交互式工具。使用数据透视表可以按照数据表格的不同字段从多个角度进行透视，并建立交叉表格，用以查看数据表格不同层面的汇总信息、分析结果及摘要数据。数据透视表用于快速汇总大量数据，它不仅可以创建数据分组，还可以对建立的分组进行汇总。通过数据透视表功能，可以将几个字段改变其行列排列方式，这样可以更直观地得到相关的数据分析结果。

1. 按员工"所属部门"和"职工类别"计算"应发工资"的汇总数

利用数据透视表按员工"所属部门"和"职工类别"计算"应发工资"的汇总数，操作步骤如下。

01 在"工资结算单"工作表中，选择功能区中"插入"选项卡下的"数据透视表"命令，在弹出的"来自表格或区域的数据透视表"对话框中选择需要汇总的数据区域，选择放置透视表的位置为"新工作表"。单击"确定"按钮，新建工作表"Sheet1"。

02 将右侧的"所属部门""职工类别""应发工资"分别拖至下方的"行""列""值"处，即产生"应发工资"按"所属部门"和"职工类别"所生成的数据透视表，如图11-23所示。

图11-23　工资总额数据透视表

03 将新建的工作表"Sheet1"更名为"工资总额透视表"，并移至"工资结算单"工作表之后。

2. 在数据透视表基础上完成数据透视图

在上述制作完成工资总额数据透视表的基础上，完成数据透视图的设置。具体操作步骤如下。

01 把光标定位在数据透视表中的任意一个单元格，选择功能区中"插入"选项卡下的"图表"功能组，在其中选择"柱形图"按钮，在弹出的对话框中选择"簇状柱形图"，如图11-24所示。

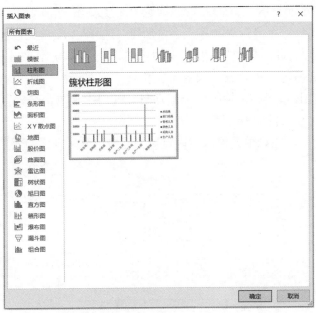

图11-24　插入簇状柱形图

02 单击"确定"按钮，结果如图11-25所示。

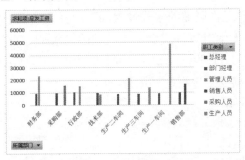

图11-25　插入簇状柱形图

03 在图表的不同位置进行右击，可以对数据透视图的布局、位置、格式进行设置或者调整。

11.4　编制工资费用分配表

工资费用分配表是在每月月末，企业将本月的应付职工薪酬按照其发生的地点、部门与产品的关系进行分配，编制工资费用分配表，并根据表中各个项目分别记入相关账户。各类附加费用的计提比例一般为：职工福利费按照工资总额的14%计提，工会经费按照工资总额的2%计提，职工教育经费按照工资总额的8%计提。

11.4.1 工资费用分配表格式设计

设计工资费用分配表的表格格式,操作步骤如下。

01 打开"工资表"工作簿,将Sheet3工作表重命名为"工资费用分配表"。

02 选择A1:E1单元格区域,输入表格标题"工资费用分配表",设置为"合并后居中",字体为"隶书",字号为"20",字体加粗。选择A2:E2单元格区域,输入"2022年8月31日",设置为"合并后居中",字体为"宋体",字号为"11"。

03 选择A3单元格,右击打开"设置单元格格式"对话框,打开"边框"选项卡,对该单元格划斜线。在该单元格内输入"分配项目 部门",单击编辑栏,在"分配项目部门"前面加空格,加到自动换行即可。

04 依次在单元格A3:E12单元格区域内设置工资费用分配表格,效果如图11-26所示。

分配项目 部门	工资总额	职工福利费 (14%)	工会经费 (2%)	职工教育经 费(8%)
行政部				
财务部				
技术部				
生产一车间				
生产二车间				
生产三车间				
采购部				
销售部				
合计				

图11-26 工资费用分配表格式

其中,标题行A3:E3单元格区域的格式设置如下:打开"设置单元格格式"对话框,单击"对齐"选项卡,在"文本对齐方式"选项区域的"水平对齐"选项中,选中"靠左(缩进)"选项,在"垂直对齐"选项中,选中"靠上"选项,在"文本控制"选项区域,选中"自动换行""合并单元格"复选框,如图11-27所示。

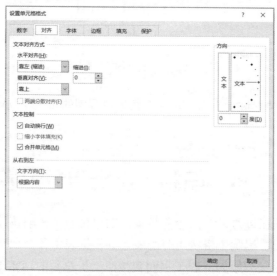

图11-27 设置标题行单元格格式

05 根据表格内容调整表格的行高和列宽至合适位置，并设置表格的内边框为细线，外边框为粗线。

11.4.2 工资费用分配表编制

设置好工资费用分配表格式之后，开始编制工资费用分配表的计算公式。具体操作步骤如下。

01 定义"工资总额"的计算公式。选中B4单元格，输入"="，单击"工资总额透视表"，选择"行政部"对应的合计金额单元格H7，按"Enter"键确认之后，"工资总额透视表"单元格H7的数据就会引用过来。按同样的操作继续完成B5:B11单元格区域数据的输入。

02 定义"职工福利费"的计算公式。选中C4单元格，输入公式"=B4*0.14"，利用填充柄把公式复制到C5:C11单元格区域。

03 定义"工会经费"的计算公式。选中D4单元格，输入公式"=B4*0.02"，利用填充柄把公式复制到D5:D11单元格区域。

04 定义"职工教育经费"的计算公式。选中E4单元格，输入公式"=B4*0.08"，利用填充柄把公式复制到E5:E11单元格区域。

05 定义"合计"的计算公式。选择B4:B11单元格区域，单击"自动求和"按钮，完成"工资总额"的求和，利用填充柄把公式复制到C12:E12单元格区域。

最终效果如图11-28所示。

	A	B	C	D	E	F
1			工资费用分配表			
2			2022年 8 月 31 日			
3	分配项目 部门	工资总额	职工福利费 （14%）	工会经费 （2%）	职工教育经 费（8%）	
4	行政部	25,750.00	3,605.00	515.00	2,060.00	
5	财务部	33,200.00	4,648.00	664.00	2,656.00	
6	技术部	18,400.00	2,576.00	368.00	1,472.00	
7	生产一车间	57,750.00	8,085.00	1,155.00	4,620.00	
8	生产二车间	30,450.00	4,263.00	609.00	2,436.00	
9	生产三车间	22,900.00	3,206.00	458.00	1,832.00	
10	采购部	25,900.00	3,626.00	518.00	2,072.00	
11	销售部	26,850.00	3,759.00	537.00	2,148.00	
12	合计	241,200.00	33,768.00	4,824.00	19,296.00	
13						

图11-28 工资费用分配表计算结果

11.5 打印工资条

工资条是公司发放给员工的工资清单，其中要求员工的每一项工资数据都清晰记录，包括工资的各个组成部分的数值，具体内容应按照所在公司的规定。工资条一般按月发放，如果一条条复制粘贴，对于财务人员来说是巨大的工作量。

利用Excel快速、准确地打印工资条有两种方法：一是利用排序功能生成工资条后打印；二是页面设置后打印工资条。

11.5.1　利用排序功能生成工资条后打印

生成工资条的方法有很多，最直接的是使用Excel的复制、粘贴功能，但员工人数多的情况下这样做非常烦琐。下面介绍利用排序功能生成工资条的方法，具体操作步骤如下。

01 在"工资表"工作簿中新建一个工作表，重命名为"工资条"，将"工资结算单"工作表中的内容复制到新表中。

02 在"累计预扣预缴应纳税所得额"列后插入名为"序号"的一列，并依次输入1，2，3，…序列数字，直到所有员工的数据均输入序列数，如图11-29所示。

工号	员工姓名	所属部门	职工类别	基本工资	岗位工资	绩效工资	请假天数	请假扣款	工龄工资	应发工资	养老保险	医疗保险	失业保险	住房公积金	个税预扣预缴	实发工资	一月份应纳税所得额	一月份预扣预缴	累计预扣预缴应纳税所得额	序号
001	贺通	行政部	总经理	5000	3200	1500		0	800	10500.00	272.72	68.18	10.23	984	124.95	9039.93	4,164.87	124.95	33318.98	1
002	张婷	行政部	管理人员	3600	2200	1500		0	750	8050.00	272.72	68.18	10.23	696	60.09	6942.79	2,002.87	60.09	16022.98	2
003	龙倩	行政部	管理人员	3200	2200	1500	1	100	400	7200.00	272.72	68.18	10.23	648	36.03	6164.85	1,200.87	36.03	9606.98	3
004	白玫	技术部	部门经理	4600	2800	1700		0	800	9900.00	272.72	68.18	10.23	888	109.83	8551.05	3,660.87	109.83	29286.98	4
005	邵景	技术部	管理人员	4000	2800	1700		0	600	8500.00	272.72	68.18	10.23	744	72.15	7332.73	2,404.87	72.15	19238.98	5
006	严妮	采购部	部门经理	4200	2800	2100		0	800	9900.00	272.72	68.18	10.23	840	111.27	8597.61	3,708.87	111.27	29670.98	6
007	贺盛开	采购部	采购人员	3600	2800	2100		0	550	8250.00	272.72	68.18	10.23	672	66.81	7160.07	2,226.87	66.81	17814.98	7
008	洪晖	采购部	采购人员	3200	2800	2100		0	450	7750.00	272.72	68.18	10.23	624	53.25	6721.63	1,774.87	53.25	14198.98	8
009	洪玫	销售部	部门经理	4200	2800	2100		0	450	9900.00	272.72	68.18	10.23	840	111.27	8597.61	3,708.87	111.27	29670.98	9
010	毛淼	销售部	销售人员	3800	2000	2100		0	700	8600.00	272.72	68.18	10.23	696	76.59	7476.29	2,552.87	76.59	20422.98	10
011	侯芮	销售部	销售人员	3600	2000	2100		0	650	8350.00	272.72	68.18	10.23	672	69.81	7257.07	2,326.87	69.81	18614.98	11
012	白蔷薇	财务部	部门经理	4600	2800	1500		0	750	9650.00	272.72	68.18	10.23	888	102.33	8308.55	3,410.87	102.33	27286.98	12
013	孔伟	财务部	管理人员	3800	2200	1500		0	550	8050.00	272.72	68.18	10.23	720	59.37	6919.51	1,978.87	59.37	15830.98	13
014	颜粒	财务部	管理人员	3600	2200	1500		0	450	7750.00	272.72	68.18	10.23	696	51.09	6651.79	1,702.87	51.09	13622.98	14
015	牛芳芳	财务部	管理人员	3600	2200	1500		0	450	7750.00	272.72	68.18	10.23	696	51.09	6651.79	1,702.87	51.09	13622.98	15
016	赵新	生产一车间	部门经理	4200	2800	1300		0	800	9100.00	272.72	68.18	10.23	840	87.27	7821.61	2,908.87	87.27	23270.98	16
017	严如	生产一车间	生产人员	3500	1900	1300	1	100	650	7350.00	272.72	68.18	10.23	648	40.53	6310.35	1,174.87	40.53	9398.98	17
018	钱嬅嬅	生产一车间	生产人员	3300	1900	1300		0	650	7150.00	272.72	68.18	10.23	624	35.25	6139.63	1,174.87	35.25	9398.98	18
019	郝婉	生产一车间	生产人员	3100	1900	1300	2	200	600	6700.00	272.72	68.18	10.23	600	22.47	5726.41	748.87	22.47	5990.98	19
020	白百合	生产一车间	生产人员	3100	1900	1300		0	600	6900.00	272.72	68.18	10.23	600	28.47	5920.41	948.87	28.47	7590.98	20
021	雷乐乐	生产一车间	生产人员	3100	1900	1300		0	550	6850.00	272.72	68.18	10.23	600	26.97	5871.91	898.87	26.97	7190.98	21
022	贺一文	生产二车间	生产人员	3100	1900	1300		0	550	6850.00	272.72	68.18	10.23	600	26.97	5871.91	898.87	26.97	7190.98	22
023	欧阳锋	生产二车间	生产人员	3100	1900	1300		0	550	6850.00	272.72	68.18	10.23	600	26.97	5871.91	898.87	26.97	7190.98	23
024	薛倩	生产二车间	部门经理	4000	2800	1300		0	800	8900.00	272.72	68.18	10.23	816	81.99	7650.89	2,732.87	81.99	21862.98	24
025	施元	生产二车间	生产人员	3500	1900	1300		0	750	7450.00	272.72	68.18	10.23	648	43.53	6407.35	1,450.87	43.53	11606.98	25
026	万进步	生产二车间	生产人员	3300	1900	1300		0	650	7150.00	272.72	68.18	10.23	624	35.25	6139.63	1,174.87	35.25	9398.98	26
027	顾里	生产二车间	生产人员	3100	1900	1300		0	650	6950.00	272.72	68.18	10.23	600	29.97	5968.90	998.87	29.97	7990.98	27
028	段钰	生产二车间	部门经理	4000	2800	1300		0	800	8900.00	272.72	68.18	10.23	816	81.99	7650.89	2,732.87	81.99	21862.98	28
029	李力军	生产三车间	生产人员	3300	1900	1300		0	650	7150.00	272.72	68.18	10.23	624	35.25	6139.63	1,174.87	35.25	9398.98	29
030	郭姗	生产三车间	生产人员	3100	1900	1300		0	550	6850.00	272.72	68.18	10.23	600	26.97	5871.91	898.87	26.97	7190.98	30
										241200										

图11-29　插入"序列"列

03 选中第二行至最后一行内容并右击，选择插入，即新增空行。

04 复制标题行内容，选中全部新增的空白行，将标题行内容复制粘贴到上一步骤所增加的空行中。

05 "序号"列中输入1.10，2.10，3.10，…列序号，如图11-30所示。

工号	员工姓名	所属部门	职工类别	基本工资	岗位工资	绩效工资	请假天数	请假扣款	工龄工资	应发工资	养老保险	医疗保险	失业保险	住房公积金	个税预扣预缴	实发工资	一月份应纳税所得额	一月份预扣预缴	累计预扣预缴应纳税所得额	序号
工号	员工姓名	所属部门	职工类别	基本工资	岗位工资	绩效工资	请假天数	请假扣款	工龄工资	应发工资	养老保险	医疗保险	失业保险	住房公积金	个税预扣预缴	实发工资	一月份应纳税所得额	一月份预扣预缴	累计预扣预缴应纳税所得额	
工号	员工姓名	所属部门	职工类别	基本工资	岗位工资	绩效工资	请假天数	请假扣款	工龄工资	应发工资	养老保险	医疗保险	失业保险	住房公积金	个税预扣预缴	实发工资	一月份应纳税所得额	一月份预扣预缴	累计预扣预缴应纳税所得额	1.10
工号	员工姓名	所属部门	职工类别	基本工资	岗位工资	绩效工资	请假天数	请假扣款	工龄工资	应发工资	养老保险	医疗保险	失业保险	住房公积金	个税预扣预缴	实发工资	一月份应纳税所得额	一月份预扣预缴	累计预扣预缴应纳税所得额	2.10
工号	员工姓名	所属部门	职工类别	基本工资	岗位工资	绩效工资	请假天数	请假扣款	工龄工资	应发工资	养老保险	医疗保险	失业保险	住房公积金	个税预扣预缴	实发工资	一月份应纳税所得额	一月份预扣预缴	累计预扣预缴应纳税所得额	3.10
工号	员工姓名	所属部门	职工类别	基本工资	岗位工资	绩效工资	请假天数	请假扣款	工龄工资	应发工资	养老保险	医疗保险	失业保险	住房公积金	个税预扣预缴	实发工资	一月份应纳税所得额	一月份预扣预缴	累计预扣预缴应纳税所得额	4.10
工号	员工姓名	所属部门	职工类别	基本工资	岗位工资	绩效工资	请假天数	请假扣款	工龄工资	应发工资	养老保险	医疗保险	失业保险	住房公积金	个税预扣预缴	实发工资	一月份应纳税所得额	一月份预扣预缴	累计预扣预缴应纳税所得额	5.10
工号	员工姓名	所属部门	职工类别	基本工资	岗位工资	绩效工资	请假天数	请假扣款	工龄工资	应发工资	养老保险	医疗保险	失业保险	住房公积金	个税预扣预缴	实发工资	一月份应纳税所得额	一月份预扣预缴	累计预扣预缴应纳税所得额	6.10
工号	员工姓名	所属部门	职工类别	基本工资	岗位工资	绩效工资	请假天数	请假扣款	工龄工资	应发工资	养老保险	医疗保险	失业保险	住房公积金	个税预扣预缴	实发工资	一月份应纳税所得额	一月份预扣预缴	累计预扣预缴应纳税所得额	7.10
工号	员工姓名	所属部门	职工类别	基本工资	岗位工资	绩效工资	请假天数	请假扣款	工龄工资	应发工资	养老保险	医疗保险	失业保险	住房公积金	个税预扣预缴	实发工资	一月份应纳税所得额	一月份预扣预缴	累计预扣预缴应纳税所得额	8.10
工号	员工姓名	所属部门	职工类别	基本工资	岗位工资	绩效工资	请假天数	请假扣款	工龄工资	应发工资	养老保险	医疗保险	失业保险	住房公积金	个税预扣预缴	实发工资	一月份应纳税所得额	一月份预扣预缴	累计预扣预缴应纳税所得额	9.10

图11-30　设置"序列"列内容(部分)

06 单击最后一列任意单元格，进行升序排序，生成如图11-31所示的工资条。

07 在"序号"列下面空行中输入1.01，1.02，1.03，…序列号，再重新进行排序，即可生成加空行的工资条，删除"序号"列，直接打印即可，如图11-32所示。

工号	员工姓名	所属部门	职工类别	基本工资	岗位工资	绩效工资	请假天数	请假扣款	工龄工资	应发工资	养老保险	医疗保险	失业保险	住房公积金	个税预扣预缴	实发工资	一月份应纳税所得额	一月份预扣预缴	累计预扣预缴应纳税所得额	序号
001	贺通	行政部	总经理	5000	3200	1500		0	800	10500.00	272.72	68.18	10.23	984	124.95	9039.93	4,164.87	124.95	33318.98	1
002	张婷	行政部	管理人员	3600	2200	1500		0	750	8050.00	272.72	68.18	10.23	696	60.09	6942.79	2,002.87	60.09	16022.98	2
003	龙倩	行政部	管理人员	3200	2200	1500	1	100	400	7200.00	272.72	68.18	10.23	648	36.03	6164.85	1,200.87	36.03	9606.98	3
004	白玫	技术部	部门经理	4600	2800	1700		0	800	9900.00	272.72	68.18	10.23	888	109.83	8551.05	3,660.87	109.83	29286.98	4
005	邵景	技术部	管理人员	4000	2200	1700		0	600	8500.00	272.72	68.18	10.23	744	72.15	7332.73	2,404.87	72.15	19238.98	5
006	严妮	采购部	部门经理	4200	2800	2100		0	800	9900.00	272.72	68.18	10.23	840	111.27	8597.61	3,708.87	111.27	29670.98	6
007	贺盛开	采购部	采购人员	3600	2000	2100		0	550	8250.00	272.72	68.18	10.23	672	66.81	7160.07	2,226.87	66.81	17814.98	7
008	洪晖	采购部	采购人员	3200	2000	2100		0	450	7750.00	272.72	68.18	10.23	624	53.25	6721.63	1,774.87	53.25	14198.98	8
009	洪玫	销售部	部门经理	4200	2800	2100		0	800	9900.00	272.72	68.18	10.23	840	111.27	8597.61	3,708.87	111.27	29670.98	9

图11-31　生成工资条(部分)

工号	员工姓名	所属部门	职工类别	基本工资	岗位工资	绩效工资	请假天数	请假扣款	工龄工资	应发工资	养老保险	医疗保险	失业保险	住房公积金	个税预扣预缴	实发工资	一月份应纳税所得额	一月份预扣预缴	累计预扣预缴应纳税所得额
001	贺通	行政部	总经理	5000	3200	1500		0	800	10500.00	272.72	68.18	10.23	984	124.95	9039.93	4,164.87	124.95	33318.98
002	张婷	行政部	管理人员	3600	2200	1500		0	750	8050.00	272.72	68.18	10.23	696	60.09	6942.79	2,002.87	60.09	16022.98
003	龙倩	行政部	管理人员	3200	2200	1500	1	100	400	7200.00	272.72	68.18	10.23	648	36.03	6164.85	1,200.87	36.03	9606.98
004	白玫	技术部	部门经理	4600	2800	1700		0	800	9900.00	272.72	68.18	10.23	888	109.83	8551.05	3,660.87	109.83	29286.98
005	邵景	技术部	管理人员	4000	2200	1700		0	600	8500.00	272.72	68.18	10.23	744	72.15	7332.73	2,404.87	72.15	19238.98
006	严妮	采购部	部门经理	4200	2800	2100		0	800	9900.00	272.72	68.18	10.23	840	111.27	8597.61	3,708.87	111.27	29670.98

图11-32　生成加空行的工资条(部分)

11.5.2　页面设置后打印工资条

打印工资条的另一种方法是在工资结算单的基础上进行下列页面设置，最后打印。具体操作步骤如下。

01 新建工作表并重命名为"打印工资条"，复制"工资结算单"工作表内容到"打印工资条"工作表。

02 在"打印工资条"工作表第一行前插入空行，输入"升达有限责任公司工资发放条"，利用"设置单元格格式"命令进行字体、字号设置，字体为"隶书"，字号为"18"。

03 插入分页符，选择第四行，单击功能区中的"页面布局"|"页面设置"|"分隔符"|"插入分页符"命令，从第一名员工下方开始插入分页符，并强制分页，依次进行至最后一名员工，如图11-33所示。

工号	员工姓名	所属部门	职工类别	基本工资	岗位工资	绩效工资	请假天数	请假扣款	工龄工资	应发工资	养老保险	医疗保险	失业保险	住房公积金	个税预扣预缴	实发工资	一月份应纳税所得额	一月份预扣预缴额	累计预扣预缴应纳税所得额
001	贺涵	行政部	总经理	5000	3200	1500		0	800	10500.00	272.72	68.18	10.23	984	124.95	9039.93	4,164.87	124.95	33318.98
002	张婷	行政部	管理人员	3600	2200	1500		0	750	8050.00	272.72	68.18	10.23	696	60.09	6942.79	2,002.87	60.09	16022.98
003	龙倩	行政部	管理人员	3200	2200	1500	1	100	400	7200.00	272.72	68.18	10.23	648	36.03	6164.85	1,200.87	36.03	9606.98
004	白玫	技术部	部门经理	4600	2800	1700		0	800	9900.00	272.72	68.18	10.23	888	109.83	8551.05	3,660.87	109.83	29286.98
005	邵景	技术部	管理人员	4000	2200	1700		0	600	8500.00	272.72	68.18	10.23	744	72.15	7332.73	2,404.87	72.15	19238.98
006	严妮	采购部	部门经理	4200	2800	2100		0	800	9900.00	272.72	68.18	10.23	840	111.27	8597.61	3,708.87	111.27	29670.98
007	贺盛开	采购部	采购人员	3600	2000	2100		0	550	8250.00	272.72	68.18	10.23	672	66.81	7160.07	2,226.87	66.81	17814.98
008	洪晖	采购部	采购人员	3200	2000	2100		0	450	7750.00	272.72	68.18	10.23	624	53.25	6721.63	1,774.87	53.25	14198.98
009	洪玫	销售部	部门经理	4200	2800	2100		0	800	9900.00	272.72	68.18	10.23	840	111.27	8597.61	3,708.87	111.27	29670.98
010	毛森	销售部	销售人员	3800	2000	2100		0	700	8600.00	272.72	68.18	10.23	696	76.59	7476.29	2,552.87	76.59	20422.98

图11-33　插入分页符

04 选择功能区中的"页面布局"|"页面设置"|"打印标题"按钮，打开"页面设置"对话框，"顶端标题行"设置为"$1：$2"，如图11-34所示。该设置的结果将保证打印出来的每一名员工的工资条的第一行都为标题"升达有限责任公司工资发放条"，第二行都为工资项目标题行。

图11-34　"页面设置"对话框

05 打印。单击"文件"|"打印"命令，则可看到打印预览，页面选择"横向"选项，并调整列宽。效果如图11-35所示。

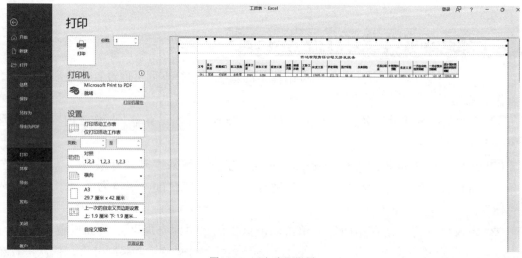

图11-35　"打印"设置

11.6 思考练习

1. 填空题

(1) 在Excel中，函数可以作为其他函数的_____，称为嵌套函数。当函数嵌套时，它必须返回与当前数使用的数值类型相同的数值，如果嵌套函数返回的数值类型不正确，Excel将显示错误值。

(2) 在Excel 2019中，"排序"和"筛选"功能组位于_____。

(3) 在Excel中进行分类汇总之前必须对数据清单按分类字段_____。

(4) Excel中的OR函数用来对多个条件进行计算，任何一个条件满足时，即返回_____，所有条件都不满足时，返回假。

2. 实操演练

根据【例11-1】提供的数据资料，利用Excel编制升达有限责任公司2022年9月份的工资表文件，包括工资结算单、工资总额数据透视表、工资费用分配表，打印工资条。其中，升达有限责任公司于2022年9月提升绩效工资标准，具体数据见表11-2，基本工资标准、岗位工资标准、工龄工资标准不变；9月份的考勤记录见表11-3。

表11-2 绩效工资标准

所属部门	绩效工资/元
行政部	2 000
技术部	2 200
采购部	2 600
销售部	2 600
财务部	2 000
生产一车间	1 800
生产二车间	1 800
生产三车间	1 800

表11-3 考勤表

员工姓名	请假天数
严妮	1
白薇薇	2

项目五

Excel在投资分析中的应用

　　企业的项目投资分析一般包括单项目的财务可行性分析和多项目的资本限额决策。单项目财务可行性分析和多项目的资本限额决策的主要任务是确认现金流量，计算财务评价指标和分析指标评价项目投资是否具有财务可行性。在Excel中，可以通过设计财务可行性分析模型，利用资金时间价值函数、模拟运算、窗体控件等工具完成投资决策实例分析，做出正确的财务决策。

Excel 在资金时间价值中的应用

学习目标:
1. 理解PV、FV等资金时间函数的应用条件及参数设置;
2. 可以熟练应用资金时间函数解决实际问题。

资金时间价值是指资金经历一定时间的投资和再投资所增加的价值,也称为货币的时间价值。在筹资、投资决策时,财务人员必须充分了解资金的时间价值,这样可以促使合理有效地筹集和利用资金。常用的时间价值函数有PV函数、FV函数、PMT函数、IPMT函数、PPMT函数等。

❖ 提示:

Excel在资金时间价值中的应用,凡涉及金额的录入,用"+"表示资金的流入,用"−"表示的资金的流出。例如,收到资金5 000元,录入数字"+5 000";支出资金10 000元,录入"−10 000"。

12.1 终值计算

终值(future value),又称将来值或本利和,是指现在一定量的资金在未来某一时点上的价值,通常记作F。Excel中应用FV函数求解终值。

【例12-1】假设升达有限责任公司发行债券的面值为5 000元,票面利率为6%,期限是8年。若市场利率为8%,规定每年年末付息,到期一次还本。要求计算企业支付款项的未来值(即终值,支付款项5年末的价值)。

计算例12-1债券发行未来值的操作步骤如下。

01 结合案例,按照图12-1设计债券发行未来值的计算模型。

02 结合例12-1,录入发行债券的已知信息,如图12-2所示。

	A	B	C
1		债券发行的未来值	
2		项目	金额
3		债券面值	
4		票面利率	
5		付息类型	
6		债券期限	
7		市场利率	
8		未来值	

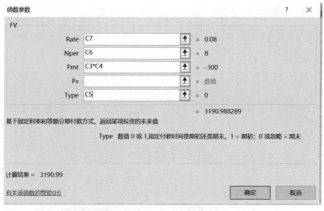

图12-1　债券发行的未来值计算模型

	A	B	C
1		债券发行的未来值	
2		项目	金额
3		债券面值	-5000.00
4		票面利率	6.00%
5		付息类型	0
6		债券期限	8
7		市场利率	8.00%
8		未来值	

图12-2　在债券发行未来值计算模型录入已知数据

03 应用FV函数。选中C8单元格，单击功能区的“公式”选项卡，打开“函数库”区域“财务函数”的下拉菜单，单击“FV”函数。

04 打开“FV”函数参数对话框，在“Rate”输入框输入“C7”；在“Nper”输入框输入“C6”；在“Pmt”输入框输入“C3*C4”；在“Type”输入框中输入“C5”，如图12-3所示。点击“确定”按钮。

图12-3　FV函数的参数设置

05 点击FX编辑栏空白处，输入“-C3”，按下“回车键”，完成下列公式的输入：C8=FV(C7,C6,C3*C4,,C5)-C3，结果如图12-4所示。

C8　=FV(C7,C6,C3*C4,,C5)-C3

	A	B	C
1		债券发行的未来值	
2		项目	金额
3		债券面值	-5000.00
4		票面利率	6.00%
5		付息类型	0
6		债券期限	8
7		市场利率	8.00%
8		未来值	8190.99

图12-4　已完成的债券发行未来值的计算

12.2　现值计算

现值(present value)是指未来某一时点上的一定量现金折合到现在的价值，俗称“本金”，通常记作P。Excel中应用PV函数求解现值。

【例12-2】假设有一项投资，投资期限是8年，到期后的投资报酬是1 200 000元。要求计算：企业现在需要一次性投入多少资金？

计算例12-2未来投资报酬现值的操作步骤如下。

01 结合案例，按照图12-5设计未来投资报酬现值的计算模型。

02 结合例12-1，录入投资的已知信息，如图12-6所示。

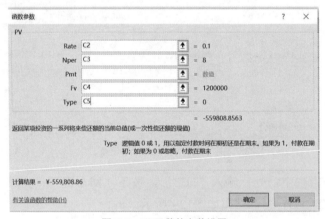

图12-5　未来投资报酬现值的计算模型　　　　图12-6　在未来投资报酬现值的计算模型录入已知数据

03 应用PV函数。选中C6单元格，单击功能区的"公式"选项卡，打开"函数库"区域"财务函数"的下拉菜单，单击"PV"函数。

04 打开"PV"函数参数对话框，在"Rate"输入框输入"C2"；在"Nper"输入框输入"C3"；在"Fv"输入框输入"C4"；在"Type"输入框中输入"C5"，如图12-7所示。点击"确定"按钮。

图12-7　PV函数的参数设置

05 完成下列公式的输入：C6 =PV(C2,C3,,C4,C5)，结果如图12-8所示。

图12-8　已完成的未来投资报酬现值的计算

───────── 知识链接 ─────────

【函数说明】

1.FV函数

FV函数是用于返回某项投资未来值的函数。

【类型】财务函数

【语法】=FV(rate,nper,pmt,pv,type)

参数"rate"的含义为各期利率。

参数"nper"的含义为总投资期，表示该项投资的付款期总数。

参数"pmt"的含义为年金，表示各期所应支付的金额，其数值在整个年金期间保持不变，如果省略pmt，则必须包括pv参数。

参数"pv"的含义为现值，表示从该项投资开始计算时已经入账的款项，如果省略pv，则假设其值为0，并且必须包括pmt参数。

参数"type"的含义为逻辑值，一般用数字0或1表示，是0或省略代表付款时间是期末，1代表期初。

【功能】基于固定利率及等额分期付款方式，返回某项投资的未来值

2. PV函数

PV函数是用于返回某项投资现在价值的函数。

【类型】财务函数

【语法】=PV(rate,nper,pmt,fv,type)

参数"rate"的含义为各期利率。

参数"nper"的含义为总投资期，表示该项投资的付款期总数。

参数"pmt"的含义为年金，表示各期所应支付的金额，其数值在整个年金期间保持不变，如果省略pmt，则必须包括fv参数。

参数"fv"的含义为终值，表示未来值或在最后一次支付后希望得到的现金余额，如果省略fv，则假设其值为0(一笔贷款的未来值即为0)。如果忽略fv，则必须包含pmt参数。

参数"type"的含义为逻辑值，一般用数字0或1表示，是0或省略代表付款时间是期末，1代表期初。

【功能】返回投资的现值(即一系列付款或收款的当前值的累积和)

12.3 房贷月等额还款额的计算

等额本金还款是指贷款人将本金分摊到每个月内，同时付清上一交易日至本次还款日之间的利息。基本算法原理是在还款期内按期等额归还贷款本金，并同时还清当期未归还的本金所产生的利息。方式可以是按月还款和按季还款。Excel中应用PMT、PPMT、IPMT函数求解房贷月等额还款额的还款额、偿还本金、偿还利息。

【例12-3】一笔期限为20年，利息为5.38%的400 000元的贷款，若每月月末等额偿还，每月应偿还多少？第1个月偿还的本金和利息分别是多少？

计算例12-3房贷月等额还款额的操作步骤如下。

01 结合案例，按照图12-9设计房贷月等额还款额的计算模型。

02 结合例12-10，录入房贷的已知信息，如图12-10所示。

月等额还款额	
项目	金额
贷款金额	
贷款利率	
还款类型	
贷款期限	
月还款额	
第1个月偿还本金	
第1个月偿还利息	

图12-9　房贷月等额还款额的计算模型

月等额还款额	
项目	金额
贷款金额	400000.00
贷款利率	5.38%
还款类型	0
贷款期限	20
月还款额	
第1个月偿还本金	
第1个月偿还利息	

图12-10　在房贷月等额还款额的计算模型录入已知数据

03 应用PMT函数求月还款额。选中C7单元格，单击功能区的"公式"选项卡，打开"函数库"区域"财务函数"的下拉菜单，单击"PMT"函数。在打开"PMT"函数参数对话框，在"Rate"输入框输入"C4/12"；在"Nper"输入框输入"C6*12"；在"Pv"输入框输入"C3"；在"Type"输入框中输入"C5"，如图12-11所示。点击"确定"按钮。完成下列公式的输入：C7=PMT(C4/12,C6*12,C3,,C5)，结果如图12-12所示。

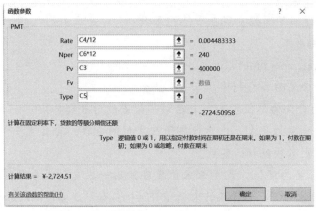

图12-11　PMT函数的参数设置

月等额还款额	
项目	金额
贷款金额	400000.00
贷款利率	5.38%
还款类型	0
贷款期限	20
月还款额	¥-2,724.51
第1个月偿还本金	
第1个月偿还利息	

图12-12　已完成的房贷月还款额的计算

04 应用PPMT函数求第1个月偿还本金。选中C8单元格，单击功能区的"公式"选项卡，打开"函数库"区域"财务函数"的下拉菜单，单击"PPMT"函数。在打开"PPMT"函数参数对话框，在"Rate"输入框输入"C4/12"；在"Per"输入框输入"1"；在"Nper"输入框输入"C6*12"；在"Pv"输入框输入"C3"；在"Type"输入框中输入"C5"，如图12-13所示。点击"确定"按钮。完成下列公式的输入：C8 =PPMT(C4/12,1,C6*12,C3,,C5)，结果如图12-14所示。

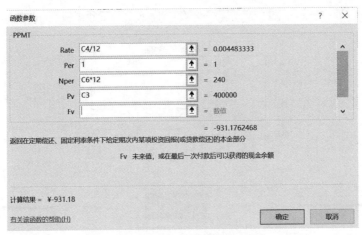

图12-13 PPMT函数的参数设置

月等额还款额	
项目	**金额**
贷款金额	400000.00
贷款利率	5.38%
还款类型	0
贷款期限	20
月还款额	¥-2,724.51
第1个月偿还本金	¥-931.18
第1个月偿还利息	

C8 =PPMT(C4/12,1,C6*12,C3,,C5)

图12-14 已完成的第1个月偿还本金的计算

05 应用IPMT函数求第1个月偿还本金。选中C9单元格，单击功能区的"公式"选项卡，打开"函数库"区域"财务函数"的下拉菜单，单击"IPMT"函数。在打开"IPMT"函数参数对话框，在"Rate"输入框输入"C4/12"；在"Per"输入框输入"1"；在"Nper"输入框输入"C6*12"；在"Pv"输入框输入"C3"；在"Type"输入框中输入"C5"，如图12-15所示。点击"确定"按钮。完成下列公式的输入：C9 =IPMT(C4/12,1,C6*12,C3,,C5)，结果如图12-16所示。

图12-15 IPMT函数的参数设置

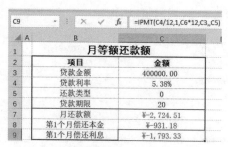

图12-16　已完成的第1个月偿还利息的计算

【函数说明】

1. PMT函数

PMT函数是用于返回某项投资在某一给定期间内的本息偿还额的函数。

【类型】财务函数

【语法】= PMT(rate,nper,pv,fv,type)

参数"rate"的含义为各期利率，表示投资或贷款的利率。

参数"nper"的含义为总投资期，表示该项投资的付款期总数。

参数"pv"的含义为本金。

参数"fv"的含义为终值，表示未来值或在最后一次付款可以获得的现金余额，fv参数可以省略，如果省略该参数，则假设其值为0。

参数"type"的含义为逻辑值，一般用数字0或1表示，是0或省略代表付款时间是期末，1代表期初。

【功能】PMT函数可以基于固定利率及等额分期付款方式，返回投资在某一给定期间内的本息偿还额

2. PPMT函数

PPMT函数是用于返回某项投资在某一给定期间内的本金偿还额的函数。

【类型】财务函数

【语法】=PPMT(rate,per,nper,pv,fv,type)

参数"rate"的含义为各期利率，表示投资或贷款的利率。

参数"per"的含义为期次，表示用于计算其本金数额的期次，即计算的是第几期偿还的本金。

参数"nper"的含义为总投资期，表示该项投资的付款期总数。

参数"pv"的含义为本金。

参数"fv"的含义为终值，表示未来值或在最后一次付款可以获得的现金余额，fv参数可以省略，如果省略该参数，则假设其值为0。

参数"type"的含义为逻辑值，一般用数字0或1表示，是0或省略代表付款时间是期末，1代表期初。

【功能】PPMT函数可以基于固定利率及等额分期付款方式，返回投资在某一给定期间

内的本金偿还额

3. IPMT函数

IPMT函数是用于返回某项投资在某一给定期间内的利息偿还额的函数。

【类型】财务函数

【语法】=IPMT(rate,per,nper,pv,fv,type)

参数"rate"的含义为各期利率,表示投资或贷款的利率。

参数"per"的含义为期次,表示用于计算其本利息金额的期次,即计算的是第几期偿还的利息。

参数"nper"的含义为总投资期,表示该项投资的付款期总数。

参数"pv"的含义为本金。

参数"fv"的含义为终值,表示未来值或在最后一次付款可以获得的现金余额,fv参数可以省略,如果省略该参数,则假设其值为0。

参数"type"的含义为逻辑值,一般用数字0或1表示,是0或省略代表付款时间是期末,1代表期初。

【功能】IPMT函数可以在定期偿还、固定利率条件下,返回给定的期次内某项投资回报(或贷款偿还)的利息部分

12.4 思考练习

1. 填空题

(1) 应用PMT函数求房贷的月本息偿还额时,参数"rate"表示的含义是投资或贷款的_____利率。

(2) IPMT函数主要用于求房贷还款的_____。

(3) FV(rate,nper,pmt,pv,type),参数"type"可以用数字0、1和忽略来表示,数字0或忽略代表的含义是_____。

(4) PV函数的功能是_____。

2. 实操演练

假设升达有限责任公司现在向银行借款10 000元,贷款利率为8%,借款期限为5年。

要求:

(1) 在Excel中设计下方表格和内容;

	A	B
1	银行借款年利率	
2	借款期限	
3	借款金额	
4	到期还本付息额	
5	其中利息	

(2) 根据案例填制相关数据;

(3) 设置到期还本付息额、利息的公式。

Excel 在投资决策中的应用

学习目标：

1. 掌握投资项目现金流量确定的方法；

2. 理解常用项目评价指标的内涵及评判标准；

3. 可以用Excel设置投资项目财务可行性分析模型和资本限额决策模型，准确分析数据，做出投资项目的财务可行性评价。

投资决策是三项财务决策中最重要的决策(本任务所说的投资主要是指资本投资)，投资决定了购置的资产类别，不同的生产经营活动需要不同的资产，因此投资决定了日常经营活动的特点和方式。投资决策决定着企业的前景，所以提出投资方案和评价方案的工作不是财务人员能单独完成的，需要所有经理人员的共同努力。Excel提供了丰富的投资决策分析函数，利用这些工具进行投资决策分析有很大的优势。

13.1　项目投资现金流量的确定

项目投资现金流量的确定需要结合实际案例进行模型设计和数据分析。

【例13-1】升达有限责任公司拟投资甲项目，经可行性分析，有关资料如下。

(1) 该项目的建设期为3年，需固定资产投资120万元，其中第一年初、第二年初和第三年初分别投资40万元。

(2) 该项目于第三年年末垫支营运资金35万元，用于购买原材料、支付工资以及存货增加占用等。

(3) 该项目经营期预计为6年，固定资产按直线法计提折旧。预计残余价值为12万元。

(4) 根据有关部分的市场预测，该项目投产后每年净利润均为36万元。

(5) 固定资产使用第2年末需大修理，估计大修理费用24万元，分两年摊销。

(6) 资产使用期满后，估计有残值收入12万元，采用直线法折旧。项目期满时，垫支营运资金收回。本案例不考虑所得税的影响。要求根据资料填写下表并计算相关指标，假定贴现率为10%。

❖ 提示：

项目现金流量的确定所涉及的现金流量主要包括三个期间：①建设期，包括建设投资支出现金和垫支营运资金支出现金，属于资金流出；②经营期，获得净利润过程中所涉及的所有资金收支，涉及资金的流入、流出，但总体为流入，收回投资中固定资产以折旧的形式，无形资产以摊销的形式收回，属于资金的流入；③项目末期，包括收回的固定资产净残值和收回前期垫支的营运资金，属于资金流入。

13.1.1　设计项目投资现金流量确定的模型

具体操作步骤如下。

01 单击工作表标签“房贷的月等额还款计算”右侧的⊕按钮创建新的工作表，并将其重命名为“确定现金流量模型”。

02 选中B2单元格输入“投资项目现金流量表”，字体设置为“黑体”，字号为“16”，字体加粗。

03 选中B2:L2单元格，设置单元格格式为“跨列居中”。

04 结合案例13-1的资料，设计项目投资现金流量确定的模型如图13-1所示。

投资项目现金流量表

单位：万元

年份 项目	0	1	2	3	4	5	6	7	8	9
固定资产投资										
垫支营运资金										
大修理费										
利润										
固定资产折旧										
大修理费摊销										
固定资产残值										
收回营运资金										
现金流量合计										

图13-1　设计现金流量模型

13.1.2　结合案例资料确定项目投资的现金流量

具体操作步骤如下。

01 结合案例资料判定每一笔业务所归属的现金流量项目、年份。说明：在填制“投资项目现金流量表”时，用“+”表示资金的流入，用“-”表示资金的流出。

02 结合案例资料确定项目投资的现金流量，如图13-2所示。说明：固定资产折旧=(120-12)/6，现金流流量合计C13=SUM(C5:C12)。

投资项目现金流量表

单位：万元

项目＼年份	0	1	2	3	4	5	6	7	8	9
固定资产投资	-40	-40	-40							
垫支营运资金				-35						
大修理费						-24				
利润					36	36	36	36	36	36
固定资产折旧					18	18	18	18	18	18
大修理费摊销							12	12		
固定资产残值										12
收回营运资金										35
现金流量合计	-40	-40	-40	-35	54	30	66	66	54	101

图13-2 结合案例资料确定项目投资的现金流量

13.2 项目投资财务评价指标计算

项目投资财务评价指标主要包括：会计收益率、静态投资回收期、净现值、获利指数、内含报酬率、净现值率。说明如下。

(1) 会计收益率。会计收益率=平均净收益/项目总投资。

(2) 投资回收期。投资回收期是指收回全部投资所用的时间，投资回收期包括静态投资回收期和动态投资回收期，本书所涉及的投资回收期指的是静态的投资回收期，即不考虑资金的时间价值。

(3) 净现值。净现值=未来现金流入量的现值-未来现金流出量的现值。净现值>0时，项目投资具有财务可行性。

(4) 获利指数。获利指数=未来现金流入量的现值/未来现金流出量的现值。当获利指数>1时，项目投资具有财务可行性。

(5) 内含报酬率。内含报酬率是指现金流入量的现值等于未来现金流出量的现值的贴现率，即净现值等于0时的贴现率。当内含报酬率>贴现率时，项目投资具有财务可行性。

(6) 净现值率=净现值/全部投资的现值之和，全部投资的现值之和=未来现金流出量的现值。当净现值率>0时，项目投资具有财务可行性。

项目投资的财务评价指标的计算需要结合案例13-1设计评价指标模型和数据分析。

13.2.1 设计项目投资财务评价指标模型

结合案例13-1设计项目投资的财务评价指标模型的操作步骤如下。

01 单击工作表标签“确定现金流量模型”右侧的⊕按钮创建新的工作表，并将其重命名为“项目投资财务评价指标模型”。

02 选中B2单元格输入“投资项目评价指标的计算”，字体设置为“黑体”，字号为“16号”，字体加粗。

03 选中B2:L2单元格，设置单元格格式为“跨列居中”。

04 结合案例13-1的资料，设计项目投资财务评价指标模型如图13-3所示。

	A	B	C	D	E	F	G	H	I	J	K	L
1												
2					投资项目评价指标的计算							
3		贴现率	10%								单位：万元	
4		年份	0	1	2	3	4	5	6	7	8	9
5		利润										
6		现金流量合计										
7		会计收益率			投资回收期（静态）					净现值		
8		获利指数			内含报酬率					净现值率		

图13-3 设计项目投资财务评价指标模型

13.2.2 定义项目投资财务评价指标公式

结合案例13-1定义项目投资财务评价指标公式的操作步骤如下。

01 结合案例13-1资料，填制C5:L6单元格，如图13-4所示。

	A	B	C	D	E	F	G	H	I	J	K	L
1												
2					投资项目评价指标的计算							
3		贴现率	10%								单位：万元	
4		年份	0	1	2	3	4	5	6	7	8	9
5		利润					36	36	36	36	36	36
6		现金流量合计	-40	-40	-40	-35	54	30	66	66	54	101
7		会计收益率			投资回收期（静态）					净现值		
8		获利指数			内含报酬率					净现值率		

图13-4 结合案例填制财务评价指标已知数据

02 定义会计收益率的公式。

① 选中D7单元格，单击功能区的"公式"功能选项卡，在函数库区域打开 Σ 选项组的下拉菜单，选中"平均值"选项，如图13-5所示。

图13-5 打开"平均值"函数

② 在打开的"平均值"对话框中，选中G5:L5单元格区域，如图13-6所示。

D7			× ✓	fx	=AVERAGE(G5:L5)							
	A	B	C	D	E	F	G	H	I	J	K	L
1												
2					投资项目评价指标的计算							
3		贴现率	10%								单位：万元	
4		年份	0	1	2	3	4	5	6	7	8	9
5		利润					36	36	36	36	36	36
6		现金流量合计	-40	-40	-40	-35	54	30	66	66	54	101
7		会计收益率	=AVERAGE(G5:L5)		投资回收期（静态）					净现值		
8		获利指数			内含报酬率					净现值率		

图13-6 "平均值"函数的参数设置

03 在Fx编辑栏的空白位置单击，输入"-SUM(C6:F6)"，按下"回车键"，即可求得会计收益率公式，如图13-7所示。

图13-7 已定义的"会计收益率"公式

04 定义投资回收期(静态)的公式。

选中H7单元格,输入"=6+(155-150)/66",按下"回车键",即可求得投资回收期(静态)公式,如图13-8所示。

图13-8 已定义的"投资回收期(静态)"公式

05 定义净现值的公式。

① 选中L7单元格,单击功能区的"公式"功能选项卡,在函数库区域打开"财务"函数的下拉菜单,选中"NPV"函数。

② 在打开的"NPV"函数参数对话框中,在"Rate"输入框中输入"C3",在"Value1"输入框中输入"D6:L6",如图13-9所示。

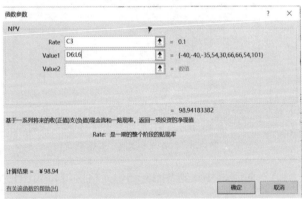

图13-9 "NPV"函数的参数设置

③ 单击"确定"按钮,单击Fx编辑栏的空白位置,输入"+C6",如图13-10所示。按下"回车键",即可求得净现值公式,如图13-11所示。

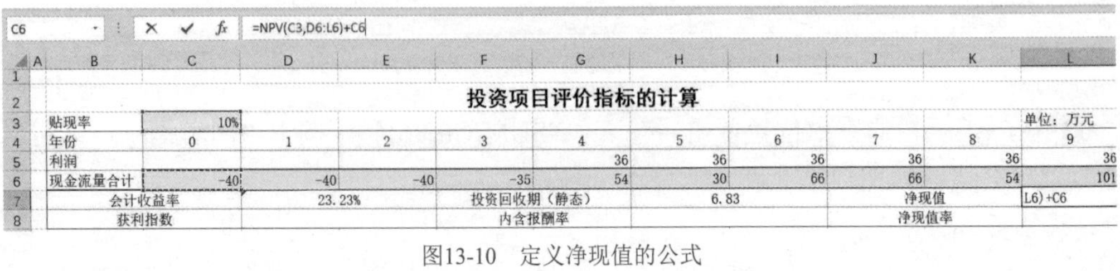

图13-10 定义净现值的公式

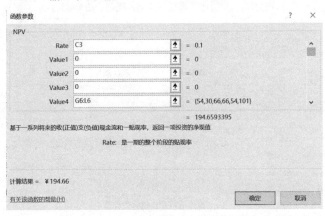

图13-11　已定义的净现值公式

06 定义获利指数的公式。

① 选中D8单元格，单击功能区的"公式"功能选项卡，在函数库区域打开"财务"函数的下拉菜单，选中"NPV"函数。

② 在打开的"NPV"函数参数对话框中，在"Rate"输入框中输入"C3"，在"Value1"输入框中输入"0"，在"Value2"输入框中输入"0"，在"Value3"输入框中输入"0"，在"Value4"输入框中输入"G6:L6"，如图13-12所示。

图13-12　定义"未来现金流入量现值"的公式

③ 单击"确定"按钮，单击Fx编辑栏的空白位置，输入"-()"，在"-()"处单击，打开名称框，选中"NPV"函数，单击"确定"按钮，如图13-13所示。

图13-13　插入"NPV"函数

④ 在打开的"NPV"函数参数对话框中，在"Rate"输入框中输入"C3"，在"Value1"输入框中输入"D6:F6"，如图13-14所示。单击"确定"按钮，单击Fx编辑栏

倒数第一个括号和倒数第二个括号之间的空白位置，输入"+C6"，如图13-15所示。按下"回车键"，即可求得获利指数公式，如图13-16所示。

图13-14　定义"未来现金流出量现值"的公式(1)

图13-15　定义"未来现金流出量现值"的公式(2)

图13-16　已定义的获利指数公式

07 定义内含报酬率的公式。

① 选中H8单元格，单击功能区的"公式"功能选项卡，在函数库区域打开"财务"函数的下拉菜单，选中"IRR"函数。

② 在打开的"IRR"函数参数对话框中，在"Values"输入框中输入"C6:L6"，如图13-17所示。

图13-17　"IRR"函数的参数设置

③ 单击"确定"按钮，即可求得内含报酬率公式，如图13-18所示。

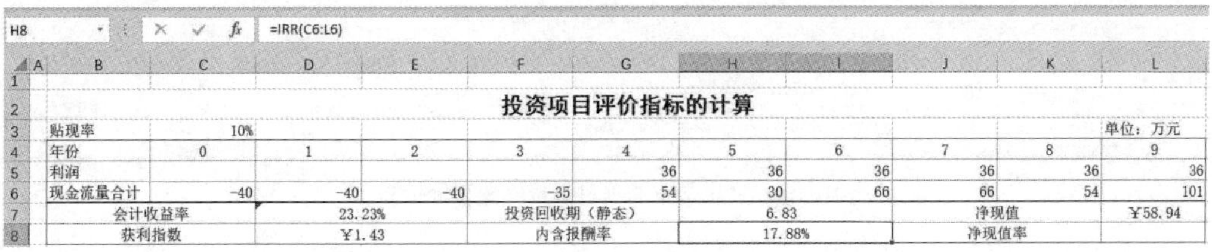

	A	B	C	D	E	F	G	H	I	J	K	L
H8			=IRR(C6:L6)									
2					投资项目评价指标的计算							
3	贴现率		10%									单位：万元
4	年份		0	1	2		4	5	6	7	8	9
5	利润						36	36	36	36	36	36
6	现金流量合计		-40	-40	-40	-35	54	30	66	66	54	101
7	会计收益率		23.23%		投资回收期（静态）			6.83		净现值		￥58.94
8	获利指数		￥1.43		内含报酬率			17.88%		净现值率		

图13-18　已定义的内含报酬率公式

08 定义净现值率的公式。

选中L8单元格，输入"=L7/-()"，在"-()"处单击，打开名称框，选中"NPV"函数，单击"确定"按钮。在打开的"NPV"函数参数对话框中，在"Rate"输入框中输入"C3"，在"Value1"输入框中输入单元格区域"D6:F6"，如图13-19所示。单击"确定"按钮，单击Fx编辑栏倒数第一个括号和倒数第二个括号之间的空白位置，输入"+C6"，如图13-20所示。按下"回车键"，即可求得净现值率公式，如图13-21所示。

图13-19　定义"净现值率"的公式(1)

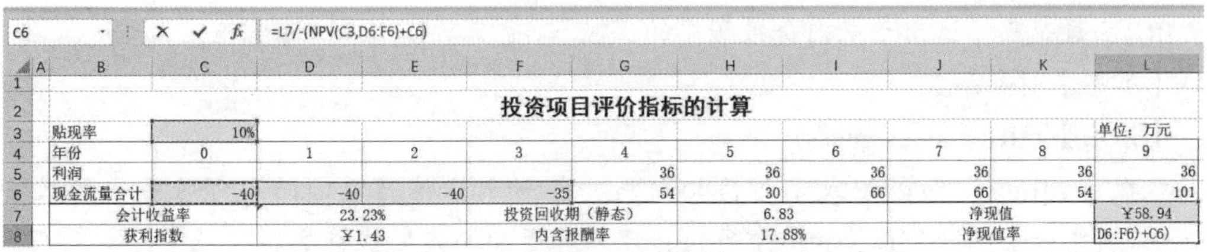

图13-20　定义"净现值率"的公式(2)

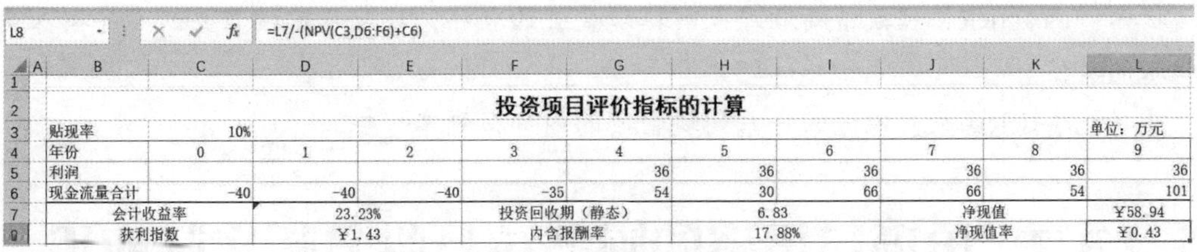

图13-21　已定义的净现值率公式

定义完的项目投资财务评价指标，如图13-22所示。

	A	B	C	D	E	F	G	H	I	J	K	L
1												
2						投资项目评价指标的计算						
3	贴现率		10%								单位：万元	
4	年份	0		1	2	3	4	5	6	7	8	9
5	利润						36	36	36	36	36	36
6	现金流量合计	-40		-40	-40	-35	54	30	66	66	54	101
7	会计收益率			23.23%		投资回收期（静态）		6.83		净现值		￥58.94
8	获利指数			￥1.43		内含报酬率		17.88%		净现值率		￥0.43

图13-22 定义完的项目投资财务评价指标

知识链接

【函数说明】

1. NPV函数

NPV函数是用于求未来现金流入流出量的净现值(现值)的函数。

【类型】财务函数

【语法】NPV(rate,value1,value2,…)

参数"rate"的含义为贴现利率，表示某一期间的贴现率，是一固定值。

参数"value1, value2, …"为1到29个参数，代表支出及收入的现金流，value1,value2,…在时间上必须具有相等间隔，并且都发生在期末。

提示：应用NPV函数应注意以下三点。

(1) 贴现率固定。

(2) 现金流入、流出的时间间隔相等，且发生在期末。

(3) VALUE的顺序为先流出再流入。

【功能】NPV函数可以基于一系列将来的收(正值)、支(负值)现金流和一贴现率，返回一项投资的净现值

2. IRR函数

IRR函数是用于返用于求内含报酬率的函数。

【类型】财务函数

【语法】=IRR(values,guess)

参数"values"为数组或单元格的引用，包含用来计算返回的内部收益率的数字。values必须包含至少一个正值和一个负值，以计算返回的内部收益率。

参数"guess"的含义为估计值，表示对函数IRR计算结果的估计值。

提示：函数IRR根据数值的顺序来解释现金流的顺序，故应确定按需要的顺序输入支付和收入的数值。

【功能】IRR函数可以返回一系列现金流的内部报酬率

13.3 单项目投资的财务可行性分析实际应用

财务可行性评价是指在已完成相关环境与市场分析、技术与生产分析的前提下，围绕已具备技术可行性的建设项目而开展的有关该项目在财务方面是否具有投资可行性的一种

专门分析评价。

【例13-2】升达有限责任公司拟投资乙项目，经可行性分析，有关资料如下。

(1) 该项目的建设期为2年，需固定资产投资90万元，其中第一年初和第二年初分别投资40万元和50万元。

(2) 该项目于第二年年末垫支营运资金28万元，用于购买原材料、支付工资以及存货增加占用等。

(3) 该项目经营期预计为6年，固定资产按直线法计提折旧。预计残余价值为12万元。

(4) 根据有关部分的市场预测，该项目投产后每年净利润均为26万元。

(5) 固定资产使用第3年末需大修理，估计大修理费用22万元，分两年摊销。

(6) 资产使用期满后，估计有残值收入12万元，采用直线法折旧。项目期满时，垫支营运资金收回。本案例不考虑所得税的影响。要求根据资料填写下表并计算相关指标，假定贴现率为8%。

具体操作步骤如下。

01 单击工作表标签"项目投资财务评价指标模型"右侧的⊕按钮创建新的工作表，并将其重命名为"项目投资财务可行性分析模型"。

02 结合案例13-2资料，设计"乙项目投资财务可行性分析表"，如图13-23所示。

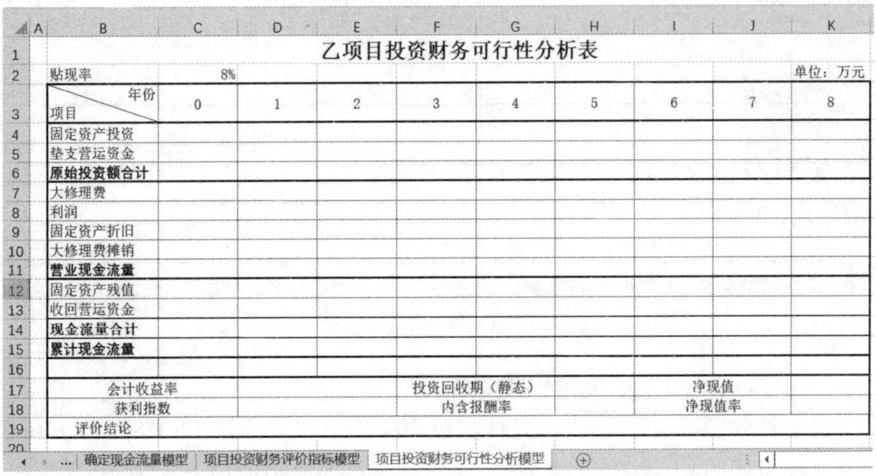

图13-23 设计"乙项目投资财务可行性分析表"

03 结合案例13-2资料，确定乙项目每一笔现金流入流出所归属的现金流量项目和年份，如图13-24所示。

04 分别定义"原始投资额合计""营业现金流量""现金流量合计""累计现金流量"的公式。以"原始投资额合计"为例，选中C6单元格，输入"=C4+C5"，按下"回车键"即可完成公式录入。选中C6单元格，把鼠标放在C6的右下角，当鼠标指针变成光标后拖拉至E6单元格。同样设置其他项目公式为：营业现金流量F11=F7+F8+F9+F10；现金流量合计C14=C6+C11+C12+C13；累计现金流量C15=C14, D15=C15+D14。定义完成后如图13-25所示。

图13-24　结合案例资料确定乙项目投资的现金流量

图13-25　设置乙项目投资的各现金流量合计项目公式

05 定义乙项目投资财务评价指标的公式。

① 定义"会计收益率"的公式。会计收益率D17=AVERAGE(F8:K8)/-SUM(C6:E6)。

② 定义"投资回收期(静态)"的公式。投资回收期(静态)H17=5+23/50。

③ 定义"净现值"的公式。净现值K17=NPV(C2,D14:K14)+C14。

④ 定义"获利指数"的公式。获利指数D18=NPV(C2,0,0,F11:J11,K14)/-(NPV(C2,D6:E6)+C6)。

⑤ 定义"内含报酬率"的公式。内含报酬率H18=IRR(C14:K14)。

⑥ 定义"净现值率"的公式。净现值率K18 =K17/-(NPV(C2,D6:E6)+C6)。

已定义的乙项目投资财务评价指标公式，如图13-26所示。

06 评价乙项目投资的财务可行性。

乙项目投资财务可行性分析表

贴现率	8%							单位：万元
项目 \ 年份	0	1	2	3	4	5	6	7	8
固定资产投资	-40	-50							
垫支营运资金			-28						
原始投资额合计	-40	-50	-28						
大修理费						-22			
利润				26	26	26	26	26	26
固定资产折旧				13	13	13	13	13	13
大修理费摊销							11	11	
营业现金流量				39	39	17	50	50	39
固定资产残值									12
收回营运资金									28
现金流量合计	-40	-50	-28	39	39	17	50	50	79
累计现金流量	-40	-90	-118	-79	-40	-23	27	77	156
会计收益率		22.03%		投资回收期（静态）		5.46	净现值		64.26
获利指数		1.58		内含报酬率		18.99%	净现值率		58.26%
评价结论									

确定现金流量模型　项目投资财务评价指标模型　项目投资财务可行性分析模型

图13-26　已定义的乙项目投资财务评价指标公式

❖ 提示：

会计收益率和投资回收期(静态)是评价某投资项目是否具有财务可行性的辅助指标；净现值、获利指数、内含报酬率和净现值率是评价某投资项目是否具有财务可行性的主要指标。6个指标全部可行，项目投资具有完全的财务可行性；4个主要指标可行，项目投资具有基本的财务可行性；任意一主要指标不可行，项目投资不具有财务可行性。

结合乙项目投资各财务指标的计算结果可知，乙项目投资具有完全的财务可行性。

已完成的乙项目投资财务可行性分析表，如图13-27所示。

乙项目投资财务可行性分析表

贴现率	8%							单位：万元
项目 \ 年份	0	1	2	3	4	5	6	7	8
固定资产投资	-40	-50							
垫支营运资金			-28						
原始投资额合计	-40	-50	-28						
大修理费						-22			
利润				26	26	26	26	26	26
固定资产折旧				13	13	13	13	13	13
大修理费摊销							11	11	
营业现金流量				39	39	17	50	50	39
固定资产残值									12
收回营运资金									28
现金流量合计	-40	-50	-28	39	39	17	50	50	79
累计现金流量	-40	-90	-118	-79	-40	-23	27	77	156
会计收益率		22.03%		投资回收期（静态）		5.46	净现值		64.26
获利指数		1.58		内含报酬率		18.99%	净现值率		58.26%
评价结论	具有完全的财务可行性								

确定现金流量模型　项目投资财务评价指标模型　项目投资财务可行性分析模型

图13-27　完成的乙项目投资财务可行性分析表

13.4　多项目投资的财务可行性分析实际应用

对于多项目投资，在一定期间内企业用于项目投资的预算资金是有限的。企业不具备投资所有可接受项目的能力，为了帮助企业实现利润最大化，企业应该选择净现值最大的投资组合进行投资。可以显示不同贴现率下的可行方案，为财务决策提供依据。

【例10-3】升达有限责任公司有5个可供选择的项目A、B、C、D、E，5个项目彼此独立，公司的初始投资限额为450 000元。A、B、C、D、E，5个项目在6年内每年给企业带来的利润分别为9 500元、13 600元、11 800元、16 700元、32 500元，各项目设备(均采用直线法计提折旧)投资情况见表13-1。

表13-1 固定资产投资原始资料表

固定资产投资原始资料表					
设备	项目				
	A	B	C	D	E
固定资产原值/元	123 000.00	136 000.00	168 000.00	220 000.00	230 000.00
使用年限	6				
净残值/元	3 000.00	4 000.00	3 000.00	4 000.00	5 000.00

具体操作步骤如下。

01 单击工作表标签“项目投资财务可行性分析模型”右侧的⊕按钮创建新的工作表，并将其重命名为“资本限额决策模型”。

02 结合案例13-3资料，设计“多项目投资财务可行性分析表”，如图13-28所示。

多项目投资的财务可行性分析					
设备/项目	A	B	C	D	E
固定资产原值					
净残值					
使用年限					
年折旧额					
每年利润					
经营现金流量					
贴现率					
收益净现值					
项目可行性决策					

图13-28 设计“多项目投资的财务可行性分析”表

03 结合案例13-3资料，填制多项目投资的财务可行性分析表的已知数据，如图13-29所示。

多项目投资的财务可行性分析					
设备/项目	A	B	C	D	E
固定资产原值	123,000.00	136,000.00	168,000.00	220,000.00	230,000.00
净残值	3,000.00	4,000.00	3,000.00	4,000.00	5,000.00
使用年限	6				
年折旧额					
每年利润	9,500.00	13,600.00	11,800.00	16,700.00	32,500.00
经营现金流量					
贴现率					
收益净现值					
项目可行性决策					

项目投资财务评价指标模型 | 项目投资财务可行性分析模型 | 资本限额决策模型

图13-29 结合案例资料确定多项目投资的现金流量

04 定义多项目投资财务可行性分析的公式(假设贴现率为11%)。

① 定义"年折旧额"的公式。年折旧额C7=(C4-C5)/$C$6，选中C7单元格，把鼠标放在C7的右下角，当鼠标指针变成光标后拖拉至G7单元格，实现公式填充。

② 定义"经营现金流量"的公式。经营现金流量C9=C7+C8，选中C9单元格，把鼠标放在C9的右下角，当鼠标指针变成光标后拖拉至G9单元格，实现公式填充。

③ 定义"收益净现值"的公式。收益净现值C11=NPV($C$10,C9,C9,C9,C9,C9+C5)-C4，选中C11单元格，把鼠标放在C11的右下角，当鼠标指针变成光标后拖拉至G11单元格，实现公式填充。

④ 定义"项目可行性决策"的公式。选中C12单元格，在功能区单击"公式"功能选项卡，在函数库区域打开"逻辑"的下拉菜单，选中"IF"函数。在打开的"函数参数"对话框中，在"Logical_test"输入框中输入"C11>0"；在"Value_if_true"输入框中输入""可行""；将光标定位在参数"Value_if_false"输入框中输入""不可行""，如图13-30所示。将C12的公式填充至G11单元格。

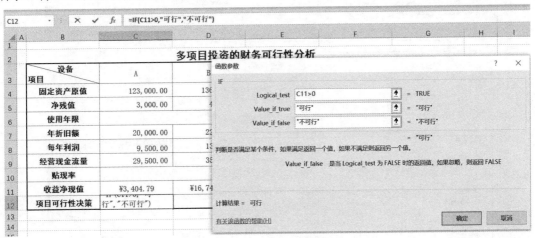

图13-30　定义"项目可行性决策"的公式

已定义的多项目投资财务可行性分析公式，如图13-31所示。

设备 项目	A	B	C	D	E
固定资产原值	123,000.00	136,000.00	168,000.00	220,000.00	230,000.00
净残值	3,000.00	4,000.00	3,000.00	4,000.00	5,000.00
使用年限			6		
年折旧额	20,000.00	22,000.00	27,500.00	36,000.00	37,500.00
每年利润	9,500.00	13,600.00	11,800.00	16,700.00	32,500.00
经营现金流量	29,500.00	35,600.00	39,300.00	52,700.00	70,000.00
贴现率			11%		
收益净现值	¥3,404.79	¥16,745.71	¥-135.94	¥5,087.91	¥68,810.85
项目可行性决策	可行	可行	不可行	可行	可行

多项目投资的财务可行性分析

图13-31　已定义的多项目投资的财务可行性分析公式

05 插入柱形图，用于动态显示多项目投资的收益净现值。

① 选取C3:G3单元格区域，按住"Ctrl"键，再选取C11:G11单元格区域。选择"插

入"|"图表"|"柱形图"|"三维簇状柱形图"命令，插入三维簇状柱形图，如图13-32所示。

② 选中图表区，选择"图表设计"|"添加图表元素"命令，图表标题置于图表上方，图标名称为"多项目投资的财务可行性分析图表"，字体为黑体、14号、加粗；选择"主要坐标轴"|"横坐标轴标题"命令，置于坐标轴下方，横坐标轴标题为"项目"，设置字体为黑体、10号；选择"主要坐标轴"|"纵坐标轴标题"命令，设置为竖排标题，纵坐标轴标题为"收益净现值"，设置字体为黑体、10号。选择"数据标签"|"数据标注"命令，如图13-33所示。

图13-32　插入柱形图

图13-33　设置柱形图格式

06 插入滚动条调节贴现率。

① 设置调整贴现率的精确度为万分之一，可调范围在0～25%。单击功能区"开发工具"功能选项卡，在"控件"区域单击"插入"的下拉菜单，单击"表单控件"中的"滚动条"按钮。选中B16单元格并单击，调整滚动条的大小和方向，将其横置在B16单元格。

② 将鼠标放在滚动条上并单击，再单击"设置控件格式"按钮，打开"设置控件格式"对话框。在"当前值"输入框中输入"1100"，在"最小值"输入框中输入"0"，在"最大值"输入框中输入"10000"，在"步长"输入框中输入"1"，在"页步长"输入框中输入"100"，在"单元格链接"输入框中选中"$D$16"，如图13-34所示。

③ 设置贴现率计算公式。选中C10单元格，输入"=D16/10000"。如此，便可通过调节滚动条使贴现率在0～25%进行变动。若企业要求的最低报酬率为13%，投资决策结果如图13-35所示。

图13-34 设置滚动条的基础数据

图13-35 贴现率为13%的投资分析结果

07 当企业要求的最低投资报酬率为13%时，该企业可以选择的投资项目为B项目或者E项目。又由于企业的投资限额是450 000元，因此企业不能选择投资BE投资组合。经分析E项目的投资报酬率高于B项目，建议该公司投资E项目。

13.5 思考练习

1.填空题

(1) 应用NPV函数时，要求贴现率必须是_____。

(2) IRR函数所属于的函数类别是_____。

(3) 内含报酬率是指现金流入量的现值_____未来现金流出量的现值的贴现率。

(4) 净现值率的计算公式是_____。

2.实操演练

升达有限责任公司拟投资甲项目，经可行性分析，有关资料如下。

(1) 该项目的建设期为3年，需固定资产投资140万元，其中第一年初、第二年初和第三年初分别投资55万元、45万元和40万元。

(2) 该项目于第三年年末垫支营运资金 45 万元，用于购买原材料、支付工资及存货增加占用等。

(3) 该项目经营期预计为 7 年，固定资产按直线法计提折旧。预计残余价值为 14 万元。

(4) 根据有关部分的市场预测，该项目投产后每年净利润均为 32 万元。

(5) 固定资产使用第 3 年末需大修理，估计大修理费用 33 万元，分 3 年摊销。

(6) 资产使用期满后，估计有残值收入 14 万元，采用直线法折旧。项目期满时，垫支营运资金收回。本案例不考虑所得税的影响。要求根据资料填写下表并计算相关指标，假定贴现率为 11%。

要求：

(1) 在 Excel 中设计如下表格和内容；

	A	B	C	D	E	F	G	H	I	J	K	L
1						甲项目投资财务可行性分析表						
2	贴现率	11%									单位：万元	
3	年份 项目	0	1	2	3	4	5	6	7	8	9	10
4	固定资产投资											
5	垫支营运资金											
6	原始投资额合计											
7	大修理费											
8	利润											
9	固定资产折旧											
10	大修理费摊销											
11	营业现金流量											
12	固定资产残值											
13	收回营运资金											
14	现金流量合计											
15	累计现金流量											
16												
17	会计收益率				投资回收期（静态）				净现值			
18	获利指数				内含报酬率				净现值率			
19	评价结论											

(2) 根据案例填制相关数据；

(3) 设置各财务评价指标的公式；

(4) 分析该项目是否具有财务可行性。

参考文献

[1] ExcelHome. Excel 2019应用大全 [M]. 北京：北京大学出版社，2021.

[2] 赛贝尔资讯. Excel 2019在会计和财务工作中的典型应用[M]. 北京：清华大学出版社，2022.

[3] ExcelHome. Excel在财务管理中的应用：微课版[M]. 北京：人民邮电出版社，2018.

[4] 于清敏，冯志英，曾小平. Excel在会计和财务中的应用[M]. 2版. 北京：清华大学出版社，2021.

[5] 钟爱军. Excel在财务与会计中的高级应用[M]. 武汉：武汉大学出版社，2021.

[6] 钭志斌. Excel在财务中的应用[M]. 北京：高等教育出版社，2019.

[7] 石熠，王娜. Excel在财务中的应用[M]. 北京：中国人民大学出版社，2017.

[8] 杨维忠，庄君，黄国芬. Excel在会计和财务管理中的应用[M]. 北京：机械工业出版社，2019.